超電導リニアの不都合な真実

川辺謙一
Kawabe Kenichi

草思社

超電導リニアの不都合な真実——目次

第8章　中央新幹線は在来方式でも開業できる　

第9章　今が決断のとき　307

▼はじめに

日本は、鉄道が特異的に発達した国です。

そのことは、世界全体に目を向けるとよくわかります。

世界全体から見れば、日本は小さな国です。人口においては世界の2％に満たず、陸地面積においては世界の0・29％程度にすぎません。

ところが鉄道利用者数においては群を抜いており、世界の31％を占めています（国際鉄道連合2013年調査）。つまり、世界全体で鉄道を利用する人のうち、約3人に1人が日本で鉄道を利用しているのです。人口や陸地面積の比率から考えると、これは驚くべきことです。

しかも、日本全体の鉄道利用者数の8割以上を、三大都市（東京・名古屋・大阪）を中心とする三大都市圏が占めています。この三大都市圏には、日本の総人口の約半分と、大法人（資本金10億円超の法人）の約8割が集中しています。

この三大都市圏を結ぶ代表的な鉄道が、東海道新幹線です。今から半世紀以上前の1964年に開業した、高速鉄道の元祖です。

東海道新幹線の大きな特徴は、世界に類を見ない大量高速旅客輸送を実現していることです。16

両編成（定員1323人）の高速列車が、最高時速285㎞で、最短3分間隔という通勤電車さながらの頻度で走り、年間1・74億人（2019年3月時点）の旅客を運ぶ。このような鉄道は、世界広しといえどほかにありません。

このように、世界全体に目を向けると、日本は鉄道が特異的に発達した国であることがわかります。

いまそのような日本に、大動脈がもう1本生まれようとしています。

それが、本書のテーマであるリニア中央新幹線、すなわち超電導リニアを導入した中央新幹線です。三大都市圏を結ぶので、東海道新幹線を運営する東海旅客鉄道（以下、JR東海）は、これを東海道新幹線のバイパスとして位置づけています。

リニア中央新幹線は、日本に大きなインパクトをもたらすと期待されています。最高時速505㎞での営業運転が実現すると、東京・名古屋間が40分、東京・大阪間が67分で結ばれる。これによって三大都市圏が約1時間で移動できる範囲に入り、経済活動が活性化すると考えられるからです。その効果が日本全体に与える影響を考えれば、日本の将来を左右する巨大事業とも言えます。

ただし、この鉄道の建設は、環境問題や採算性の問題など多くの課題を抱えています。もし、これらの課題がクリアできなければ、後世にとっての負の遺産になりうる危険性をはらんでいます。

このため、リニア中央新幹線に対しては賛否両論あります。

ただし、賛成派と反対派による議論は、長らく深まっていませんでした。

その大きな要因は、事業の実態がわかりにくいことにあります。

リニア中央新幹線は、国の国土計画とリンクしたプロジェクトです。中央新幹線は、全国新幹線鉄道整備法（以下、全幹法）という法律に基づいて1973年に計画が決定した鉄道路線です。JR東海は、国土交通大臣からそのプロジェクトを進めるために指名された一民間企業にすぎません。

ところがこのプロジェクトは、JR東海が建設・運営主体となって進めています。JR東海は、巨額の総工費（9兆300億円）を全額自己負担して建設し、開業後の運営も担います。同社は、3兆円の財政投融資を受けたとはいえ、それは名古屋・大阪間の建設を前倒しするための借金。期限までにそれを返済する義務があるので、結果的に総工費を全額自己負担することには変わりありません。

つまり、このプロジェクトは、公共事業と民間事業の両方の顔を持つので、国とJR東海の役割分担が判別しにくく、責任の所在が曖昧で、わかりにくいのです。そもそも民間企業が新幹線を建設した前例はありません。

それゆえ、批判の矛先が向きにくく、争点が定まらない。国が主導して進める一般的な公共事業のように「税金の無駄遣い」と言われず、プロジェクトの妥当性もあまり問われない。だから国民の関心も低く、議論も深まらなかったのです。

また、これまで進められた議論には肝心な視点が欠けていました。それは、超電導リニアの技術が完成していることを前提にして話を進めており、それを疑っていないことです。

もしこの前提が崩れれば、議論する内容を根本的に見直す必要があります。

そこで私は、超電導リニアの技術をあらためて検証しました。実際に実験線を訪れ、車両に乗る。資料を集め、鉄道・リニア・航空の技術者（現役・OB）とディスカッションする。そうしたことを繰り返すことで超電導リニアの実現性の高さがどの程度なのかを調査しました。

その結果、超電導リニアについて、次のような結論を得ました。

- 技術的課題がまだ多く、営業運転に至るまでには長い時間がかかる
- 日本での実用化は時期尚早である

もしこの結論が正しければ、リニア中央新幹線は、土台となる前提が崩れたまま進められている、危ういプロジェクトだと言えます。

JR東海は、それに気づいていたのでしょう。

同社は、その危うさを回避するため、中央新幹線を、超電導リニア方式と在来方式（従来の新幹線方式）の両方に対応した構造にして、建設を進めています。つまり、超電導リニアが失敗したときの備えとして、在来方式でも開業できる構造になっているのです。

ただし、もし在来方式で開業することになれば、先ほどの財政投融資は正当化できなくなり、計画が頓挫しかねません。

つまり、中央新幹線は、超電導リニア方式と在来方式のどちらで開業するとしても危ういプロジェクトなのです。

以上のことは、一般にはほとんど知られていないので、本書に記しました。

本書の主たる目的は、国民的議論を進める上での判断材料の提供です。

現在は、判断材料となる情報、とくに短所に関する情報が不足しています。超電導リニアや中央新幹線に関するネガティブな情報は、あまり公開されていないからです。

これでは議論の足がかりになるたたき台すらつくることができません。

だからこそ本書では、すでに公開されている長所の情報に加えて、あまり公開されていない短所の情報も記しました。

とはいえ私は、超電導リニアの開発や、中央新幹線の計画・建設に携わった方々を批判するつもりはまったくありません。文中では公益財団法人鉄道総合技術研究所（以下、鉄道総研）をはじめとする特定の企業・団体・個人の名前を記した箇所がありますが、これは事実を示すためであり、それぞれを批判するためではありません。これらの方々はたまたま関係する組織に属していたゆえに携わったのであり、すべての方がリニア中央新幹線に対して前向きだったわけではないからです。

また、計画をけん引した国や、それを推進したJR東海、そして判断をした人物たちを批判するつもりもまったくありません。時代ごとにニーズがあったという正当性があり、言い分があるはずだからです。

だから私は、開発や計画に携わった方々のご努力に惜しみない拍手を送りたいです。ならばお前は何がしたいのだ。そう言う方もいるでしょう。

私が本書でしたいことは、「誰が悪い」という犯人探しではありません。リニア中央新幹線というプロジェクトがいかにして生まれ、現在までどのように受け継がれてきたのかという経緯や、その問題点を整理し、お伝えすることです。そう、批判ではなく、国民的議論を進めるための情報提供が目的なのです。

なお、本書では、多くの方が注目する環境問題や、プロジェクトの経済効果や採算性については深く論評しませんでした。なぜならば、これらについて専門家やジャーナリスト、市民団体が記した書籍はすでに存在するからです。

2020年、リニア中央新幹線は大きな転機を迎えました。

まず、工事が先行する東京・名古屋間（以下、品川・名古屋間）を、計画どおり2027年に開業させることが困難になりました。その大きなきっかけになったのは、トンネル工事で生じる水問題が解決せず、静岡県を通る区間の着工が遅れたことです。ただし、他の地域でも工事の遅れが生じています。

また、世界を襲った新型コロナウイルスの感染拡大による危機（以下、コロナ危機）によって、出張や観光を目的とした旅行を控える人が増えた結果、東海道新幹線の利用者数が激減し、JR東海が発足以来の最大の経営危機に陥りました。

これを機に、リニア中央新幹線の賛否を問う意見がネット上で聞かれるようになりました。コロナ危機で人々の生活様式が変わり、日本が人口減少社会に突入した今、その巨大事業を進めるべきなのか。それがあらためて問われるようになったのです。

これは、国民的議論を進める最後のチャンスです。

それを進める上で、本書が一助になれば望外の喜びです。

第1章　心配になるほど複雑な超電導リニアのしくみ

まずは、日本で開発された超電導リニアの概要を説明しましょう。

1―1　超電導リニアとはいったい何か

▼超電導リニアは「ふわふわ」とは浮かない

「超電導リニア」と聞いて、どんなイメージを持ちますか。

従来の新幹線の2倍近い速度で車両が走行することや、車両が磁石の力で浮き上がって走ることは、おそらく多くの方がご存じでしょう。

それでは、次の3つのことはご存じでしょうか。

①車両は「ふわふわ」とは浮かない
②車両はいつも浮いているわけではない
③運転士がいない

①については、「え？」と思う人もいるでしょう。「車両が磁石の力で浮き上がる」という言葉から、まるで柔らかいクッションの上に乗っているかのように「ふわふわ」と浮き上がって走るというイメージを持つ人がいても不思議ではないからです。

実際は「ふわふわ」とは浮きません。浮くときは、車両が「磁気ばね」と呼ばれる硬いばねのようなものに支えられており、速度が上がると車体が振動するので、「ふわふわ」という感じではありません。航空機の機体が、空中を飛行するときも振動するのとよく似ています。

②についても、不思議に思う方もいるかもしれません。じつは車両が浮くのは高速走行時のみで、停止時や低速走行時はゴムタイヤ車輪で車体を支えています。

③は、従来の新幹線との大きなちがいです。超電導リニアの車両には、運転士は乗務しません。

②と③については、その理由を知りたいという方もいるでしょう。

これらについては、このあと超電導リニアの走行原理（車両が走るしくみ）にふれてから説明します。

▼レールのないリニアは「鉄道」か

さあ、まずは交通機関としての基本中の基本に立ち返って、「超電導リニアとは何か」をあらためて考えてみましょう。

交通機関には、おもに4つのモード（自動車・鉄道・航空・船舶）があります。

超電導リニアは、このうちの何の仲間に属するでしょうか。

陸上を移動するので航空・船舶ではありませんし、車両が定められたルートしか走行できないので、任意の場所を移動できる自動車ではありません。

つまり、消去法で鉄道になります。

このため日本では、鉄道事業法という法律によって、超電導リニアは鉄道の一種として扱われています。超電導リニアの正式名称は「超電導磁気浮上式鉄道」で、語尾で「鉄道」であることを示しています。

ただし、従来の鉄道とは走行原理が根本的に異なります。

写真1－1は、超電導リニアの車両が、山梨県にあるテストコース（山梨実験線）を走行する様子を示しています。

車両は前後方向に長く、従来の新幹線車両にも似ています。車両は複数連なっており、あらかじめ定められたルートに沿って走る構造になっています。これらの点は従来の鉄道と共通しているので、鉄道の一種として扱われるのはある程度納得できます。

ただ、写真をよく見てください。車両の左右両側には、見慣れない垂直の壁があります。車両の下には2本のレールが敷いてなく、車両の上には車両に電気を供給する電線（架線）も張ってありません。

つまり、超電導リニアは、従来の鉄道とは走行原理が大きく異なる特殊な鉄道なのです。

先ほど紹介した鉄道事業法では、さまざまな種類の鉄道を扱っており、それらを「普通鉄道」と「特殊鉄道」の2種類に分類しています（図1－1）。「普通鉄道」は、いわゆる一般的な鉄道で、JRの新幹線や在来線をふくむ多くの鉄道がこれに属します。具体的にいうと、線路に敷かれた2本の

写真1－1　山梨実験線を走る超電導リニア車両

鉄レールの上を鉄車輪が転がりながら車両を支え（鉄輪式を採用して）、鉄レールと鉄車輪の間に生じる摩擦を利用して車両が駆動する（粘着駆動する）鉄道を指します。

いっぽう「特殊鉄道」は、走行原理が「普通鉄道」と異なる鉄道を指します。モノレール（懸垂式鉄道・跨座式鉄道）や新交通システム（案内軌条式鉄道）、トロリーバス（無軌条電車）、ケーブルカー（鋼索鉄道）などがここに属します。

超電導リニアは、「特殊鉄道」の一種である「浮上式鉄道」の仲間として位置づけられています。「浮上式鉄道」は、車両が浮き上がりながら、線路に相当する地上設備と接触せずに走行できるもので、空気の力で浮き上がる「空気浮上式鉄道」と、磁石の力で浮き上がる「磁気浮上式鉄道」があります。超電導リニアは、「磁気浮上式鉄道」の仲間です。

▼「超電導リニア」と「常電導リニア」のちがい

「磁気浮上式鉄道」のなかには、超電導リニアだけでなく、

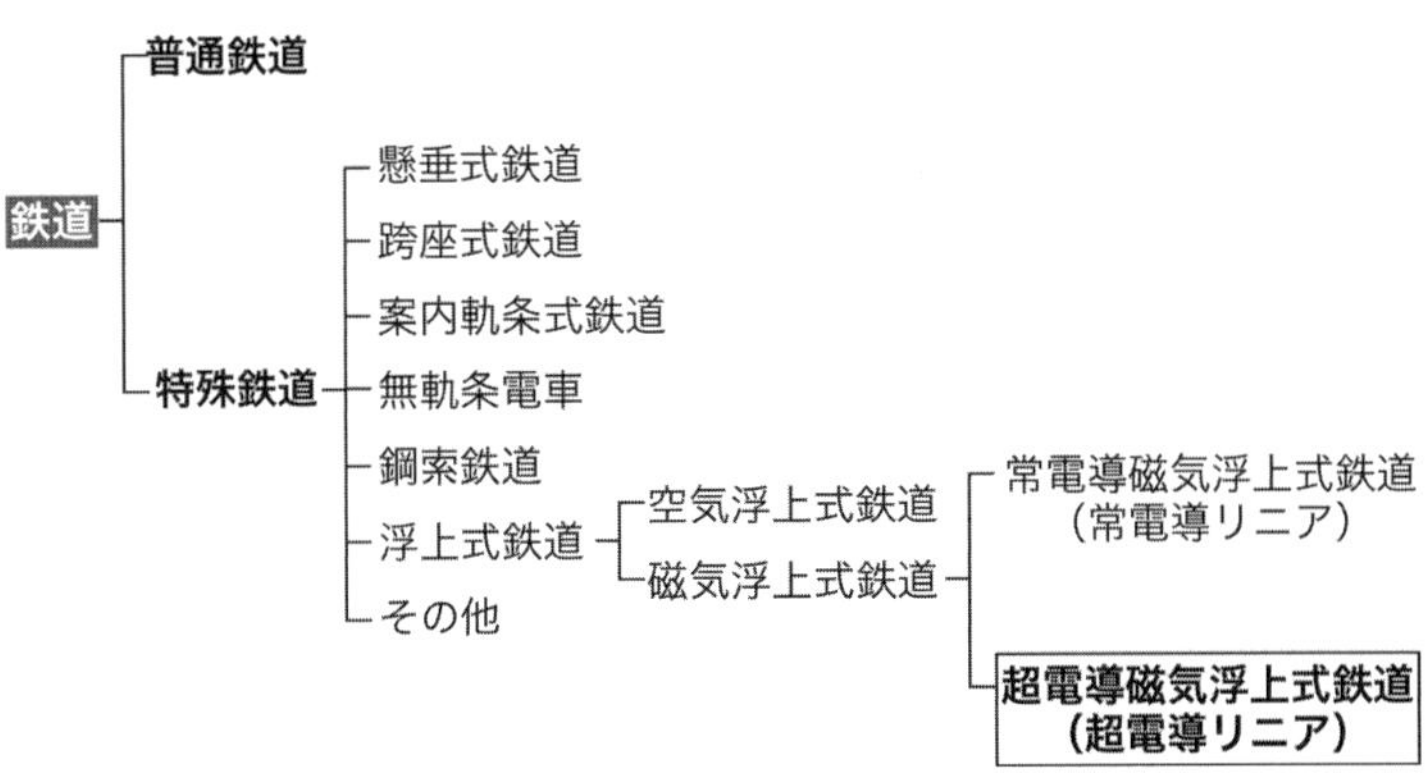

図１－１　鉄道における超電導リニアの位置付け

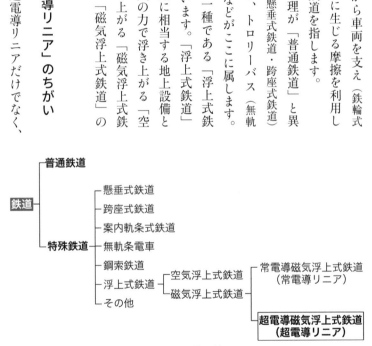

常電導リニア（常電導磁気浮上式鉄道）と呼ばれるものがあります。

両者の大きなちがいは、使う電磁石の種類です。常電導リニアでは一般的な電磁石（常電導磁石）を使うのに対して、超電導リニアではそれよりも強い磁界を発生できる超電導磁石を使います。

このちがいは、車両を浮かせる高さ（浮上高さ）に反映されています。浮上高さは、常電導リニアが約1cmであるのに対して、超電導リニアは約10cm。その差は歴然です。

常電導リニアは、超電導リニアよりも先に実用化されています。超電導リニアとくらべると、走行原理がシンプルで、技術的ハードルが低いからです。

常電導リニアの代表例には、ドイツが開発したトランスラピッドと、日本がドイツから技術供与を受けて開発したHSSTがあります（写真1-2）。トランスラピッドは、2002年に中国で開業した上海トランスラピッドに、HSSTは、2005年に日本で開業した愛知高速交通東部丘陵線（リニモ）にそれぞれ導入されました。なお、トランスラピッドとHSSTについては、第2章でくわしく述べます。

いっぽう日本が開発した超電導リニアは、まだ実用化されていません。予定どおり中央新幹線に導入されれば、これが最初の実用化例となります。

▼「リニアモーター」とは何か

超電導リニアと常電導リニアは、どちらもリニアモーターで駆動します。

写真１－２　常電導リニア。上はトランスラピッド方式（上海トランスラピッド）。下はHSST方式（リニモ）

リニアモーターとは、一般的な回転型モーターを直線状に展開した構造にしたものです（図1－2）。回転型モーターは、磁石同士が引き合う力（吸引力）や退け合う力（反発力）を利用して回転軸が回転するのに対して、リニアモーターは前後方向に動きます。向き合う磁極は一定の距離を置いて離してあるので、双方は接触せずに動きます。ちなみにリニアの語源は「直線状の」を意味する英語「linear」です。

リニアモーターの一方を地上側（線路側）に、もう一方を車両側に固定して、電流を流すと、車両が地上側の設備と接触せずに前後方向に駆動されます。これをリニアモーター駆動と呼びます。

先ほど述べたとおり、超電導リニアと常電導リニアは、どちらも車両がリニアモーター

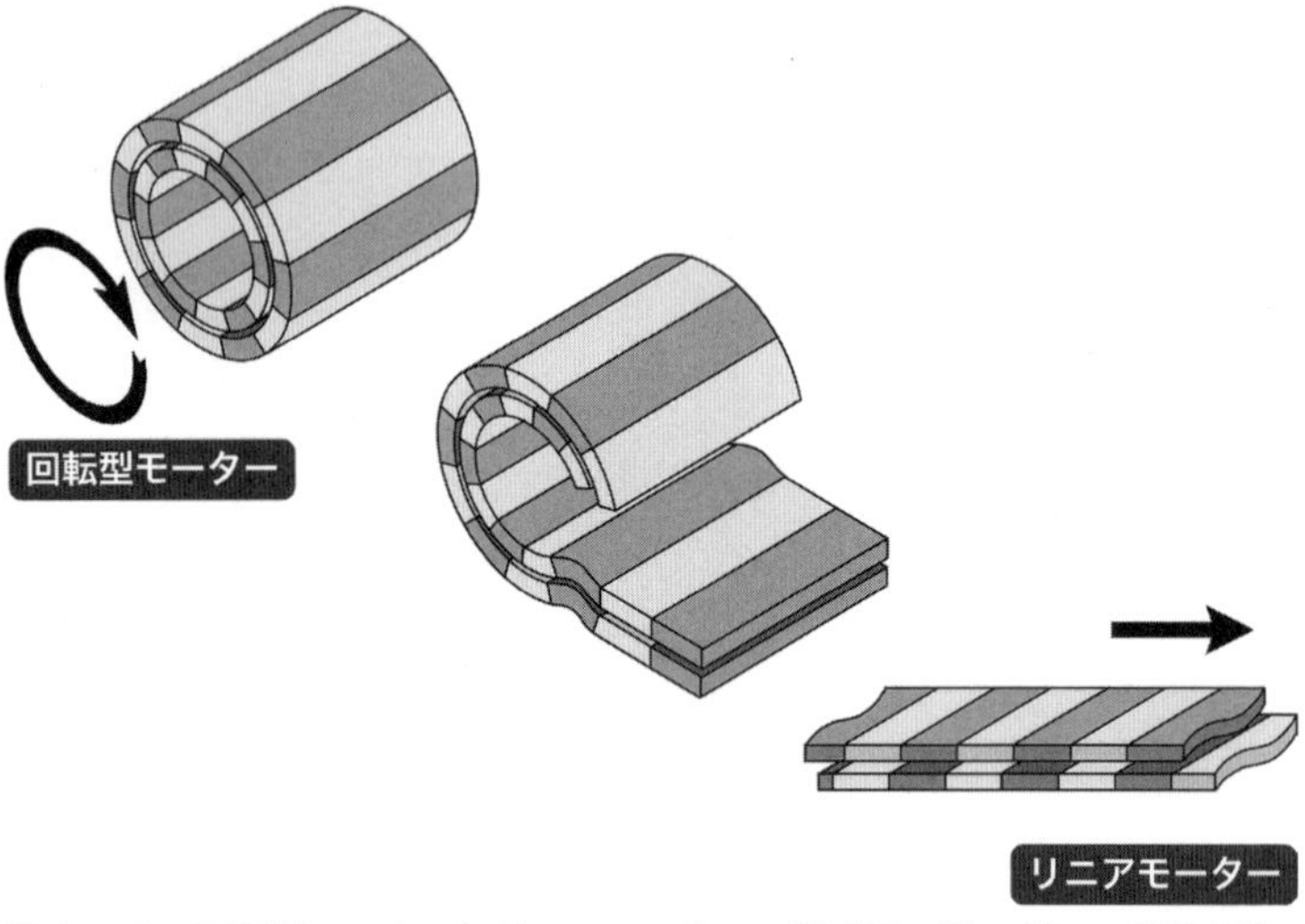

図1－2　回転型モーターとリニアモーターの模式図、濃いグレーがN極を、薄いグレーがS極を表す。

で駆動します。これが「リニアモーターカー」またはその略称である「リニア」という通称で呼ばれる理由です。これについては、本章のコラムでくわしく説明します。

なお、浮上式鉄道に使われるリニアモーターには、リニア誘導モーターとリニア同期モーターがあり、どちらを採用するかは種類によって異なります。これらの説明は専門的になるので、本書では割愛させていただきます。

▼超電導方式なら地震でも安心、と言えるか

超電導リニアは、常電導リニアよりも技術的なハードルが高いです。その分だけ実用化が難しい技術だとも言えます。超電導磁石という特殊な電磁石を使うだけでなく、走行原理が複雑かつ特殊だからです。

両者の開発期間をくらべてみましょう。常電導リニアであるトランスラピッドやHSSTは、開発に本格的に着手してからそれぞれ34年、31年で実用化され、営業鉄道に導入されました。いっぽう超電導リニアは、開発に本格的に着手してから50年経った今でも実用化にはいたっていません。もしリニア中央新幹線の品川・名古屋間が計画どおり2027年に開業すると、57年かけて実用化されたことになります。それだけ、超電導リニアの開発は難しく、時間がかかるのです。

それではなぜ日本は、あえて難易度が高い超電導リニアを開発したのでしょうか。

それは、日本で超高速走行を実現するためです。

日本は地震大国であり、地盤が軟弱な地域が多い国。それゆえ線路に相当する地上設備（ガイドウェイ）の位置がズレやすく、常電導リニアの車両が時速500kmという超高速で走るのは危険。その点超電導リニアは、常電導リニアよりも浮上高さを高くでき、車両とガイドウェイの間隔を大きくとることができるので、安全性を確保しやすい。

だから日本は、超電導リニアを開発することになったというわけです。

それでは、約10cmという浮上高さは、どのようにして決まったのでしょうか。

これについては、京谷好泰氏がくわしく語っています。京谷氏は、超電導リニア開発のキーパーソンです。超電導リニアの黎明期に国鉄技師長室調査役としてその調査研究を始め、のちに国鉄副技師長や超電導リニア開発のリーダー（浮上式鉄道技術開発推進本部長）を務めました。超電導リニア開発の中心的人物として指揮をとったことから、「日本のリニアの父」や「リニアの生みの親」とも呼ばれています。

京谷氏は、自著『10センチの思考法』［0－5］で「なぜ10センチかと言えば、分かりやすいからだ。1回聞いただけで、覚えやすい数字だからである」と述べています。

このあとには、1cmでも覚えやすいが、浮上高さとしては小さすぎるので、次に覚えやすい10cmにしたことが記されています。つまり、地震対策のために10cmが必要十分であるかどうか、検討された上で決まったわけではないようです（また、実は側壁と車両の距離は10cmよりずっと狭い。第8章参照）。

京谷氏は、同著で次のようにも語っています。

実は、「東京─大阪1時間」というのも、覚えやすいからである。1度聞いたら忘れられないだろう。しかも東京と大阪は直線距離でおよそ500キロメートル。だから時速500キロ。すべて分かりやすい数字で成り立っている（同著111頁）。

なぜそこまで覚えやすさやわかりやすさにこだわったのでしょうか。

京谷氏は、目標とする数値をわかりやすくしたほうが、超電導リニアに対する理解と協力を得やすいと、同著で語っています。

ちなみに京谷氏は、2001年に公開された座談会記事「浮上式鉄道の展望」［1－1］で、東京─大阪間の所要時間を（航空機による羽田─伊丹間の所要時間に近い）1時間20分にして出したら（資料を提出したら）、国鉄総裁の磯崎叡氏から「1時間にせえ。何も飛行機と同じようにせんでもええ」と言われて（区切りがよい）1時間にしたと述べています。数値のわかりやすさは上司を説得する上でも必要だったようです。

1－2 信頼性が心配になるほど走行原理は特殊で複雑

▼走行の3要素、支持・案内・推進をすべて磁力で

次に、超電導リニアの走行原理に迫ってみましょう。

前もってお伝えしますが、この走行原理は特殊かつ複雑です。

そのことは「普通鉄道」とくらべるとよくわかります。

「普通鉄道」では、車両側の鉄車輪と、地上側の鉄レールが互いに接触することで、車両を支え、駆動させています。地上側というのは、鉄道ならではの言い方で、地面に固定された設備のことを指します。

これをよりくわしく言うと、鉄車輪が支持・案内・推進と呼ばれる3つの役割を果たしていると言えます（図1－3）。支持とは、車両を上下方向に支えること。案内とは、車両が線路（軌道）に沿って走るように左右方向に支えること。推進とは、車両を前後方向に移動させることです。つまり、鉄車輪が車両を垂直・水平方向に支え、前後方向に動かしているのです。鉄車輪は、踏面（鉄レールと接する面）が円錐を切り取った構造になっている上に、縁《ふち》にフランジと呼ばれる凸部（つば）が設けられているので、鉄レールから脱線しにくく、車両が常に軌道（あらかじめ定められたルート）

に沿って走行できるしくみになっています。

「普通鉄道」の推進は粘着駆動と呼ばれる方式で行われます。人間が走るときに足が地面を後ろに蹴るように、鉄車輪が鉄レールを後ろに蹴り、車両を前進させます。このとき鉄車輪と鉄レールの間に働く摩擦力を、鉄道では粘着力と呼びます。


　このため、雨が降って鉄レールが濡れると、車両が粘着駆動するのが難しくなることがあります。鉄車輪との接点に働く粘着力が低下して、鉄車輪の空転や滑走が起きるからです。このため、雨の日に空転や滑走が起こると、電車が遅れることがあります。

「普通鉄道」の走行原理には、このような弱点はあるものの、１８３０年にイギリスで世界最初の営業鉄道が開業したときから現在に至るまで、２００年近く世界中の鉄道で使われていま

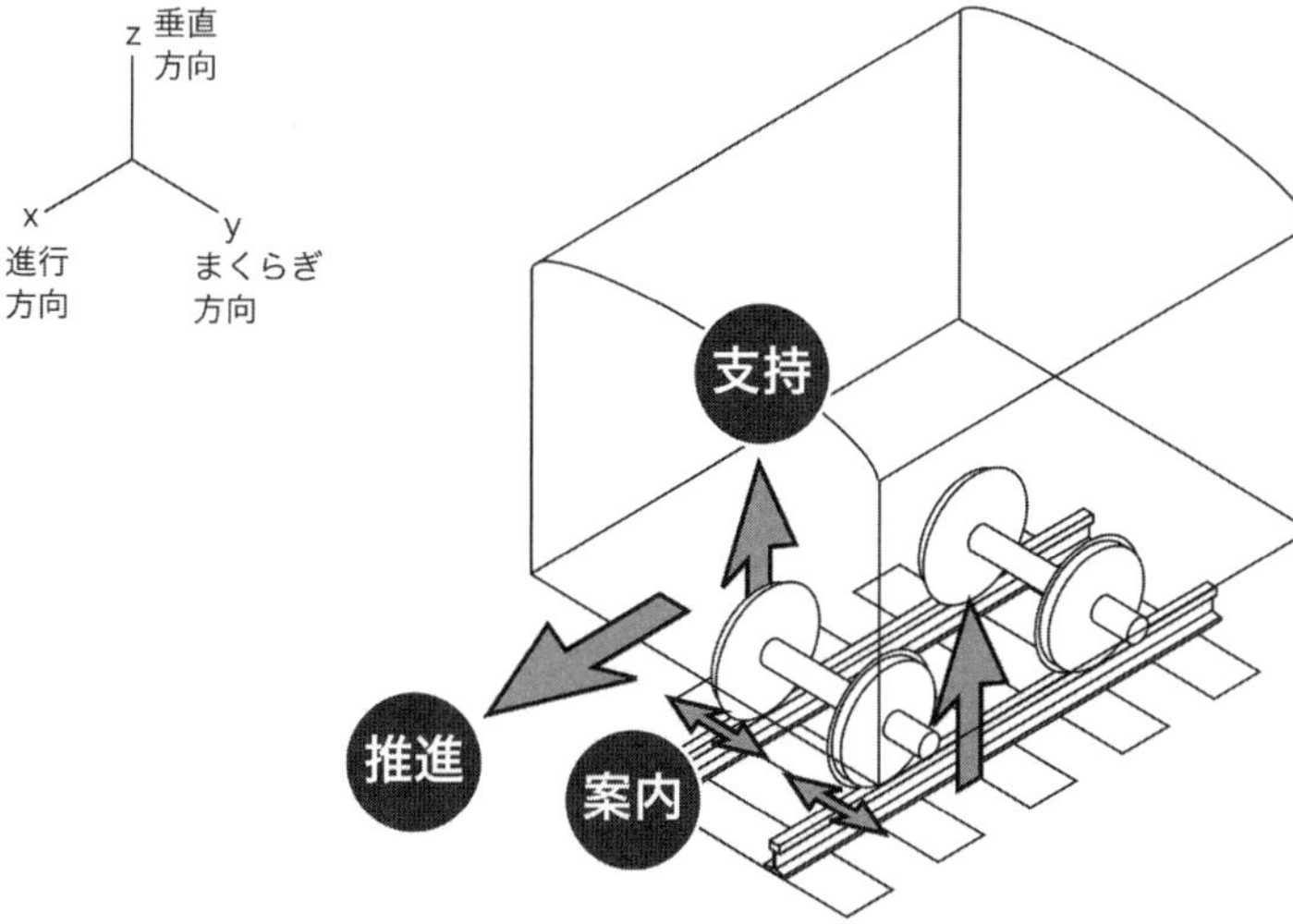

図１－３　普通鉄道の走行原理

す。その理由としては、走行原理がシンプルかつ合理的で、豊富な使用実績があるからだと考えられます。

いっぽう、超電導リニアでは、鉄車輪の役割を超電導磁石が担います。つまり、超電導磁石が、車両を上下方向に浮上させ、左右方向に案内し、前後方向に推進するという3つの役割を果たすのです（図1－4）。

先ほどの「普通鉄道」とは、車両側の超電導磁石と地上側のガイドウェイが接触しない点や、粘着駆動ではなく、リニアモーター駆動で推進する点が異なります。

リニアモーター駆動の大きな特徴は、車両に直接ふれずに推進させることができる点と、推進力を得やすい点にあります。粘着駆動では、鉄車輪の空転や滑走が起こると十分な推進力が得られなくなることがありますが、リニアモーター駆動にはその心配がありません。それゆえ、登坂力（坂を登る力）が大きく、急勾配に対応しやすいという特長があります。

▼浮上・案内・推進の力は壁面のコイルとの間で発生

超電導リニアでは、車両がガイドウェイと呼ばれる地上設備の内側を走行するしくみになっています。先ほど紹介した左右の垂直の壁は、ガイドウェイの一部です。

ガイドウェイの構造は、「普通鉄道」の線路とは大きく異なります（図1－5）。

車両の左右両側にある垂直の壁には、浮上・案内コイルと推進コイルと呼ばれる2種類のコイル

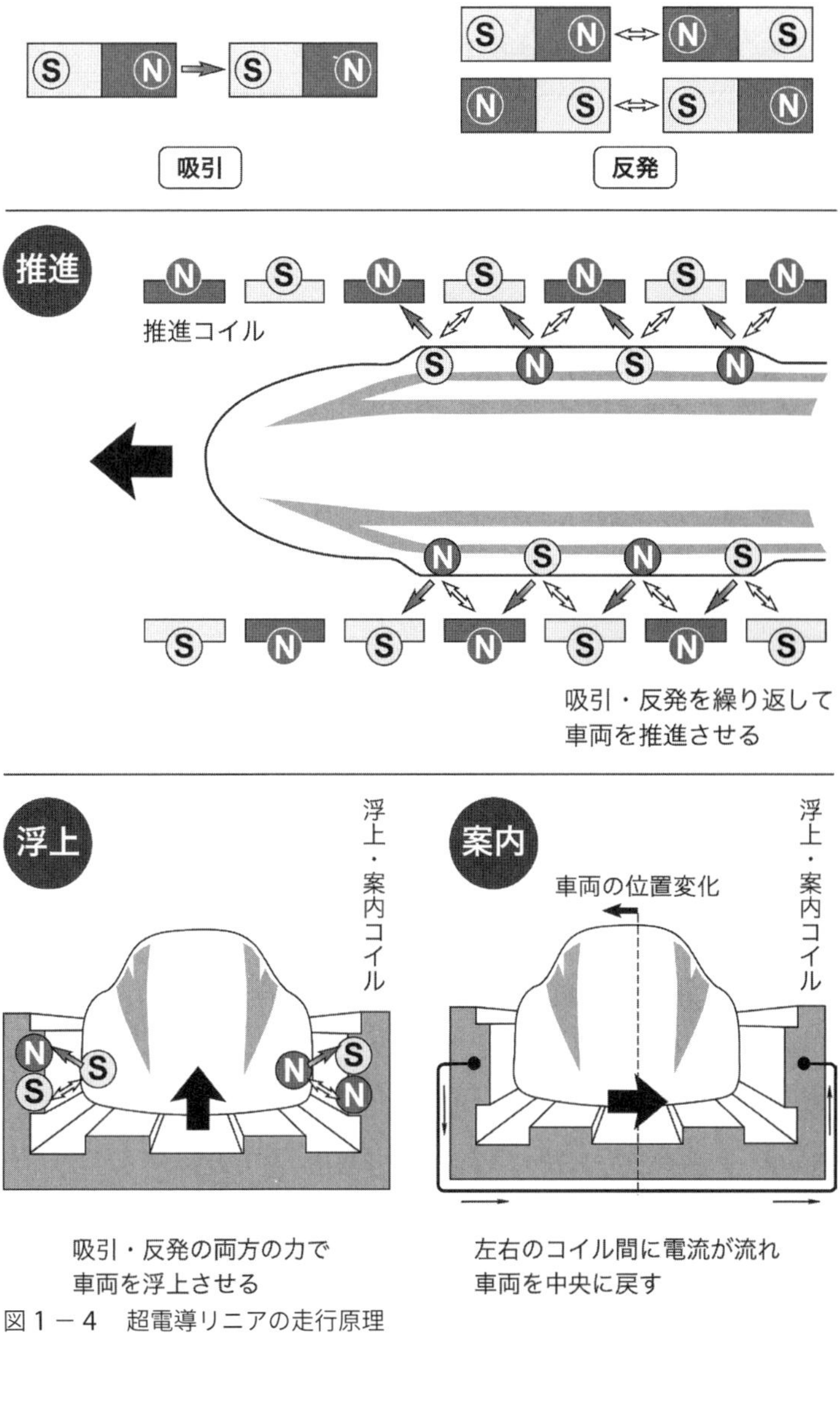

図1－4　超電導リニアの走行原理

（巻いた電線）があり、車両に取り付けた超電導磁石と向き合う位置で固定されています。

浮上・案内コイルは、車両を浮上・案内するための8の字型のコイルです。通常は電気が流れませんが、車両の超電導磁石が接近したときだけ誘導電流が流れて磁界を発生させ、車両を浮上・案内する力を生み出します。誘導電流についてはこのあとくわしく説明します。

推進コイルは、車両を推進するためのコイルです。外部（変電所）から電気が送られると磁界を発生させ、車両を推進する力を生み出します。つまり、超電導磁石と推進コイルがセットになってリニアモーターを構成し、車両を進行方向に動かしているのです。

超電導リニアの大きな特長は、「普通鉄道」で起こるような脱線が起こらず、車両が安全に高速走行できることです。車両の左右方向の位

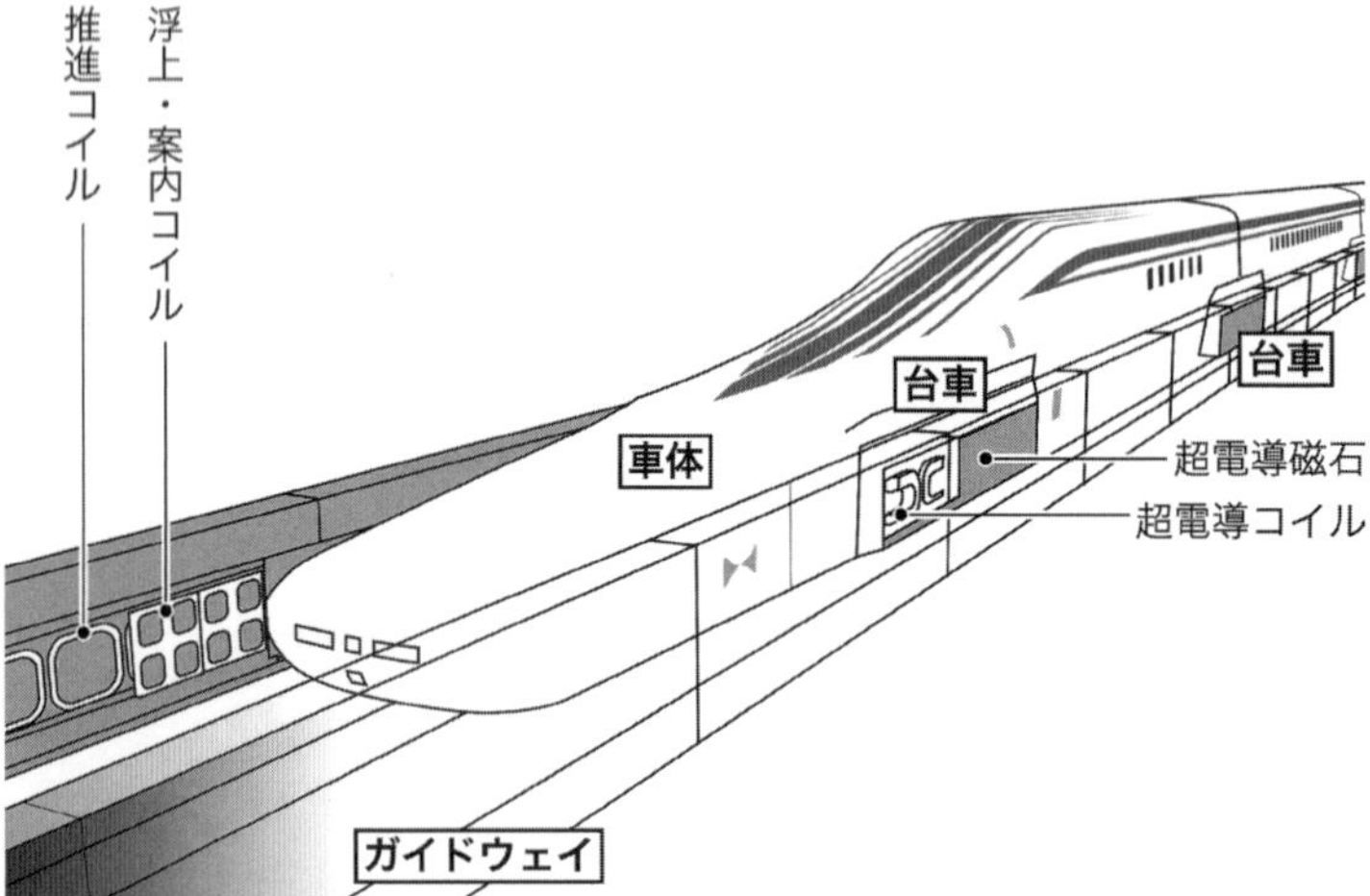

図1－5　超電導リニアの走行システム

置は、浮上・案内コイルによって常に軌道の中心になるように誘導されるからです。

ちなみにJR東海が運営するリニア中央新幹線公式サイトには、超電導リニアの走行原理を、3DCGアニメーションを駆使して説明したページがあります。これを見れば、理解をより深めることができます。

▼低速では浮かず車輪で走らざるを得ない理由

さて、以上で走行原理のざっくりとした説明が終わったので、ここで先ほどの②と③の理由を説明しておきましょう。

②の「車両はいつも浮いているわけではない」は、磁石の力で浮く「浮上走行」のほかに、ゴムタイヤ車輪で車両を支える「車輪走行」があるからです。

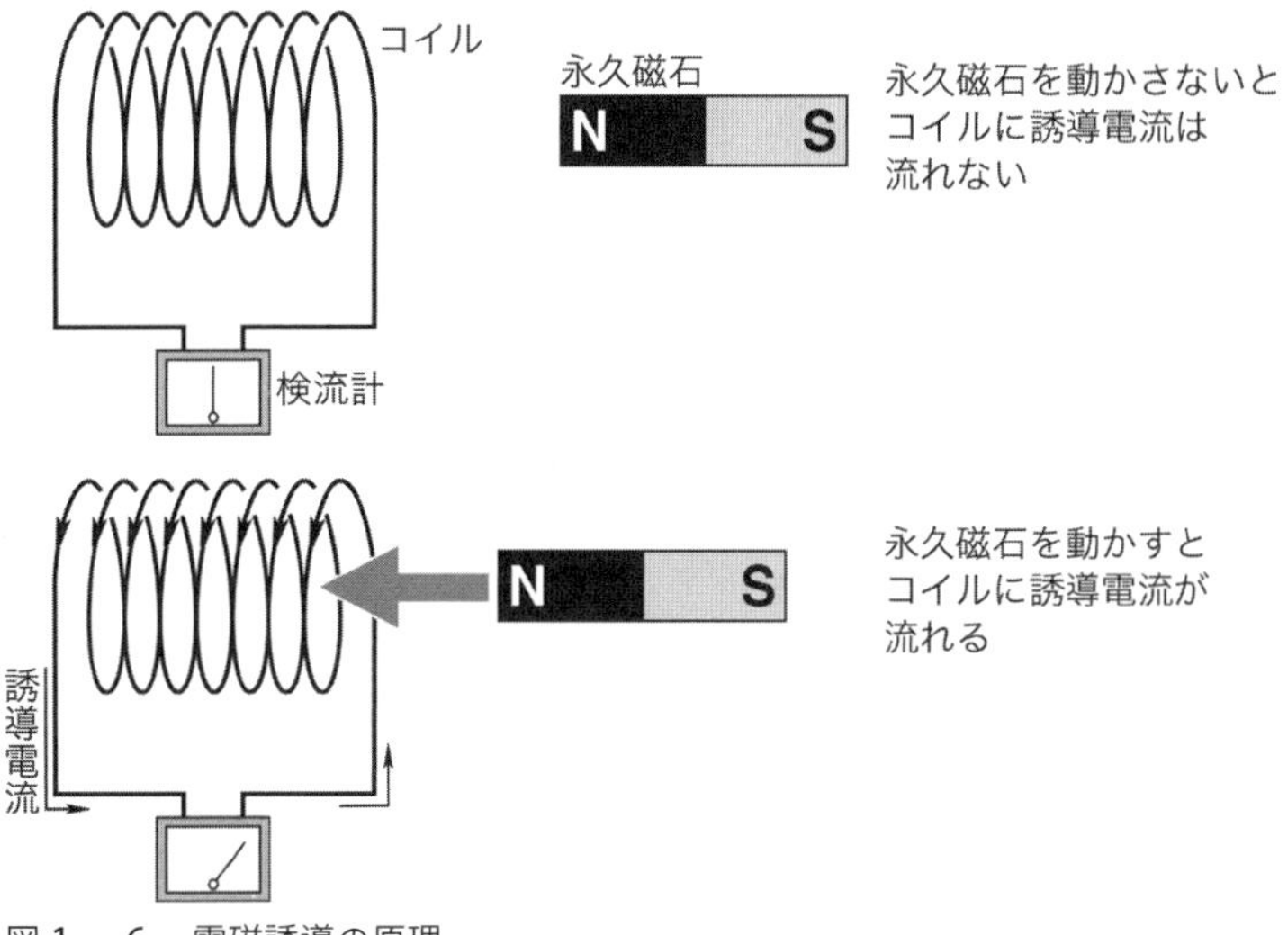

コイル
永久磁石
N
S
永久磁石を動かさないと
コイルに誘導電流は
流れない
検流計
N
S
永久磁石を動かすと
コイルに誘導電流が
流れる
誘導電流

図1－6　電磁誘導の原理

なぜ超電導リニアは「車輪走行」が必要なのか。それは、単純に速度が低いと、浮上・案内コイルに十分な誘導電流が流れず、車両を浮上・案内するための力が不足するからです。

ここで誘導電流についてかんたんに説明しておきます。

図1－6に示したような電気回路を組み、コイルに永久磁石を近づけたり離したりすると、電線に電流が流れます。これが誘導電流です。永久磁石を近づけたり離したりする動きを速くすると、その分だけ大きな誘導電流が流れ、巻いた電線の近くで発生する磁界が強くなります。ただし、永久磁石の動きを止めると、誘導電流は流れません。

ガイドウェイの浮上・案内コイルでも、これと同じことが起きています。永久磁石が超電導磁石に代わっただけの話です。

先ほど述べたように、超電導磁石が通過すると浮上・案内コイルに誘導電流が流れます。超電導磁石が通過する速度が上がれば上がるほど、浮上・案内コイルに流れる誘導電流が大きくなり、その分だけ強い磁界が発生します。

ところが車両が停車しているときは、浮上・案内コイルに誘導電流は流れません。また、速度が低すぎると、誘導電流は流れるものの、車両を浮上・案内するのに必要な値には達しないので、磁力だけでは浮上と案内ができません。

つまり、停車中や低速走行中には、別の方法で車両を支持・案内しなければならないのです。

このため超電導リニアでは、停車中や低速走行中にゴムタイヤ車輪で車両を支持・案内するしくみになっています。

▼浮上・着地のたびゴムタイヤ車輪が出入り

ゴムタイヤ車輪は、台車と呼ばれる部品に取り付けられており、必要に応じて出入りする構造になっています。台車は、車体を下から支える走行装置で、車両の走行をつかさどる心臓部です。先ほど紹介した超電導磁石は、台車の左右両側に取り付けられています。

図1－7と写真1－3は、山梨実験線の初代車両（ＭＬＸ01）の台車の構造を示しています。中央新幹線での営業運転を想定した同線の2代目車両（Ｌ０系）の台車の設計図面や写真は公開されていないものの、車輪などの配置を変更する必要性が低いので、基本構造はこれと同じだと仮定して話を進めます。

ゴムタイヤ車輪は2種類あり、支持輪と案内輪と呼ばれています（図1－8）。支持輪は、ガイドウェイの走行路と接触して転がる車輪で、車両を上下方向に支える役割をします。案内輪は、ガイドウェイの側壁と接触して転がる車輪で、車両を左右方向に支える役割をしています。

では、車両はどのタイミングで浮くのか。逆に、車両が浮いた状態から、どのようにしてゴムタイヤ車輪で走行する状態になるのか。かんたんに説明しましょう。

停止していた車両が発進し、加速すると、しばらくゴムタイヤ車輪による車輪走行をします。このときは支持輪と案内輪が台車の外側に出て、ガイドウェイと接触しながら走ります。

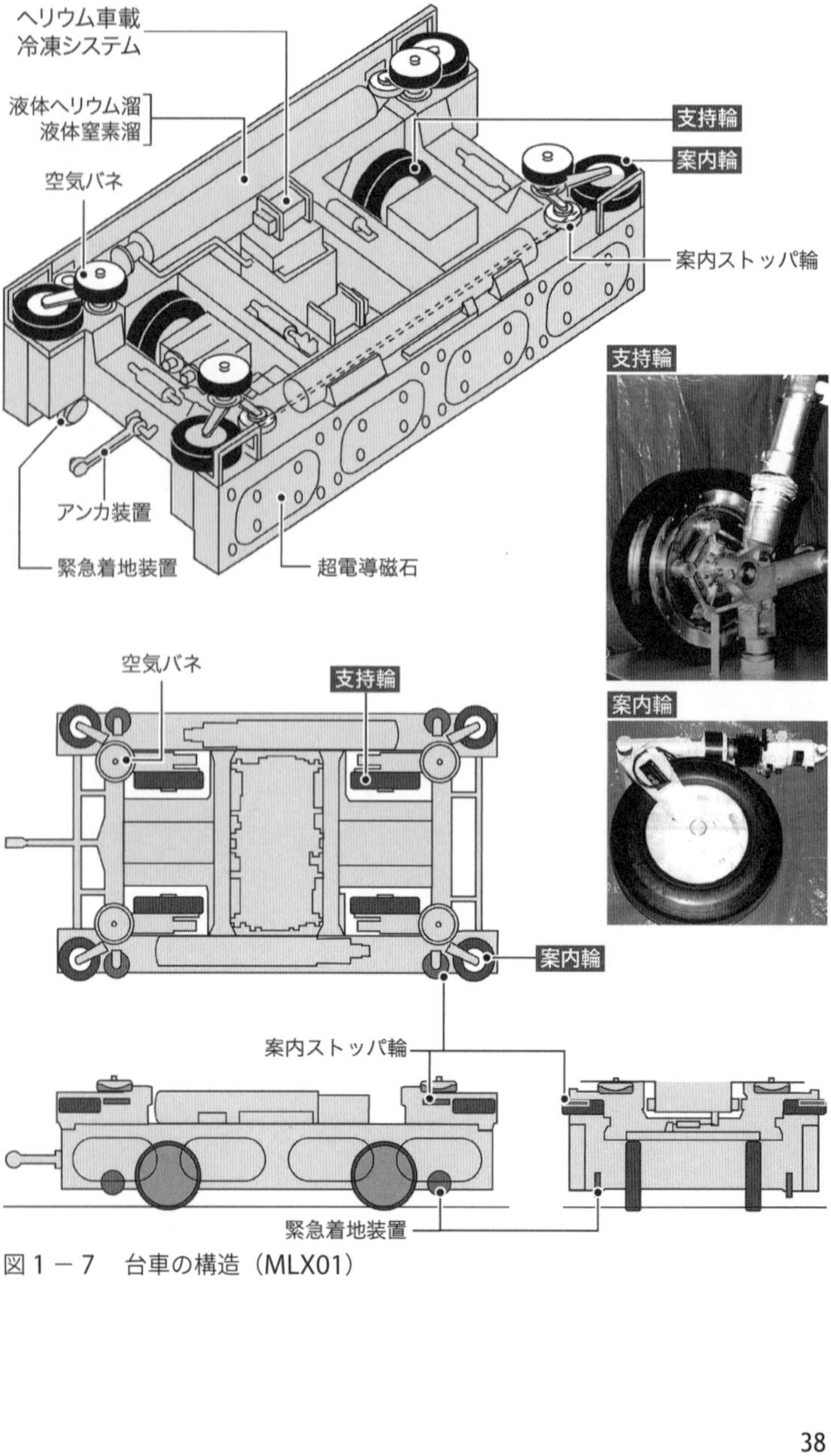

図１－７　台車の構造（MLX01）

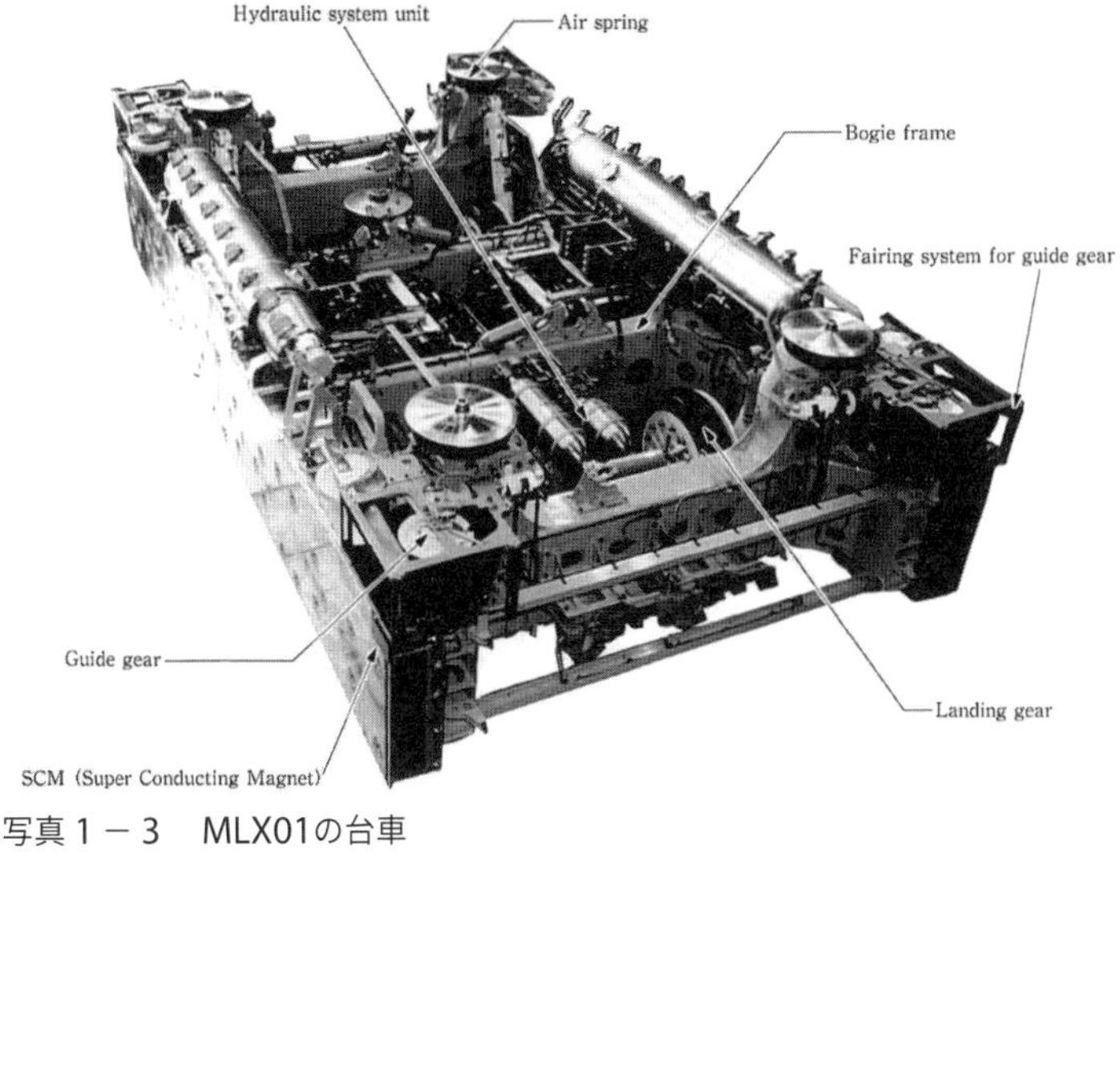

写真１－３　MLX01の台車

そしてある速度に達すると、浮いて走る浮上走行に移ります。このとき、支持輪と案内輪が台車の内側に格納されて、車両がガイドウェイと接触せずに走ります。この「ある速度」については、リニア中央新幹線公式サイトに時速150㎞と記されています。

このときの状況を「ふわっと浮き上がる」と表現するメディアがありますが、実際は車両の高さがあまり変わらないまま車輪が格納されます。

減速するときは、この逆です。浮上走行した状態である速度まで減速すると、車両が着地して車輪走行に移ります。このとき、支持輪と案内輪が台車の外側に出て、車両を上下方向と左右方向で支えます。もちろん、これらの車輪は、台車の外側に出る前は回転しておらず、ガイドウェイと接触した瞬間に急に回り始めるので、

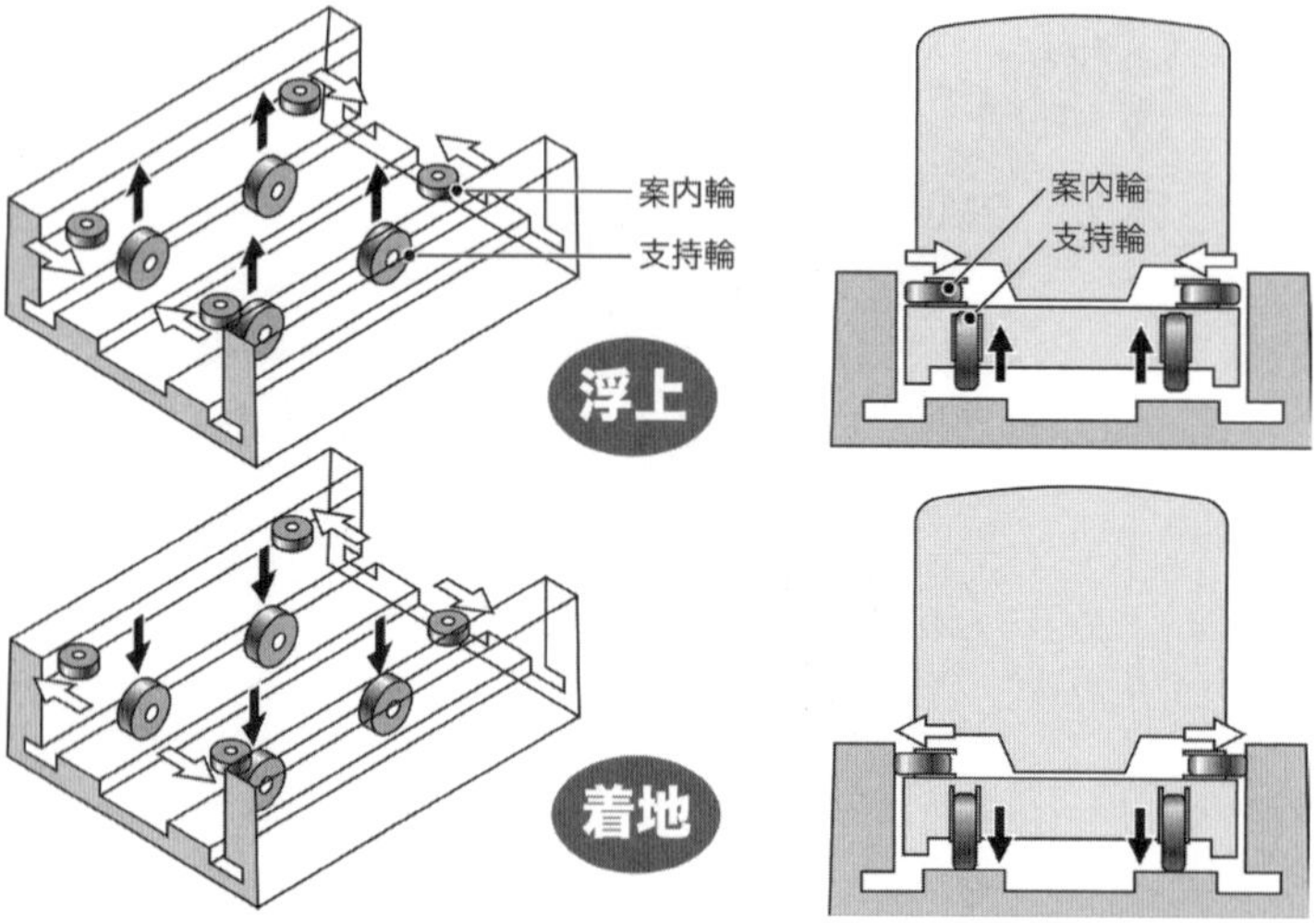

図1－8　支持輪と案内輪の動き

大きな負荷がかかります。

車両が浮いたり着地したりするさまは、航空機に似ています。航空機には、地上で機体を支持する降着装置（ランディングギア）があり、離陸後に格納し、着陸前に出します。降着装置には、多くのゴムタイヤ車輪がついています。これらは、着陸時に滑走路と接触した瞬間に急に回り始めるので、大きな負荷がかかります。

超電導リニアのゴムタイヤ車輪は、航空機のゴムタイヤ車輪と同様に、着地した瞬間に大きな負荷がかかるので、それに応じた耐久性が求められます。また、ゴムタイヤ車輪は鉄車輪よりも摩耗しやすいので、耐摩耗性も求められます。

なお、ゴムタイヤ車輪が着地する頻度は、航空機よりも超電導リニアのほうが多くなります。航空機は1回のフライトで1回しか着地しないのに対して、超電導リニアは停車駅が多くなるほど着地する回数は増えるからです。

▼1編成あたり出入りするタイヤは136個

超電導リニアの台車にある車輪は、支持輪と案内輪だけではありません。ほかにも緊急着地装置や案内ストッパ輪と呼ばれる車輪があるのです。これらは、緊急時に使う車輪です。回転軸が台車に固定されているので、支持輪や案内輪のように出入りはしません。

緊急着地装置や案内ストッパ輪は、異常発生時のバックアップです。浮上走行しているときに超電導磁石が故障して、発生する磁界の強さが急低下すると、浮上・案内・推進が正常にできなくなります。しかし、支持輪と案内輪はすぐに出すことができません。そこで、それらの代わりに緊急着地装置や案内ストッパ輪がそれぞれガイドウェイに接触し、車両を上下方向と左右方向に支えるしくみになっているのです。接触時の回転速度は、最高で毎分約９０００回転に達します。

つまり、台車には、これまで紹介した４種類の車輪がついているのです。

１台の台車には、計16個（４種類×４個）の車輪がついています。そのうち８個はゴムタイヤ車輪で、支持輪が４個、案内輪が４個あります。残りの８個は金属製の車輪で、緊急着地装置が４個、案内ストッパ輪が４個あります。

出入りするゴムタイヤ車輪の数は、編成が長くなるほど増えます。

その数を、中央新幹線の営業列車で考えてみましょう。

中央新幹線では、超電導リニア車両が16両編成で走行する予定です。車両は連接構造（連結部分に台車がある構造）になっており、16の車体を17台の台車で支えます。

図１－10は、16両編成を下側（車両底面）から見た図です。ゴムタイヤ車輪の数は、台車１台あたり８個なので、16両編成では８×17＝１３６個となります。

この16両編成の列車は、１３６個あるゴムタイヤ車輪のうち１個でも故障すると、正常に走行できなくなります。ゴムタイヤ車輪は、車両が浮上と着地を繰り返すたびに出入りしますし、着地するたびに大きな衝撃を受けるので故障が起こりやすいはずです。しかもゴムタイヤ車輪は摩耗しやすく、パンクが起こる可能性もあります。このため、車輪全体の定期的なメンテナンスが欠かせません。

台車には、それぞれのゴムタイヤ車輪を個別に動かすアクチュエータがあり、それが１つでも故障すれば、正常に走行できなくなります。このアクチュエータやブレーキシステムには、油圧シリンダが使われています。鉄道総研の報告書［１－３］には、台車にそれらを動かすための油圧システムがあり、約１００リットルの作動油が必要だと記されています。作動油は可燃物なので、引火すると火災の原因になります。

台車は、さまざまな技術やノウハウが詰まった部分です。そのためか、その全体像を示す写真や図は、山梨実験線の初代車両（ＭＬＸ01）に関しては論文で公開されたものの、２代目車両（Ｌ０系）に関しては公開されませんでした。

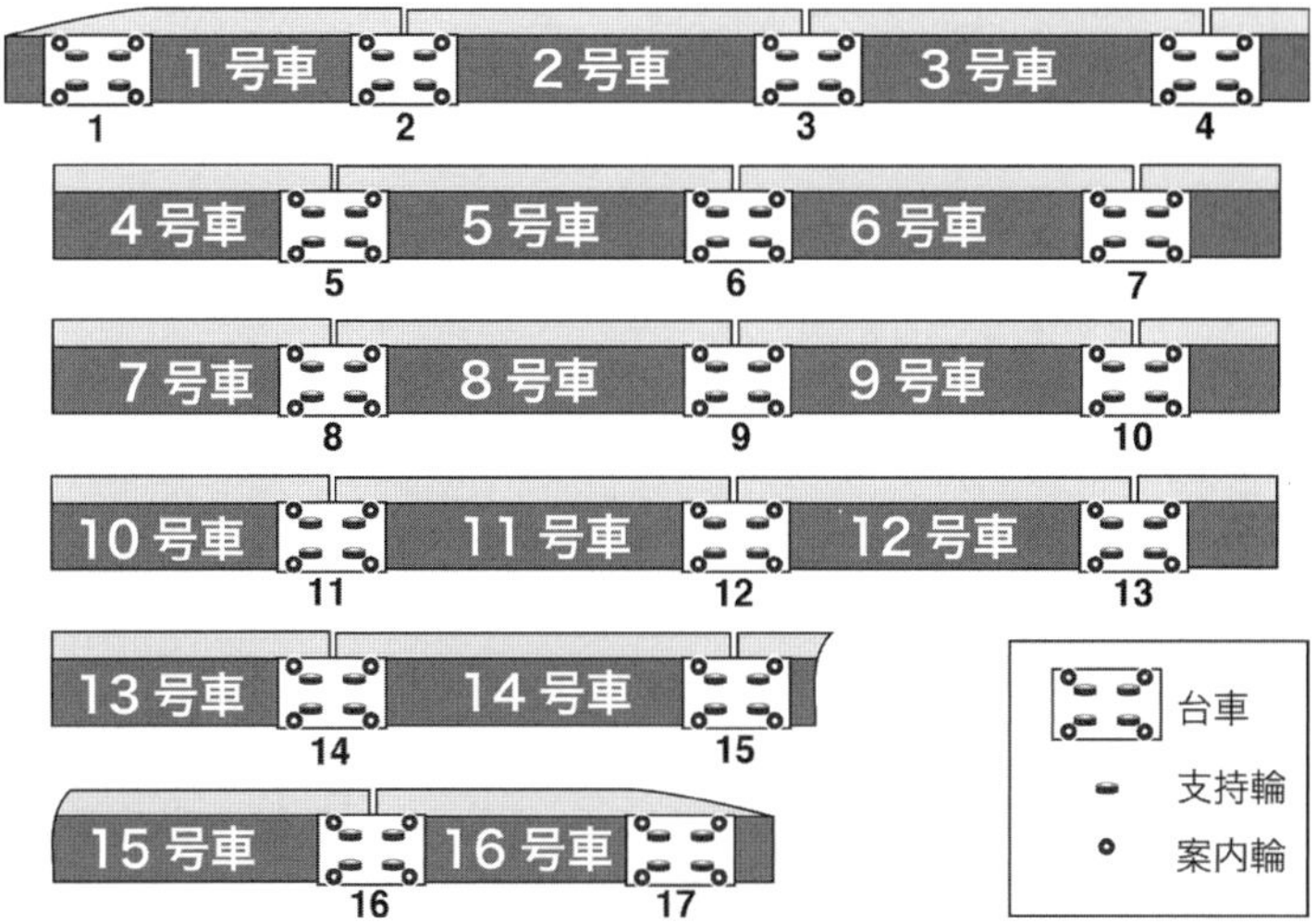

図１－10　16両編成の車輪配置

また、2020年3月に日立製作所笠戸事業所で報道陣に公開されたのは、L0系改良型先頭車の車体だけで、台車は公開されませんでした。

台車の実物を見たい方は、リニア・鉄道館（愛知県名古屋市）や山梨県立リニア見学センター（山梨県都留市）に行ってみてください。これらの施設には、MLX01の先頭車が1両ずつ置かれており、台車を間近で見ることができます。ただし、どちらでも台車の案内輪が出る部分にふたがしてあり、車輪が出入りする状態がわからなくなっています。

▼車両の速度は遠隔操作でしか制御できない

ここで話を戻しましょう。

③の「運転士がいない」理由は、車両の走行速度を指令室が遠隔操作で制御するからです。つまり、車両の内側ではなく、外側から速度を制御する構造になっているので、運転士が乗務する必要がないのです。

「普通鉄道」と超電導リニアでは、車両を推進するしくみが根本的に異なります。

「普通鉄道」の車両には、推進するための動力装置（モーターやエンジン）があります。車両は、その動力を車軸に伝え、車輪を回すことで、レールの上で駆動します。このため、運転士が動力装置を操作することで、走行速度を制御しています。

いっぽう超電導リニアの車両には、推進するための動力装置がありません。厳密に言うと、台車にある超電導磁石が動力装置（リニアモーター）の一部として機能しますが、それだけでは動力を発生できません。

つまり、車両はあくまでも超電導磁石がついた「箱」であり、自力では動くことができないのです。

車両が動くのは、ガイドウェイの推進コイルに電流が流れたときです。推進コイルで発生する磁界が前後方向に移動すると、超電導磁石に前後方向の力が生じ、車両が推進します。

先ほど紹介した指令室は、路線全体の輸送を管理するだけでなく、推進コイルに電流を流す指令を出し、車両の位置を検知しながら走行速度を制御しています。つまり、運転士の役割を指令室が担っているので、車両に運転士が乗務する必要がないのです。

なお、超電導リニア車両の先頭車先頭部には、前方を監視するカメラが設けられています。そのためか、山梨実験線の車両の一部（L0系初期車）には、先頭部の前面に窓がついていません。

1－3　極低温を維持する必要がある超電導磁石

ここまで、超電導磁石について繰り返しふれてきました。

超電導磁石は、超電導リニアの心臓部です。「普通鉄道」の鉄車輪と同じように車両全体を支え、推進させるという重要な役割を担っています。

本節では、超電導磁石の概要と原理、そして超電導リニアに搭載される超電導磁石について説明します。

▼マイナス269℃以下で冷却する必要がある

超電導磁石は、先ほどふれたように、強い磁界を発生する電磁石です。永久磁石（磁力を長期間発生し続ける磁石）や、一般の電磁石（常電導磁石）よりも強い磁界を発生できるのが大きな特長です。

なぜそのような強い磁界を発生できるのか。常電導磁石とくらべながら説明します。

常電導磁石は、巻いた電線（コイル）に電流を流すと磁界が発生します。ただし、電流を流すのをやめると磁界が失われます。電線には電気抵抗があるので、いったん電流を流すと、電気抵抗によって消費される（電気エネルギーが熱エネルギーに変換されて大気に放出される）ので、コイルの両端をつないでも電流が延々と流れ続けることはありません。

いっぽう超電導磁石は、いったん流した電流が延々と流れ続ける

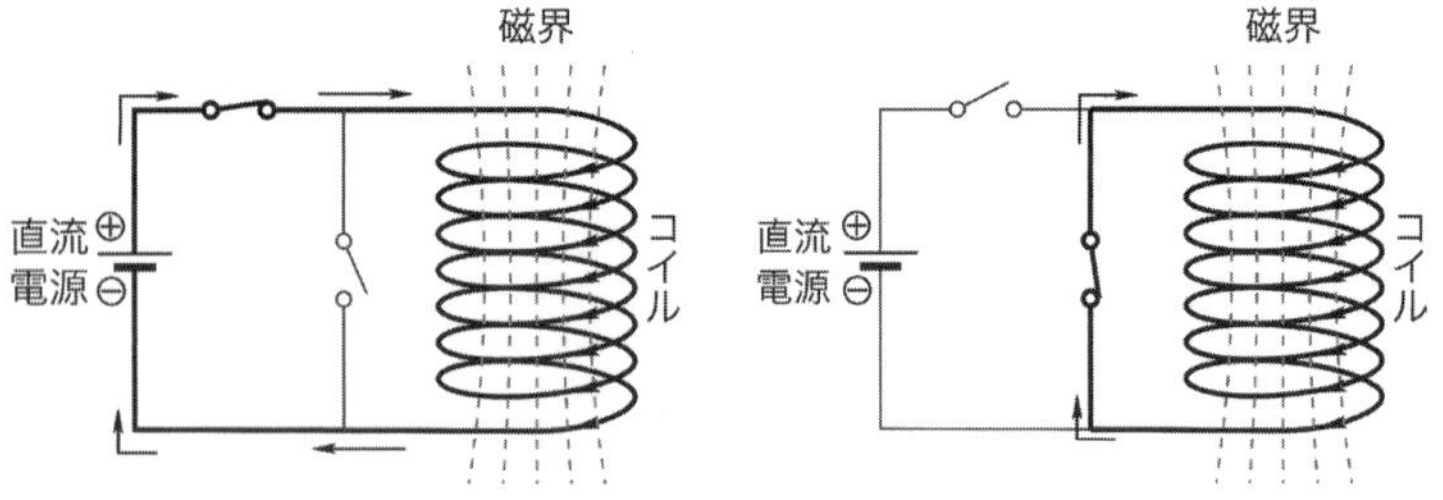

(a) コイルに直流を流す　(b) コイルに電気が流れ続ける

図1－11　超電導磁石

構造になっています（図1－11）。コイルを超電導状態にしてから、いったん直流の電流を流し、コイルの両端をつなぐと、コイルに大電流が流れ続け、強い磁界を発生します。超電導状態が維持できていれば、コイルに電気を供給し続ける必要はありません。

ここでいう超電導状態とは、電気抵抗がゼロになる状態のことです。金属や化合物を一定の温度以下に冷却したときに電気抵抗がゼロになる現象は、超電導現象と呼ばれます（図1－12）。

つまり、超電導磁石は、超電導現象を利用してコイルの電気抵抗をゼロにして、大電流が延々と流れ続けるようにするので、強い磁界を発生することができるのです。

しかも超電導磁石は、常電導磁石のようにコイルに電気を供給し続けなくても長時間磁界を発生できるので、いったん磁界が発生（励磁）

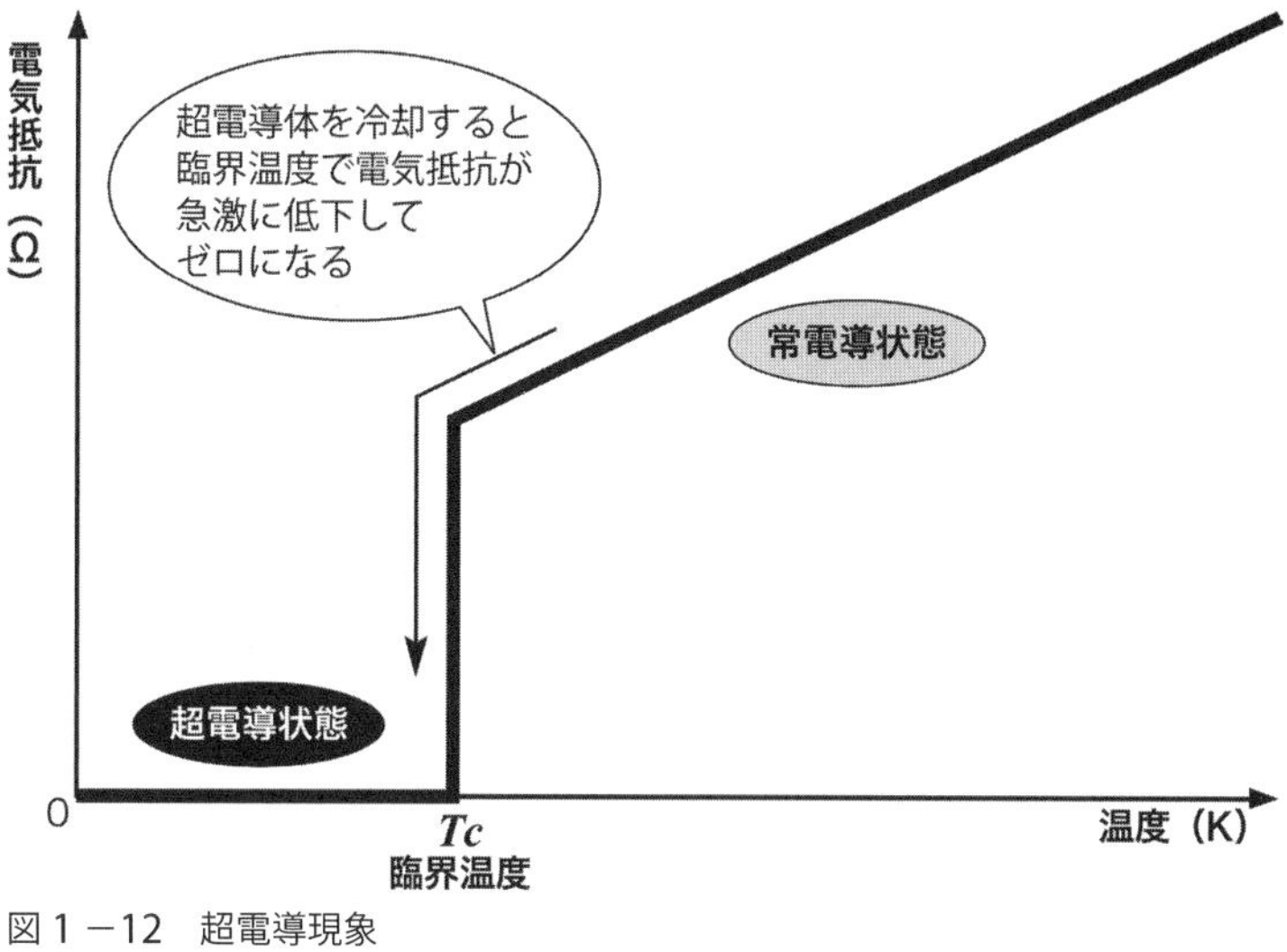

図1－12　超電導現象

すると、永久磁石と同じように振る舞います。

その代わり、コイルを極低温に冷却して、超電導状態を維持する必要があります。現時点では、極低温にしないと超電導状態にならない材料しか見つかっていないからです（「高温超電導磁石」については後述）。2層構造の冷却槽を導入し、コイルを液体ヘリウム（沸点マイナス約269℃）で冷却し、その外側を液体窒素（沸点マイナス約196℃）で冷却するのが一般的です。

このため、超電導磁石は、常電導磁石よりも構造が複雑です。コイルを極低温で冷却し、一定以下の温度を維持するには、それなりの装備が必要だからです。

▼超電導磁石は病院でも使われている

超電導磁石の代表的な応用例には、MRI（磁気共鳴画像）やNMR（核磁気共鳴）があります。MRIは、聞いたことがある方もいるでしょう。そう、病院で使われている検査装置の1つで、放射線を使わずに人体の断面写真を連続的に撮影できるものです。今では病院の検査装置としてメジャーな存在になったので、MRIで検査を受けたことがある読者の方もいるでしょう。

いっぽうNMRは、ご存じでない方のほうが多いでしょう。これは化学分析装置の1つで、物質の分子構造を原子レベルで解析できるものです。化学分析を必要とする研究機関では非常に頼りになる装置です。かく言う私は、化学メーカーで技術者として従事していたころによくNMRのお世話になっていました。

ＭＲＩやＮＭＲの超電導磁石では、コイルをマイナス約２６９℃以下の極低温に冷却するため、液体ヘリウムと液体窒素を冷媒として使用します。コイルを液体ヘリウムで冷却し、その外側を液体窒素で冷却します。液体ヘリウムと液体窒素は、冷凍機によって冷却され、一定の温度以下に保たれています。

▼高温超電導磁石の実用化は不透明

超電導リニアで使用する超電導磁石も、基本構造は同じです。

しかし超電導リニア用として開発されている超電導磁石には、ここまで述べてきた低温超電導磁石のほかに、高温超電導磁石があります（図１－13）。低温超電導磁石は、ニオブチタン合金製のコイルをヘリウムの沸点（マイナス約２６９℃）以下に冷却するもの。高温超電導磁石は、ヘリウムの沸点よりも高い温度でコイルの超電導状態が維持できるものです。

超電導リニアでおもに使われているのは、低温超電導磁石です。リニア中央新幹線公式サイトには、超電導リニアで使われている超電導磁石を解説しているページがあり、そこに低温超電導磁石の原理が記されています。

低温超電導磁石の構造は複雑です。内部は、内側から液体ヘリウム、真空、液体窒素の３層構造になっており、液体ヘリウムがコイルを極低温に冷却しています。上部には液体ヘリウムと液体窒素を冷却する冷凍機が設けられています。

■低温超電導磁石

コイルを **-269**℃まで冷却

液体ヘリウム	：沸点 -269℃
液体窒素	：沸点 -196℃

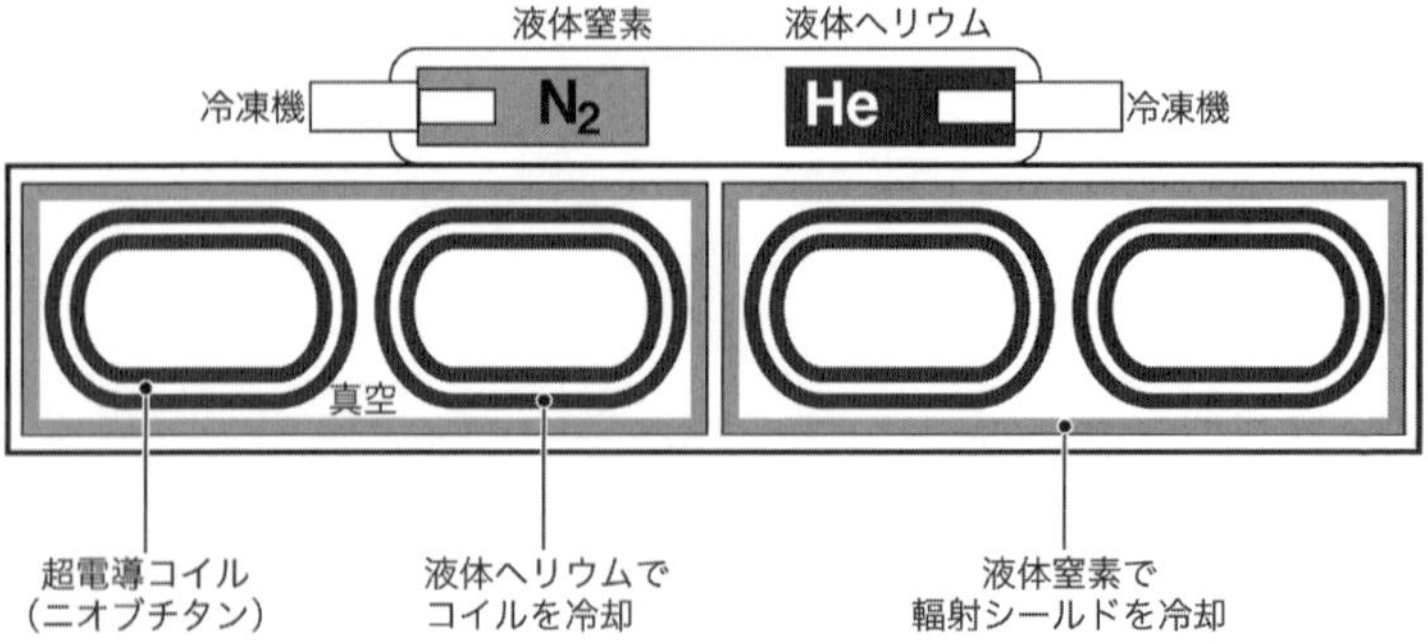

■高温超電導磁石

コイルを **-255**℃まで冷却

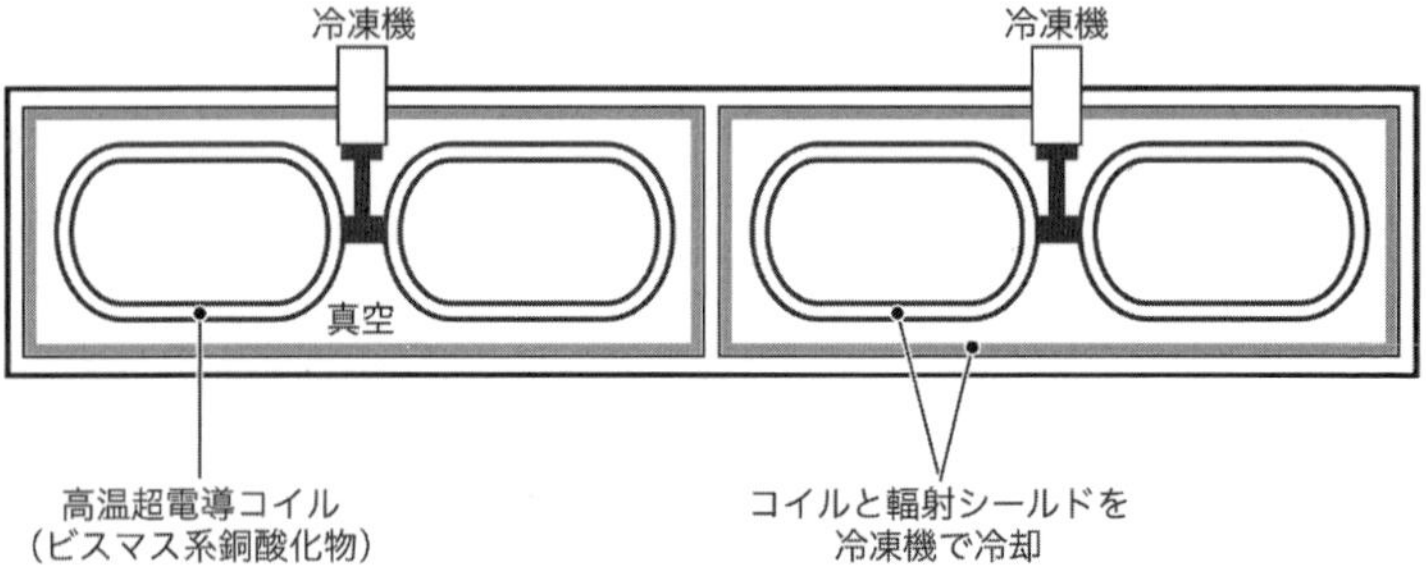

ポイント	・冷媒を使わない ・構造が簡素で省メンテナンス

図１－13　超電導リニアの超電導磁石

いっぽう高温超電導磁石は、低温超電導磁石とくらべると構造がシンプルです。「高温」といってもマイナス255℃まで冷却する必要がありますが、コイルは冷凍機が直接冷却する構造になっているので、液体ヘリウムや液体窒素が不要で、配管などが大幅に省略されています。

JR東海は、東芝と共同で高温超電導磁石を開発し、超電導リニア車両に搭載して走行試験を実施したことがあります［1－7］。山梨実験線では、2005年に3両編成の先頭車に高温超電導磁石を搭載して走行試験を実施し、時速553・9㎞を記録しています。

それでは、将来の営業車両は、低温超電導磁石と高温超電導磁石のどちらを採用するのでしょうか？

それはまだ決まっていないようです。

JR東海と鉄道総研が2017年2月17日に作成した資料「超電導リニアに関する今後の技術開発について」［1－6］には、「液体ヘリウム・液体窒素を用いない高温超電導磁石について、長期耐久性を検証したうえで営業車両への導入の可否を判断する」と記されており、低温超電導磁石を採用する可能性もあることを示唆しています。高温超電導磁石に関しては、JR東海が検討していることをあまりアピールしていないので、クリアできていない技術的課題があるのだろうと私は考えています。

なお、この資料には「走行試験等による検証のうえ、営業車両等の詳細な仕様を平成34年度末までに決定する」と記されており、2023年3月までには決めることを示しています。

第１章まとめ

・超電導リニアは、鉄道の一種である
・その走行原理は特殊かつ複雑である
・超電導磁石が鉄車輪の代わりに車両を支える

コラム

「リニア」という言葉は海外で通じない

あなたが超電導リニアのことを知ろうとしたら、まず何をしますか？

おそらく多くの人がスマートフォンやパソコンを使い、「超電導リニア」というキーワードで検索するでしょう。新聞などのメディアでは、超電導リニアのことを「リニア」と呼ぶことがあるので、「リニア」で検索する人もいるでしょう。

この方法は、超電導リニアのことを知る第一歩となります。国内のメディアやＳＮＳでは、「超電導リニア」や「リニア」というキーワードで報道や議論が行われているからです。

ただし、これらのキーワードでは検索できない重要な情報もあります。なぜならば、「超電導リニア」や「リニア」は正式名称ではなく、ＪＲ東海や国などの公式発表情報をすべて網羅できないキーワードだからです。

日本の超電導リニアが海外からどう見られているか知るには、英語で記された情報を入手するのが近道ですが、「リニア」の語源である英語の「linear」で検索しても、超電導リニアに関する情報にはなかなかたどり着けません。「linear」は「線形の・直線状の」という意味の形容詞であり、多くの人がイメージする「車両が超高速で走行する輸送システム」を意味しないからです。つまり、そのような輸送システムのことを指して「リニア（linear）」という言葉を使っても、海外では通じないのです。

日本でよく使われている「リニア」という言葉は、「リニアモーターカー（linear motor car）」を略して生まれた「通称」です。

この通称は、第1章で紹介した京谷好泰氏がつけたものです。京谷氏は、自著である『リニアモーターカー』や『10センチの思考法』で、報道関係者から「超高速列車」をカタカナでわかりやすく表現してほしいと言われ、「リニアモーターカー」と答えたら、その呼び方や、それを略した「リニア」が広まったと記しています。

ただし、「linear motor car」は和製英語なので、海外では通じません。

ではどうすればより多くの情報にアクセスできるのでしょうか。

答えはかんたんです。別の言葉で検索すればいいのです。

日本語であれば、超電導リニアの正式名称である「超電導磁気浮上式鉄道」で検索すると、高い確率で超電導リニアの情報にアクセスできます。また、超電導リニアのことを「磁気浮上式鉄道」や「浮上式鉄道」と書いた論文や特許も存在します。この場合は、ＪＲ東海の正式名称である「東海旅客鉄道株式会社」や、「鉄道総合技術研究所」というキーワードを組み合わせて検索すると、ヒットしやすいです。

英語であれば、「magnetic levitation（磁気浮上）」の略称である「maglev（マグレブ）」で検索するとヒットしやすいです。日本が開発した超電導リニアは、英語で「JR-maglev」「SC-maglev（ＳＣは超電導を意味するSuper Conductingの略）」と呼びますが、英語の論文ではあまり使われていません。このため、日本を意味する「Japan」や、ＪＲ東海の英語名称である「JR Central」などのように、情報を絞り込むキーワードを「maglev」と組み合わせて検索すると、超電導リニアの情報がヒットしやすくなります。

超電導リニアのことを深く知る上で参考になれば幸いです。

第2章　なぜ超電導リニアが開発されたのか

本章では超電導リニア開発の歴史を振り返ることで、なぜ今、実用化されようとしているかを考えます。超電導リニアのことをより深く知るには、まず、その原点である浮上式鉄道のことを知る必要があります。超電導リニアは、浮上式鉄道から派生したものだからです。

2－1　従来の鉄道の「スピードの壁」を超えたい

▼鉄輪式鉄道の高速化には限界がある

第1章で述べたように、浮上式鉄道は、車両が浮き上がったまま走行する「特殊鉄道」のことです。

鉄道総研がウェブで公開している『鉄道技術用語辞典・第3版』［2－1］には、浮上式鉄道を次の文で説明しています。

列車の駆動を車輪の回転によらない非粘着の駆動方式を前提として考えられた鉄道で、空気圧や磁力を使うことにより、レールやガイドウェイとは非接触で車体の支持・案内を行う鉄道の総称。

なぜ「非粘着の駆動方式」、つまり「粘着駆動以外の駆動方式」を前提とした鉄道が考えられたのでしょうか。なぜ車体を非接触で支持・案内する鉄道が考えられたのでしょうか。

その大きな理由は、「普通鉄道」の高速化の限界、すなわち「スピードの壁」を超えるためです。厳密に言うと、駆動方式を変えることで強い推進力を実現し、登坂（坂を登る）性能や加速性能を高めるなどの目的もあるのですが、ここでは「スピードの壁」を超えるために浮上式鉄道が開発されたとして、話を進めていきます。

それでは、「普通鉄道」における「スピードの壁」とは何でしょうか。それには、おもに次に示す3つの壁があります。

・粘着駆動の壁
・車輪支持の壁
・集電の壁

1番目の「粘着駆動の壁」は、「普通鉄道」の高速化に限界がある理由としてよく挙げられます。

第1章でも述べたように、「普通鉄道」の車両は、動力で鉄車輪を回転させ、鉄レールと鉄車輪の間に働く摩擦力（粘着力）を利用して前後方向に推進します。

ところが車両の速度が上がると、車両の推進を妨げる走行抵抗が大きくなります（図2－1）。とくに、走行抵抗の一部である空気抵抗は速度の2乗に比例して大きくなるので、速度が向上すると走行抵抗が急激に増大します。

そしてある速度で走行抵抗が粘着力と同じに

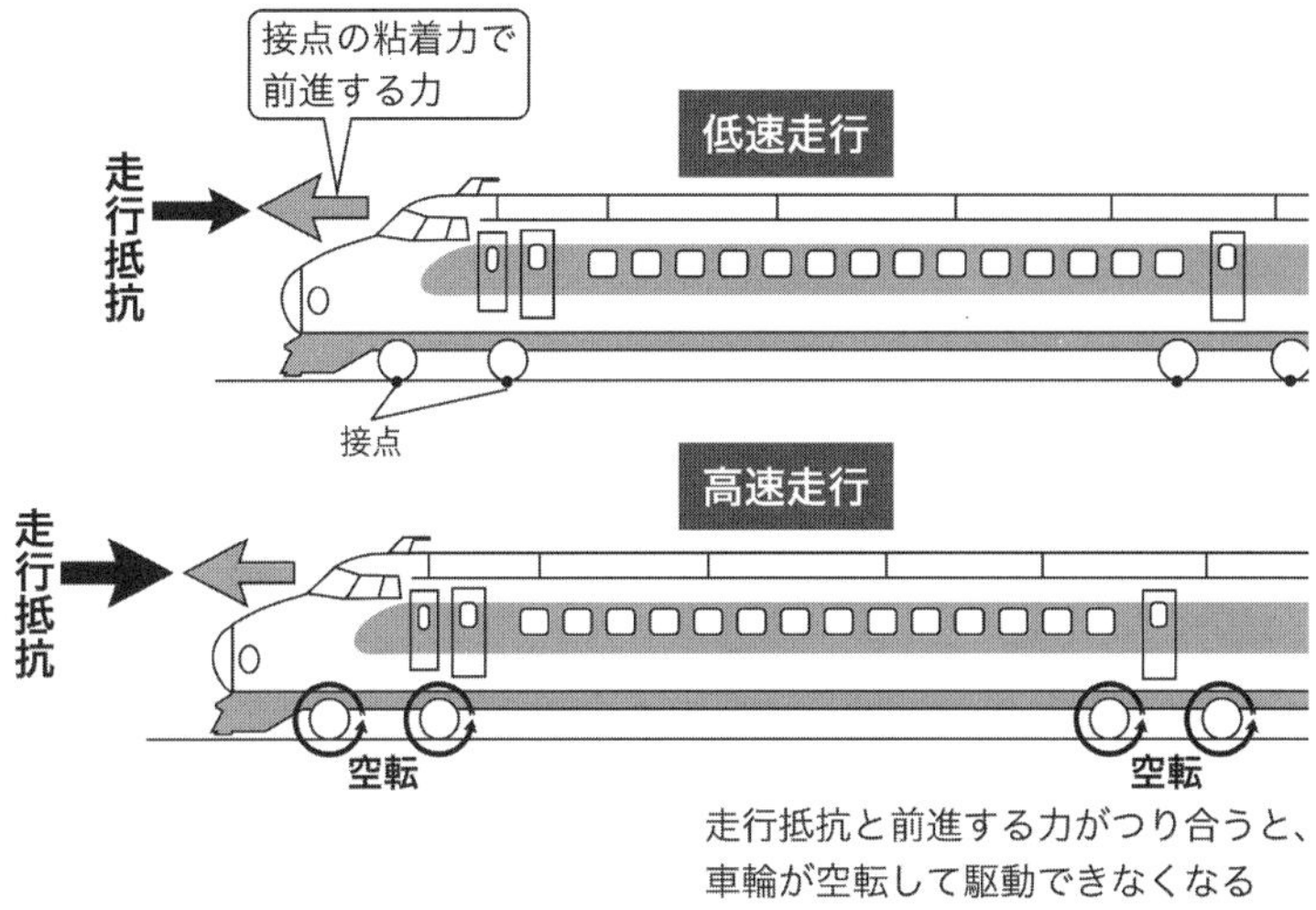

図2－1　粘着駆動の高速化の限界

なる（つり合う）と、車両はそれ以上の速度で走行できなくなります。この状態では、たとえ大きな動力で鉄車輪を回転させても、鉄レールの上で空回りするだけで、車両を推進させる力は大きくなりません。これが、粘着駆動による高速化の限界です。

2番目の「車輪支持の壁」は、車両を安全に走行させる上での限界です。速度が上がると、鉄レールの位置のずれ（軌道狂い）や蛇行動によって車両の振動が大きくなります。

軌道狂いは、線路のメンテナンス（保線作業）のやり方によってある程度小さくすることができますが、ゼロにすることは不可能です。このため、軌道狂いによる車両の振動は構造的に避けられません。

蛇行動は、鉄車輪と鉄レールの構造に起因する現象です。これが発生すると、車軸や台車、車体がまるで蛇がくねって進むような軌道を描き、左右方向に振動します。

軌道狂いや蛇行動で車両の振動が大きくなると、脱線する可能性が高まるので、車両はある速度よりも遅く走行し、振動を小さく抑える必要があります。

つまり、車両が安全に走行するには、ある速度を超えることができない。この「ある速度」こそが、車輪支持による高速化の限界なのです。

3番目の「集電の壁」は、車両を駆動させるための電気を外部から取り込む（集電する）上での速度の限界のことです。

新幹線を走る電車は、線路の上に張られた電線（架線）に集電装置（パンタグラフ）を押し付けることで、電気を取り込んで走っています。このとき、パンタグラフを押し付けることで架線が振動するだけでなく、それによって発生する波がある速度（伝播速度）で前後方向に伝わります。このため車両の走行速度が伝播速度を超えると、架線とパンタグラフが離れやすくなり、正常に電気を取り込めなくなります。これが、集電による高速化の限界です。

つまり「普通鉄道」には、「粘着駆動の壁」「車輪支持の壁」「集電の壁」という3つの壁があるので、車両はトータルで「ある速度」を超えて走行することができないのです。

それでは、その「ある速度」とはどれぐらいの速度でしょうか。

それは地域や時代によって認識が異なります。

たとえばリニア開発者の共著『超高速新幹線』［0－3］には、次のように記されています。

> おそらく、最高時速二六〇キロはレールと車輪方式の鉄道の実用上の最高速度ではないかと考えられる。（同著40頁）

この書籍が記されたのは、東海道新幹線の開業から7年後なので、その最高速度（時速210km）よりも50km速い値が限界と考えられていたのでしょう。

ただし、これは半世紀ほど前における日本の話です。今では国内の東北新幹線の一部営業列車の最高速度が時速320㎞であり、当時限界とされた時速260㎞を大きく上回っています。

いっぽうフランスでは、半世紀以上前から試験車両が時速300㎞を突破しています。東海道新幹線開業の9年前である1955年には時速331㎞、2007年には時速574・8㎞という記録を樹立しています。後者は現在も鉄輪式鉄道（本書でいう「普通鉄道」）の世界最速記録となっています。

つまり、「普通鉄道」であっても、改良次第で従来の「スピードの壁」を超えることもできるのです。

ところが、少なくとも半世紀以上前の日本では、「普通鉄道」にそれほどの伸びしろがあるとは認識されていませんでした。だから「スピードの壁」を超える「特殊鉄道」を開発する必要性が高いと考えられていたのです。

なお、ここまで紹介した3つの壁は、「普通鉄道」の構造的な障壁です。

日本に限定すると、もう1つの壁として「環境の壁」があります。日本では、人口密集地に鉄道が敷設されることが多いので、車両が通過するときに発生する騒音や振動が沿線の環境を悪化させてしまうことがあります。実際に日本の新幹線では、高度経済成長期にこの騒音や振動が問題視され、「新幹線公害」という言葉も生まれました。このため新幹線では、こうした「環境の壁」がスピードアップの大きなネックとなっています。

近年製造された新幹線車両の先頭車の先頭部が長くなったのは、おもにトンネル突入時に発生する騒音（トンネルに急激に空気を押し込むことによって生じる衝撃波）を小さくするためです。もちろん、空気を流れやすくすることで空気抵抗を減らす、もしくはすれ違い時やトンネル突入時の先頭車の振動を減らすという目的もあるのですが、どちらかというと「騒音を減らす」という環境対策が重視されています。

なお、海外の高速鉄道では、日本の新幹線よりもトンネルの数が少なく、トンネルの断面積が大きいので、先頭車の先頭部はあまり長くありません。

▼鉄車輪を使わない方式による高速化の探究

さあ、ここで先ほどの3つの壁の話に戻りましょう。

鉄道で「スピードの壁」を超えるには、先ほど紹介した3つの壁をクリアする必要があります。

もし車両が、地上設備と接触せずに走ることができれば、3つの壁はクリアできます。つまり、次のように車両の支持、推進、集電をすべて非接触で行うことができれば、「スピードの壁」を超えることができることになります。

- 「粘着駆動の壁」→非接触の駆動方法（リニアモーター駆動・プロペラ推進など）
- 「車輪支持の壁」→非接触の支持方法（浮上式鉄道）
- 「集電の壁」→非接触の集電方法（誘導集電など）

そう、浮上式鉄道は、「普通鉄道」における粘着駆動と車輪支持の弱点を克服するため、駆動方法や支持方法を改良した「特殊鉄道」なのです。非接触の集電方法は、浮上式鉄道を実現するために考えられたとも言えます。

先ほど述べた「環境の壁」は、鉄車輪をなくすことである程度緩和することができます。鉄車輪が鉄レールと接触しながら回転する構造そのものが、騒音や振動の発生源だからです。

▼浮上式鉄道は戦前から研究されていた

ただし、浮上式鉄道の開発は、技術的にはきわめて挑戦的なことです。なんといっても、「車輪」という人類の偉大な発明品の存在を否定し、長い歴史を経て構築された従来の鉄道の走行原理を根本から変えた陸上輸送機関を創り上げるのですから、それなりのリスクがともないます。

とはいえ人類には、技術的に不可能とされたものを可能にした歴史があります。たとえば、現在私たちがインターネットやスマートフォンを日々使いこなしていることは、少なくとも30年前には想像できないことでした。技術はときとして予想外の発達を遂げ、イノベーションを起こし、私たちの生活を変えてきました。

それゆえ技術者のなかには、不可能とされるものに積極的に挑戦する人がいます。そういう一部の人が世界を変えてしまうことも現実世界では起きています。

おそらくそのためでしょう。

ドイツで出版され、日本で翻訳された『磁気浮上式鉄道の時代が来る?』［0－6］によると、浮上式鉄道を考案した人は160年以上前から存在したようです。

たとえばフランスのフランソワ・ジラード氏は、1852年に車輪を滑走体に置き換えようと考えました。ジラード氏は車両が水圧で浮上する鉄道を開発し、1889年にパリで開催された博覧会に出展しました。

アメリカのジョン・ワード氏は、空気で浮上してプロペラで推進する車両を考案し、1877年に特許を得ました。

イギリスのエミール・バチェレット氏は、リニアモーター駆動の磁気浮上式鉄道（電磁誘導反発式）を開発し、1911年にアメリカで特許を出願、1914年にモデル実験をしました。

ドイツのヘルマン・ケンペル氏は、1934年から1941年までに磁気浮上式鉄道（電磁吸引式）の基本特許をドイツで取得しました。ケンペル氏は、のちにトランスラピッドの開発に携わった人物で、「磁気浮上式鉄道の父」とも呼ばれています。

このようにして、さまざまなタイプの浮上式鉄道が考案されました。

先ほど紹介した水圧で浮上するものを除けば、浮上式鉄道は大きく2種類に分類できます。空気の力で浮上する空気浮上式鉄道と、磁石の力で浮上する磁気浮上式鉄道です。

空気浮上式鉄道と磁気浮上式鉄道の開発は、戦後にも続いたものの、結果的に磁気浮上式鉄道が残りました。その理由は次節でご説明します。

2－2

戦後の浮上式研究「黄金期」から現在まで

浮上式鉄道の開発は、このあと戦争の激化で停滞したものの、戦後になって一時的に盛んになりました。本章では、その時代を浮上式鉄道の「黄金期」と呼んで説明します。

▼世界で「浮上式」の開発が盛んになった理由

浮上式鉄道の「黄金期」は、１９５０年代後半から１９７０年代前半までです。この間に、イギリスやフランス、アメリカ、西ドイツ、そして日本などが競うように浮上式鉄道の開発を進めました。

浮上式鉄道のアイデアは戦前からあったのに、なぜ戦後になって開発に火がついたのでしょうか。それは、「普通鉄道」とは異なる新しいタイプの鉄道のニーズが高まったからです。

欧米諸国では、終戦後から自動車や航空機が急速に発達し、鉄道の斜陽化が進みました。鉄道は社会のニーズを摑めなくなって需要が低下し、「時代遅れの交通機関」と認識されるようになりました。

そのいっぽうで、都市と空港を結ぶ新しい交通機関が必要とされました。当時は航空機の需要が急激に伸び、広い用地が確保できる都市から離れた場所に空港が建設されるようになりました。そこで、陸上での大量輸送を得意とする鉄道の長所を生かしながら、高速輸送を可能にする新しい交通機関を開発する機運が高まったのです。

また船の世界では、画期的な高速輸送船が開発されました。それが１９５０年代にイギリスで開発されたホバークラフトです。

ホバークラフトは、水面上を空気の力で浮き上がって移動する船です。水の抵抗を受けずに推進できるので、従来の船よりも高速で移動できるという利点がありました。日本では、大分空港のアクセスなどに使われた実績があります。

欧米諸国の鉄道技術者は、ホバークラフトの誕生に注目しました。これを応用すれば、陸上で高速輸送ができる空気浮上式鉄道をつくることができるからです。

その結果、さまざまな方式の空気浮上式鉄道が検討されました（写真２－１）。フランスのアエロトラン、イギリスのホバートレイン、アメリカのＴＡＣＶはその代表例です。

いっぽう、アメリカと西ドイツ、日本は、同時期に磁気浮上式鉄道の開発を本格化させました。アメリカは、１９６５年に高速陸上交通法が制定されたのを機に、磁気浮上式鉄道の開発を拡大しました。この前年の１９６４年に日本で東海道新幹線が開業したことに刺激を受け、高速陸上交通システムに対する関心が高まったからです。

西ドイツは、国策として磁気浮上式鉄道の開発を推進し、複数のメーカーにさまざまな方式の磁気浮上式鉄道を開発させました。その多くは常電導リニアでしたが、超電導リニアも1種類だけありました。

▼国鉄、日本航空、運輸省がリニア開発に参戦

日本は、おもに3種類の磁気浮上式鉄道を開発しました。国鉄が開発した超電導リニアと、日本航空が開発した常電導リニア（HSST）、そして国の運輸省（現・国土交通省）が開発した常電導リニア（EML）です。HSSTとEMLは、西ドイツのメーカーから技術供与を受けて開発されました。

ここで「なぜ日本航空や運輸省がリニアを開発したのか？」と疑問を持つ方もいるでしょう。たしかに鉄道とは縁遠そうに思える航空会社や、国の省庁が新しい鉄道システムを開発するのは不思議ですね。その理由にかんたんにふれておきましょう。

写真2－1　フランスの空気浮上式鉄道「アエロトラン」

日本航空がＨＳＳＴを開発したのは、成田空港のアクセスを改善するためでした。成田空港は、処理能力が限界に達した羽田空港に代わる首都圏第二の国際空港として計画され、１９６８年に建設が決定したものの、東京都心から60㎞以上も離れた場所にあるゆえに空港アクセスの不便さが当初から問題視されていました。そこで、航空事業者である日本航空が東京・成田空港間のアクセスを改善するため、時速３００㎞での営業運転を目指してＨＳＳＴを開発しました。当時は新幹線での時速３００㎞運転は難しいとされていたので、西ドイツのメーカー（クラウス・マッファイ社）から常電導リニア技術の供与を受けて、独自の交通システムを創り上げたのです。

運輸省がＥＭＬを開発したのは、都市交通を担う新しい低公害交通機関を実現するためでした。当時は、高度経済成長期で産業が急速に発展した半面、大気汚染や騒音、振動などによる「公害」が都市における住環境を悪化させており、鉄道が騒音や振動の発生源として問題視されていました。そこで、それらが発生しにくい常電導リニアの開発に着手したのです。

▼消えた空気浮上式・残った磁気浮上式

さあ、ここで浮上式鉄道の「黄金期」の話に戻りましょう。

これまで述べたように、浮上式鉄道の開発は一時期世界的なブームになりました。

ところが、それはあるときを境にして急に終焉に向かいました。１９７３年に第一次石油危機が起こり、開発資金の確保が難しくなったからです。

これによって空気浮上式鉄道の開発は中止に追い込まれました。空気浮上式鉄道は、浮上高さの制御が難しい上に、車両に搭載する送風機から発生する騒音や、送風機のエネルギー消費量が大きいことが走行実験で判明したので、フランスやイギリス、アメリカは空気浮上式鉄道の開発から撤退しました。

いっぽう磁気浮上式鉄道の開発は継続されたものの、計画の縮小に追い込まれました。磁気浮上式鉄道は、空気浮上式鉄道よりも浮上高さの制御が容易で、発生する騒音や消費するエネルギー量が小さいことから、実用性が高いと評価されていました。ところが第一次石油危機によって開発の継続が難しくなったのです。

そこでアメリカは、1975年に高速陸上交通システムに関連するすべての開発プロジェクトを停止し、空気浮上式鉄道だけでなく磁気浮上式鉄道の開発からも離脱しました。

残ったのは、西ドイツと日本です。

西ドイツは、磁気浮上式鉄道の開発を縮小し、1974年からトランスラピッドの開発のみを継続しました。それまでに開発した磁気浮上式鉄道のなかから実用性が高い技術を選んだ結果です。

いっぽう日本では、EMLの開発が中止になったものの、超電導リニアとHSSTの開発は継続されました。

つまり、「黄金期」が終焉した結果、空気浮上式鉄道は消え、3種類の磁気浮上式鉄道（トランスラピッド・超電導リニア・HSST）が残ったのです。

このうち、常電導リニアである2種類（トランスラピッド・HSST）は、超電導リニアよりも技術的ハードルが低かったので、のちに実用化されました。

HSSTは、当初最高時速300㎞の高速交通機関として開発されたものの、成田空港のアクセスには使われませんでした。そこでのちに改良が施され、中低速の都市交通機関として実用化されました。愛知県の「リニモ」の最高速度が時速100㎞に制限されているのは、このためです。

▼ドイツではリニアが必要性を失う状況に

いっぽうドイツにおいては、その後トランスラピッドの必要性が低下してしまいました。それは、ICEと呼ばれる高速列車の運転が始まったからです。つまり、従来の「普通鉄道」のインフラを活用しながら都市間の所要時間を短縮できる手段が生まれたことで、トランスラピッドを開発する意味が急速に薄らいでしまったのです。

1990年、東西ドイツ統一が実現し、西ドイツはドイツとなりました。

ICEの運転が始まったのは、その翌年の1991年です。当時は、東西に分断されていたドイツ国内の交通網が統合され、移動が容易になったばかりでした。

その後ICEのネットワークは拡大し、ドイツ全体に広がりました。今ではフランスやベルギー、オランダ、オーストリアなどにも乗り入れています。

なぜICEネットワークはこれほど広がったのでしょうか。

その理由は、日本の新幹線とくらべると理解しやすいです。日本の新幹線は、在来線と互換性がないので、列車が走行する全区間に高速新線を建設する必要があります（ミニ新幹線は除く）。いっぽうＩＣＥは、ドイツ国内の在来線だけでなく、それ以外の鉄道とも互換性があるので、必要に応じて高速新線を建設すれば列車の高速化が実現できます。つまりＩＣＥは、日本の新幹線よりも低コストで列車を高速化できる手段だったので、ネットワークを国内外に広げることができたのです。

いっぽうトランスラピッドは、ＩＣＥよりも高コストです。走行システムが特殊であり、従来の鉄道と互換性がないので、日本の新幹線と同様に、営業列車が走行する全区間に高速新線を建設しなければなりません。

もちろん、高額の投資に見合った輸送需要があるルートが存在すれば、トランスラピッドを導入する意味がありますが、ドイツにはそのようなルートがありません。ドイツは、日本とくらべると平地が多く、人口が全体的に分散しているので、日本の東海道ルートのような人口密集地が数珠つなぎになった地域、すなわち「回廊」が存在しません。

つまり、ＩＣＥネットワークがドイツ国内のみならず、他国にも広がったことで、トランスラピッドは出る幕を失ってしまったのです。

そこでトランスラピッドの開発を担った企業は、海外展開に注力し、中国やアメリカ、そして日本などの国に売り込みをかけました。その結果、トランスラピッドの技術は中国に供与され、２００２年に上海トランスラピッドが開業するにいたったのです。

それでもこの企業は、開発をやめませんでした。ドイツ国内への導入をあきらめられず、粘ったのです。

▼ドイツは死亡事故発生の末に完全撤退へ

そのようなとき、ドイツで浮上式鉄道史上初の死亡事故が発生しました。

２００６年9月22日、エムスランド実験線を時速約２００㎞で走行していた試験車両が工事用車両と衝突。23人が死亡し、11人が重傷を負いました（写真２－２）。

実験線を運営する企業は、この事故の原因をヒューマンエラーだと主張しました。実験線の輸送を管理する指令員が工事用車両の存在に気づかず、試験車両の運転を許可してしまったのが原因であり、トランスラピッドのシステムそのものには問題はないと言ったのです。ところがドイツ国内では、この事故をきっかけにしてトランスラピッドに対する風当たりが強くなりました。

事故から2年後の２００８年には、ドイツの運輸・建設相が建設費の増大を理由に国内へのトランスラピッド導入を断念すると発表。これによって開発を継続する必要性が低下し、２０１１年には開発が中止に追い込まれました。

ここまで長々とドイツの話をしたのは、日本にとって学べることが多いからです。

エムスランド実験線での事故は日本でも報道されましたが、超電導リニアのあり方を考え直すきっかけになりませんでした。一度だけ国会で議題に上がったことがあったものの、トランスラピッドと超電導リニアの走行原理は異なるという理由で議論が終わってしまいました。

ただ、ドイツの事故は対岸の火事ではありません。鉄道の使命である安全な輸送を実現するには、このような事故が日本でも起こりうると考え、対策を講じることが必要です。

なんと言っても、ドイツはリニア開発の先駆者であり、日本にとっては先人にあたります。だからこそ日本は、そのような先人の失敗からも謙虚に学ぶべきです。

ところが日本では、そのような動きがほとんどなかったのが残念なところです。

▼日本以外の浮上式鉄道研究の現在

ドイツの撤退によって、日本はリニア開発における大きな競争相手を失いました。

写真２－２　エムスランド実験線での衝突事故（ドイツ）

ただし、それは一時的。現在はアメリカや中国なども浮上式鉄道を開発しています。

そこで、ここでは日本の超電導リニアのライバルになりうる存在として、ハイパーループと、中国の超高速リニアを紹介しましょう。

ハイパーループは、アメリカの実業家であるイーロン・マスク氏が2013年に提唱した超高速輸送システムです（写真2－3）。マスク氏は、宇宙開発を進めるスペースXや、電気自動車を開発しているテスラの創業者として知られる人物です。

ハイパーループは、真空チューブを使った輸送システムです。空気抵抗の影響を減らすために減圧したチューブの内部を、ポッドと呼ばれる車両（乗車定員は30人ほど）が高速で浮上走行します。当初は空気浮上式、現在はおもに磁気浮上式で検討が進められています。

写真2－3　ハイパーループ

最大の特長はスピード。時速1000㎞以上での走行を目指しており、理論上では時速760マイル（約1220㎞）で走行できるとも報じられています。その速度は、超電導リニア以上であることはもちろん、ジェット機以上です。

次に、中国の動向を見ていきましょう。

意外と思われるかもしれませんが、中国はリニア大国です。現在営業中の磁気浮上式鉄道（すべて常電導リニア）は、日本に1路線（リニモ）、韓国に1路線（仁川空港磁気浮上鉄道）あるのに対して、中国には3路線（上海トランスラピッド・長沙磁浮快線・北京地下鉄S1線）あります。そう、今の中国は、世界でもっとも多くのリニア営業路線を持つ国なのです。

そんな中国が、現在超高速リニアの開発

写真２－４　超高速リニア（中国）

に挑戦しています（写真2－4）。これは、世界最大の鉄道車両メーカーである中国中車が中心となって開発している超高速輸送システムで、時速600㎞での走行が可能とされています。車両の構造は、ドイツが開発したトランスラピッドに似ていますが、具体的には明らかになっていません。2020年6月には、上海の実験線における走行実験に成功しました。

ここで紹介したハイパーループや超高速リニアの実用性がどの程度あるかは、現時点ではわかりません。どちらもまだ実験段階であり、走行試験で目標速度に達していないからです。ただしこれらは、近年日本の超電導リニアの比較対象になっているので、現在の浮上式鉄道開発の例として紹介しました。

なお、余談ですが、日本もハイパーループのような減圧チューブ鉄道を検討したことがあります。2004年から2011年ごろにかけて、3つの学術学会（土木学会・電気学会・日本機械学会）が減圧トンネルを利用した超高速鉄道を検討していたのです［2－2］。土木学会は、最高時速700㎞の減圧高速鉄道も検討していました。現時点では、実現に向けた動きはありませんが、アメリカでハイパーループが提唱される前から、日本で超電導リニアの速度を超える鉄道が考えられていたのは興味深いですね。

2－3 日本でなぜ超電導リニア開発が進んだのか

ここまでは、世界全体における浮上式鉄道の歴史をざっくりと説明してきました。本節では、この歴史をふまえて、日本における超電導リニア開発の歴史を説明します。

▼きっかけは斜陽化した鉄道のテコ入れ

日本が超電導リニア開発に本格的に着手したのは、今からちょうど50年前の１９７０年。大阪で日本万国博覧会（以下、大阪万博）が開催された年でした。

しかし国鉄は、その前から、超高速鉄道について調査していました。国鉄は、鉄道のスピードアップを図るため、１９６０年に「列車速度調査委員会」を設置しました。東海道新幹線の起工式が行われた翌年です。

第１章で紹介した京谷氏は、自著『リニアモータカー』［０－４］で、「列車速度調査委員会」が３種類の鉄道に関する技術開発をしていたと記しています。３種類の鉄道とは、在来線と新幹線、そして「これまでの鉄道にこだわらない新しい鉄道」です。

１９６２年には、国鉄の鉄道技術研究所（現・鉄道総研）が超高速鉄道の検討を始めました。これが一般的には、日本における超高速鉄道開発の始まりとされています。「列車速度調査委員会」

で検討された3番目の「新しい鉄道」が研究課題として派生したと考えられます。

なぜ国鉄は、1960年代前半から超高速鉄道の検討を始めたのでしょうか。

それは、自動車の発達による鉄道の衰退が危惧されていたからです。

当時の日本は、自動車の時代を迎えていました。国内の自動車保有台数は、終戦後から急増。国は、道路整備の必要性を認知し、1956年には日本道路公団（現・NEXCOグループ）を発足させて、日本全国に広がる高速道路網の整備を推進。これにともない、自動車交通の利便性が向上し、国内輸送全体に対する自動車のシェアは、年々増え続けました。

いっぽう鉄道では、それまで国内交通の主役の座にあったものの、自動車の発達の影響をもろに受け、輸送シェアが年々低下。これによって国鉄の財政状況は徐々に悪くなり、東海道新幹線が開業した1964年には初めて赤字になりました。1970年代には、鉄道は旅客・貨物輸送における輸送シェアで自動車に抜かれ、主役の座を奪われました。

つまり当時の日本では、欧米よりも少し遅れて、鉄道の斜陽化が始まっていたのです。

となれば、国鉄は次のように考えても不思議ではありません。

まず、今後の鉄道の衰退に備えるために「列車速度調査委員会」を設立し、既存の鉄道の輸送改善を図る。また、海外で浮上式鉄道の開発が盛んに行われているので、日本もこの動きにキャッチアップして、東海道新幹線よりも高速で移動できる輸送手段を開発すべきだ。

そう考えていた人が国鉄にいたからこそ、超高速鉄道の検討に着手したと考えられます。

さて、超高速鉄道の検討が始まってからの出来事は、その黎明期を知る田中壽氏が、鉄道総研のPR誌「RRR」に投稿した記事［2－3］でくわしく語っているので、ここではその一部を引用しながら事実をまとめて紹介します。

国鉄は、1960年代に超高速鉄道の検討を段階的に進め、本格化させていきました。

まず国鉄は、1966年に本社と鉄道技術研究所に超高速鉄道研究会を設けました。

田中氏は、この研究会で検討されたものを次のように語っています。

最高速度350km／hの非粘着駆動・車輪方式のものと、最高速度500km／hの非固体接触方式のものとが検討されたが、車輪方式では輪軸および軌道の保守に非常に手間が掛かることと、フランスにおけるアエロトランの試験成功に鑑み、研究会の後半では特にエアクッション方式（空気浮上）に目が向けられている。磁気浮上は実用の可能性について判断を下す段階に至っていないとされた。

この文章からは、当初は車輪支持式と浮上式の両方が検討されたことや、フランスのアエロトランに影響されて空気浮上式に注目していたこと、そして磁気浮上式がまだ実用性がないと思われていたことがわかります。

1968年には、国鉄で高速鉄道プロジェクトが立ち上がり、超高速鉄道の検討がこれに組み込まれ、積極的に研究開発に取り組むようになりました。
このとき、車輪方式は大幅な高速化が期待できないという理由で除外され、空気浮上式と磁気浮上式を比較検討した結果、磁気浮上式を選んでいます。
田中氏は、この理由を次のように語っています。

空気浮上を日本でやる場合、エアクッション発生用の送風機も電動式にすることが必須の条件であるが、５００㎞／ｈでの集電の目処はついていなかった。

ここでいうエアクッション発生用の送風機とは、地面に吹き付け、車体を浮上させる空気をつくる送風機のことです。アエロトランでは、エンジンの動力で送風機を回していましたが、このとき発生する音が大きいという問題がありました。日本は騒音が問題になりやすい国なので、発生音が小さいモーターで送風機を回す必要がある。ところが時速５００㎞という超高速では、モーターが消費する電力を、外部から車両に取り込むのが難しい。だから、国鉄は結果的に空気浮上式を断念したのです。

▼超電導磁石の研究進展と大阪万博で状況が動く

磁気浮上式が選ばれた理由としては、次の２つが考えられます。

①超電導磁石の実用化の目処が立った
②大阪万博が引き金となった

①は、日本で磁気浮上式鉄道を実用化する上で重要なことです。『超高速新幹線』には、中村林二郎氏（鉄道技術研究所副所長）と京谷氏が、次のように話し合ったことが記されています。

「いつになったら超高速鉄道を本気で考えることにしようか」
「超電導磁石の実用化の目途がついたときだろう」

このあとには、1968年春ごろから超電導に関するニュースが急激に増えたことが記されています。これは、後述するように、アメリカで超電導リニアの基礎技術が考案された時期と重なります。

②は、意外だと思う方がいるかもしれません。ただ『超高速新幹線』には、次のような記述があり、大阪万博が磁気浮上式を選ぶきっかけになったことが記されています。

一九七〇年大阪で開かれた万国博覧会では、日本政府館に磁気浮上方式のリニアモータカーの模型が出展されて人気を集めた。この模型を作るに当っては、通産省から国鉄へ、「リニアモータカーを出展することになったがどのようなものがよいか」という技術協力を依頼され、われわれ関係者が集まって相談した結果、将来よい磁石ができれば実物としても成り立つ、ということで磁気浮上方式を選定したのであった。

この文中にある「よい磁石」が、先ほど述べた超電導磁石に相当します。

なお、ここで紹介したリニアの模型は、大阪万博で日本の技術力を国内外にアピールするために使われました。ここで、どのように展示されたのかをかんたんにふれておきましょう。

大阪万博は、先ほど述べたとおり、1970年に開催されました。テーマは「人類の進歩と調和」。そこで日本政府が出展したパビリオンの名前は「日本館」で、テーマは「日本と日本人」。大阪の万博記念公園のウェブサイトには「日本と日本人の過去・現代および未来の理想を各方面にわたって表し、世界の人々の日本に対する理解を深めるとともに、国民に強い自信と明るい希望を与えるのがねらいでした」と記されています。

「日本館」には5つの建物があり、その1つ（4号館）では「日本の科学技術」と題し、日本で開発された技術が紹介されました。

その筆頭となる展示が、リニアの模型でした（写真2－5）。パンフレットには、「リニアモータカー」が4号館の展示物として最初に紹介されており、「将来は時速500㎞の速さも可能です」

と明記されています。

　その他の展示は、耐震建築や電子顕微鏡、合成化学、南極開発であり、日本の技術の優位性を示すにはインパクトに欠け、見た目もやや地味。それゆえ、近未来を具現化したようなリニアの模型に人気が集まったことは、このパンフレットからもうかがい知れます。

　大阪万博を機に、リニアという言葉は広く認識され、新幹線誕生以来のインパクトをもたらすものとして期待されるようになりました。

　ちなみに国鉄は、大阪万博で自ら規模の大きい展示は行いませんでしたが、会期中は東海道新幹線をパビリオンと称して、その技術をアピールしました。JR東海の社長や会長を歴任した須田寛氏は、「国鉄も大阪万博に出展したかったが、赤字転落で、リニアモーターカーの模型を展示する小さなコーナーだけ。一方で『ひ

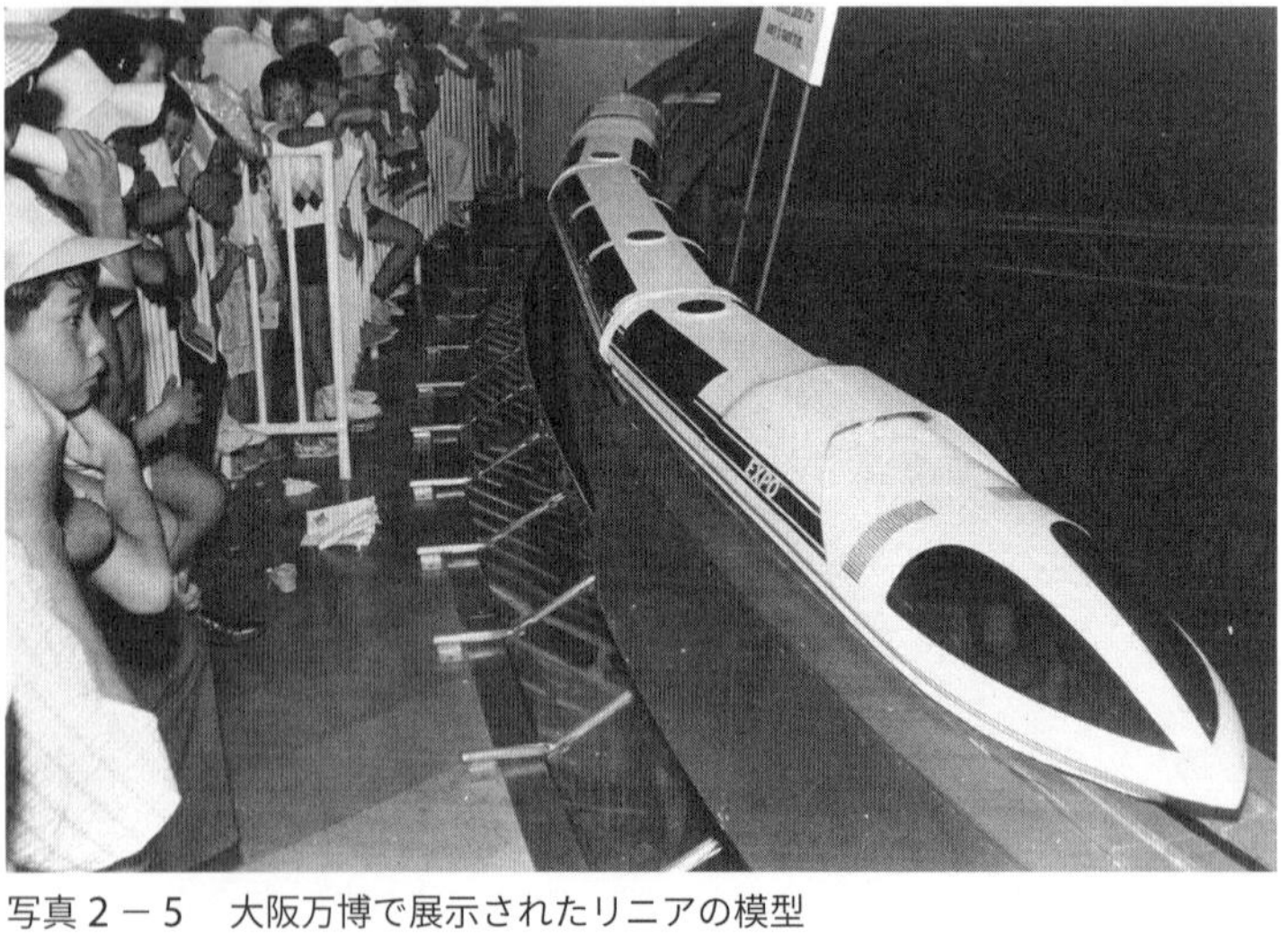

写真２－５　大阪万博で展示されたリニアの模型

かりは動くパビリオン』として、多くの人に乗ってもらい、国鉄は別の形で意をかなえた」と語っています［2－4］。

▼アメリカで超電導リニアの基礎が考案される

さて、日本で磁気浮上式が選ばれたころ、アメリカでは、のちに超電導リニアの基礎となる技術が考案されていました。同国の研究者であるJ・パウエル氏とG・ダンビイ氏が超電導磁石を用いた磁気浮上式鉄道の基礎を考案したのです。車両を浮上・案内する方式を1966年に、リニアモーター（リニア同期モーター）で推進する方式は1968年に、それぞれアメリカ機械学会で発表しました。ただし、その後各種模型による実験がされたものの、大きな進展はありませんでした。

超電導磁石は、永久磁石では不可能とされる強い磁界を、永久磁石のように長時間発生し続けることができる性質があるので、これを車両側に設ければ、大容量の電力を送らなくても、車両を高く浮上させることができます。

となれば、日本の鉄道技術者が飛びつくのは当然のことでしょう。

京谷氏は1969年4月にプロジェクト会議で超電導リニアの開発を提案。これを機に、調査が本格的に始まりました。

つまり、超電導リニアは、日本のオリジナルではなく、アメリカで考案されたものを参考にして日本が開発したものだったのです。そしてアメリカは、戦前のドイツで考案された磁気浮上式鉄道の基礎を参考にして、超電導磁石を付加する形で改良しました。

以上をまとめると、超電導リニアは、ドイツで考案された基礎技術を応用して、アメリカで考案され、日本で磨き上げられた技術だと言えます。

▼1970年に超電導リニア開発が本格化

超電導リニアの開発が本格的に動き出したのは、本節の冒頭でも述べたとおり、1970年です。この年、鉄道技術研究所で超電導リニアの基礎試験装置が完成しました。また『超高速新幹線』には、次に示すような目まぐるしい動きがあったことが記されています。

同年1月には、日本工業倶楽部で高速鉄道講演会が開催され、京谷氏が超電導リニアに関する研究成果を発表しました。第1章のコラムでふれたように、このとき「リニア」という愛称が生まれ、メディアを通して広がりました。

3月には、国鉄に「超高速鉄道調査グループ」が設けられ、経済的・技術的調査が開始。また、先述した大阪万博の開幕でリニアの模型が一般公開されたことで、その存在が広く知られるようになりました。

4月には、「鉄道の近代化に関する世界鉄道首脳者会議」が開催され、国鉄総裁の磯崎氏が次のように語り、国鉄が超高速鉄道を建設することが初めて公に表明されました。

私どもは一九八〇年頃までに、東京＝大阪間にいまひとつの新幹線を建設したいと考えております。そしてそれは、技術的に可能ならば、在来方式によらない超高速の新しい陸上交通機関にすべきであると考えております。現在の新幹線建設中のとき、世間の人々は、これを「夢の超特急」と申しました。その夢が実現しました現在、私たちの、つぎの「夢の超特急」はこの「超高速の陸上輸送機関」であります。（同著176頁）

9月には、超高速鉄道調査グループの中間報告で、1980年を目標として、東京・大阪間を1時間程度で結ぶ超高速鉄道が望ましいという方針が示されました。

つまり、東京・大阪間を1時間程度で結ぶには、「普通鉄道」では難しい時速500㎞での営業運転を実現させなければならないので、新しい方式の鉄道として超電導リニアの開発に着手したというわけです。

▼新幹線の利用者急増で求められた第二東海道新幹線

それではなぜ、東京・大阪間を1時間程度で結ぶ交通機関が必要とされたのでしょうか。

それは、東海道新幹線の利用者数が1964年の開業から急増し、1980年ごろに輸送力が限界に達すると予想されたからです。

図2－2は、東海道新幹線の年間輸送人員の推移を示しています。これを見ると、開業年（19

64年）から1970年ごろまで、急激に増えていることがわかります。

このように東海道新幹線の利用者が急増したので、それと並行する鉄道をもう1本建設し、輸送力を補うだけでなく、そこに超電導リニアを導入して、世界に前例がない時速500㎞運転を実現する。

そう、現在のリニア中央新幹線と同じことが、半世紀前に検討されていたのです。

ただし、この「並行する鉄道」は中央新幹線ではなく、第二東海道新幹線と呼ばれていました。

1971年7月には、国の運輸政策審議会が「総合交通体系に関する答申」で、「とくに輸送需要が多い東京＝大阪間については超高速第二東海道新幹線を建設する」と述べ、「研究開発を積極的に推進するための体制を確立する必要がある」ことを強調しています［0－3］。

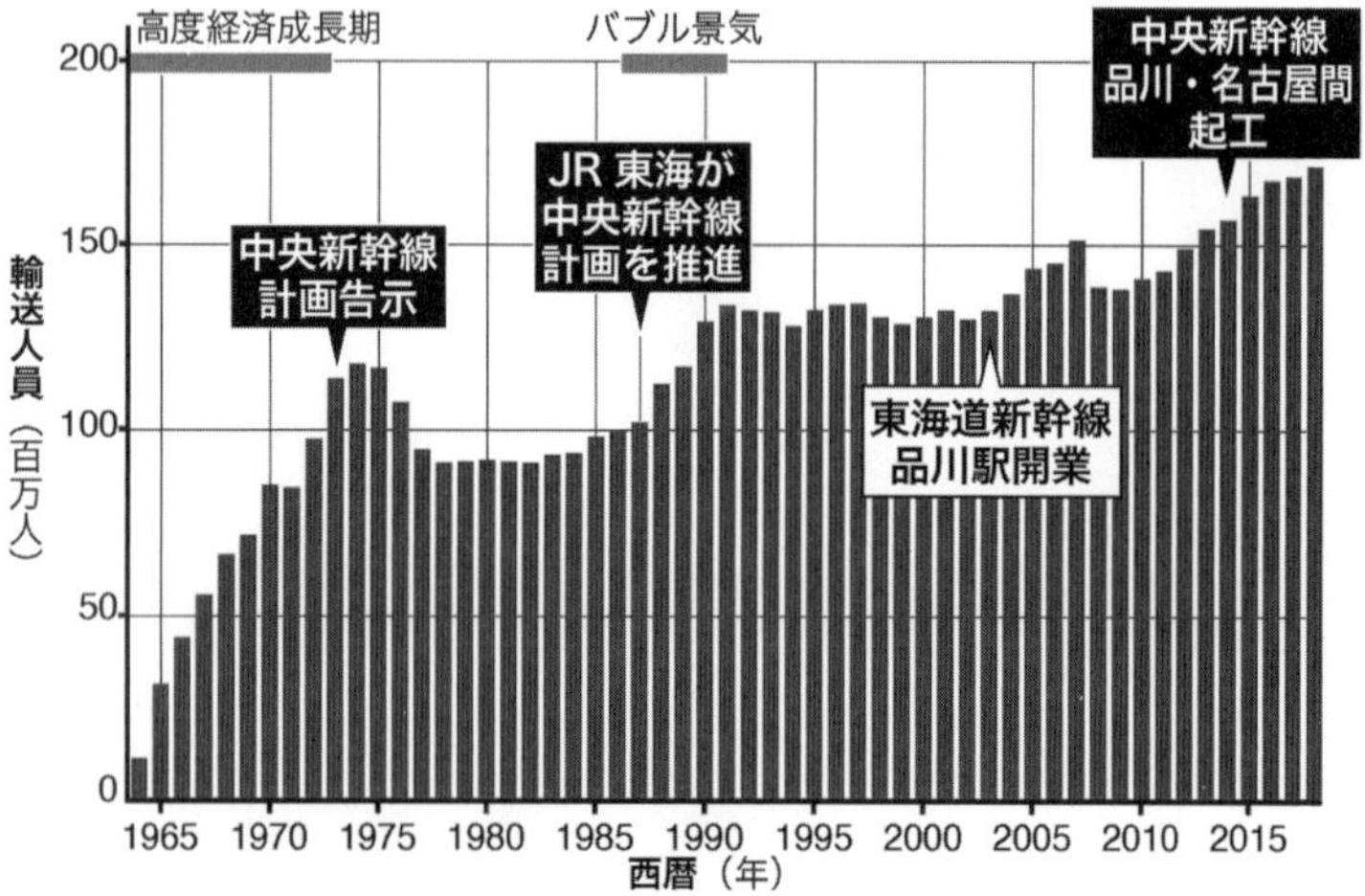

図2－2　東海道新幹線の輸送人員の推移

田中角栄氏が内閣総理大臣になる直前に出した著書『日本列島改造論』［0－16］には、運輸省（現・国土交通省）と国鉄が、当時の新幹線の2倍以上の速度で列車が走行する超高速新幹線の開発をしていることや、それが超電導リニアであることにふれ、「すくなくとも第二東海道新幹線などはリニアモーター方式で走らせてほしいものである」と記しています。

なお、中央新幹線は、この第二東海道新幹線とは別に、1973年に計画されました。これについては第4章でくわしく説明します。

▼世間の大きな期待と国鉄内からの疑問の声

いま考えると信じがたいことですが、先ほど述べたとおり、第二東海道新幹線は1970年当時、1980年の開業を目指していました。超電導リニア開発と鉄道建設をあわせてわずか10年で終わらせ、開業にいたることが検討されていたのです。東海道新幹線の輸送力が1980年ごろに限界に達すると予想されていたことから考えれば、当然の流れだったのかもしれません。ただ、アメリカで発表されてまもない超電導リニアをたった10年で実現させるというのは、技術的にはあまりにも大きな飛躍があるので、私は荒唐無稽なことだったのではないかと考えます。

ところが当時は、そのような思い切った挑戦が社会に広く受け入れられました。

これは、時代性が少なからず関係していると私は考えます。

1970年は、大阪万博を機に、科学や技術に対する人々の関心が高まった年。日本は高度経済成長期の真っ只中で、人口も経済も右肩上がり。「明日は今日よりよくなる」「技術が暮らしを便利にしてくれる」と多くの人が信じることができる時代でした。また、東海道新幹線の開業によって、日本の技術が欧米の技術にキャッチアップしたことがわかりやすく示されたことや、製造業が産業のけん引役となって日本経済を発展させたゆえに、国内技術に対する期待が高まり、技術的なチャレンジが求められた時代でもありました。

端的に言えば「技術で夢を語れた時代」です。

リニア開発に携わったある技術者は、当時を振り返り「あの頃はコスト度外視で開発ができた」と私に語ってくれました。技術開発にコストカットが常に求められる今では信じがたいことですが、当時はそれが許される雰囲気があったようです。

ただし、国鉄の内部では、超電導リニアの開発を疑問視する声もありました。鉄道総研のPR誌「RRR」の連載記事「草創期の浮上式鉄道」［0－21］を読むと、その一端にふれることができます。「浮上式鉄道」が「非常識鉄道」、超電導リニアの開発部署だった「動力研究室」が「どうらく研究室」と呼ばれた。「超電導は永久運動と同じようなものではないか」「車両が浮いて走るとは、神の摂理に違反する」と先輩から悪口を言われた。そうしたことを、開発に携わった技術者たちが語っています。

開発を率いてきた京谷氏も例外ではありません。日本財団会長の笹川陽平氏のブログ［2－6］には、京谷氏が島秀雄氏に「車輪がなくて浮かして走らすリニア鉄道を作りたい」と説明したところ、「バカヤロー！　何トンもある車輛がどうして浮いたりするんだ」とけんもほろろに叱られたことが記されています。ちなみに島氏は、東海道新幹線の開業直前まで国鉄技師長だった人物で、当時国鉄総裁だった十河信二氏とともに東海道新幹線実現に尽力したことで知られています。

▼財政難による開発中止の危機を救った政治家

さあここで、話を戻しましょう。

超電導リニアの開発は、１９７０年に本格的に始まったあと、３つの実験施設で進められてきました（表２－１）。東京都国立市にある鉄道技術研究所（現・鉄道総研）と、宮崎県日向市にある宮崎実験線、そして山梨県都留市付近にある山梨実験線で、実験の規模を徐々に大きくしながら段階的に進められたのです。

最初の実験の場になった鉄道技術研究所では、超電導リニアの基礎技術が構築されました。敷地内に全長１㎞に満たないガイドウェイを設け、規模が小さい車両で走行試験が行われました。

次の実験の場になった宮崎実験線は、全長７㎞の施設で、実物大車両を用いた走行試験が行われました（写真２－６）。ここでは、１９７９年に試験車両（ＭＬ－５００・無人）が時速５１７㎞を記録。日本で開発された超電導リニアが初めて目標だった時速５００㎞を突破しました。その後はガイドウェイの構造を変更した上で無人・有人による走行試験が繰り返されました。

ところがその後、宮崎実験線は廃止の危機を迎えます。国鉄が財政難に陥り、超電導リニア開発の継続が難しくなったからです。

先ほど紹介した笹川陽平氏のブログ［２－６］には、京谷氏が「（開発の）存続のために力を貸して欲しい」と笹川氏に依頼し、笹川氏が当時運輸大臣だった石原慎太郎氏に直訴したところ、理解が得られて存続することになったと記されています。

石原氏が運輸大臣に就任したのは、竹下内閣が発足した１９８７年11月。国鉄が分割民営化され、ＪＲグループが発足してから半年以上経ったころでした。

その後石原氏は、ドイツのエムスランド実験線や日本の宮崎実験線でリニアを試乗し、日本での超電導リニア開発を大きく推進しました。

ＪＲグループの発足にともない、超電導リニアの開発は国鉄の鉄道技術研究所から鉄道総研に引き継がれました。厳密にいうと、のちにＪＲ東海

1962	超高速鉄道の研究が始まる
1970	超電導リニアの開発が本格的に始まる
1972	鉄道技術研究所で ML-100 の浮上走行が成功
1977.4	国鉄が宮崎実験線を開設
1979.12	宮崎実験線で ML-500（無人）が 517km/h を記録
1987.2	宮崎実験線で MLU001（有人）が 400.8km/h を記録
1987.4.1	研究が国鉄から鉄道総研に継承される
1991.10	宮崎実験線で MLU002 が車両火災で焼失
1997.3	山梨実験線先行区間（18.4km）が完成
2000.3.9	実用技術評価委員会「実用化に向けた技術上の目処たった」
2003.12.2	山梨実験線で MLX01（有人）が 581km/h を記録
2004.11.18	山梨実験線ですれちがい相対速度 1026km/h を記録
2005.3.11	実用技術評価委員会「実用化の基盤技術が確立した」
2013.8.29	山梨実験線全区間（42.8km）が完成
2015.4.21	山梨実験線で L0 系（有人）が 603km/h を記録

表２－１　超電導リニア開発の歴史

が開発に加わり、主導することになるのですが、その理由は中央新幹線と密接な関係があるので、第4章で説明します。

余談ですが、私は宮崎実験線の高架橋の上を自転車で走ったことがあります（写真2－7）。それは、超電導リニアの実験が終わり、ガイドウェイが撤去されたあとに、東北大学の研究グループが新しい輸送機関「エアロトレイン」の実験をしていたときです。高架橋の上は、一部区間に5パーミル（水平に1000m進んで5m上下する）の勾配があったものの、ほぼ平坦で、自転車でも楽に走行できました。途中にあった擬似的なトンネルはいずれも短く、営業路線のトンネルを想定したものではありませんでした。

▼ついに「技術完成」と主張するにいたる

話を戻しましょう。

写真2－6　時速500kmでの走行実験を可能にした宮崎実験線

宮崎実験線は、超電導リニアを実用的な交通システムに磨き上げるには、不十分な施設でした。ガイドウェイが単線で、長いトンネルがなく、車両同士のすれ違い試験や、トンネル走行試験ができなかったからです。

そこで、3つ目の実験施設として山梨実験線が建設されました。山梨実験線は、複線のガイドウェイを敷設できる実験線で、将来の営業運転を想定してトンネルや急カーブ（最小曲線半径8000m）、急勾配（最大勾配40パーミル・水平に1000m進んで40m上下する）も組み込まれました。

山梨実験線の総延長は42・8kmですが、当初はその一部（全長18・4km）だけが先行区間として完成し、走行試験が実施されました。1997年には試験車両（MLX01、写真2－8）の走行試験が始まり、1999年には5両編成（有人）が時速552kmを記録し、すれ違い走行試験も相対速度時速1003kmで実施しました。

2000年には、運輸省の超電導磁気浮上式鉄道実用技術評価委員会（以下、実用技術評価委員会）が、山梨実験線での走行試験の結果をふまえ、「長期耐久性、経済性の一部に引き続き検討する課題

写真2－7　筆者が自転車で走行した宮崎実験線。右は擬似的なトンネルの内部

はあるものの、超高速大量輸送システムとして実用化に向けた技術上のめどは立ったものと考えられる」と評価しました［2－7］。

その後も走行試験は繰り返され、2003年には3両編成（有人）が時速581㎞（当時の世界鉄道最速記録）を記録。2004年には相対速度時速1026㎞でのすれ違い走行試験を実施しました。

2005年には、実用技術評価委員会がこれらの結果をふまえて「平成16（2004）年度まで走行試験及び技術開発を進めてきた結果、技術開発は大きく前進し、超電導磁気浮上式鉄道について実用化の基盤技術が確立したと判断できる」（カッコ内は筆者追記）と評価しました［2－7］。

また2009年には、同委員会が「超高速大量輸送システムとして運用面も含めた実用化の技術の確立の見通しが得られており、超電導磁気浮上式鉄道について営業線に必要となる技術が網羅的、体系的に整備され、今後詳細な営業線仕様及び技術基準等の策定を具体的に進めることが可能になったと判断できる」と評価しました［2－8］。

JR東海は、この評価を根拠として、超電導リニア技術は完成したと主張しています。

その後山梨実験線では延伸と施設改良の工事が行われ、全区間（42・8㎞）が完成。2013年から新型車両（L0系）による走行試験が始まり、2015年には時速603㎞を記録。これは現時点での世界鉄道最速記録で、ギネス世界記録にも認定されました。

超電導リニアは、こうして半世紀の時間をかけて開発されてきたのです。

写真２－８　山梨実験線の車両。MLX01（上）と L0系（下）

第２章まとめ

・浮上式鉄道は「スピードの壁」を超えるために生まれた
・「普通鉄道」では不可能な高速化を目指した
・超電導リニアは半世紀の時間をかけて開発された

第３章　超電導リニアは技術的課題が多い

前章までは、超電導リニアの概要や走行原理、歴史に迫ってきました。これらはあくまでも、超電導リニアを論ずる上での基礎知識です。

本章では、これまでの話をふまえて、超電導リニアが抱えるリスクや課題に迫ります。

３－１　超電導磁石が抱える２つの避けられない困難

超電導リニアには、実用化を阻む要因として、おもに次の２つがあります。

①クエンチの発生

②ヘリウムの供給不足

どちらも超電導磁石に起因するものです。
それぞれ説明しましょう。

▼磁力が急低下し正常走行が不可能になる「クエンチ」

①の「クエンチの発生」は、超電導磁石が抱える重大な問題です。超電導リニアの実用性を大きく左右する問題と言っても過言ではありません。

クエンチとは、コイルが超電導状態から常電導状態に遷移してしまう現象です。かんたんにいうと、電気抵抗が「ない」状態から、急に「ある」状態になってしまう現象です。これが起こると、超電導磁石が強い磁界を発生できなくなるだけでなく、電気抵抗が生じることでコイルが急激に発熱し、コイルを冷却していたヘリウムが液体から気体になり、体積が約700倍に膨れ上がります。

もし高速で浮上走行する超電導リニア車両でクエンチが発生すると、超電導磁石が発生する磁界が急激に弱くなるので、磁力による浮上・案内・推進が不可能になり、正常な走行ができなくなります。もちろん、そのときは、第1章で紹介した緊急着地装置や案内ストッパ輪がガイドウェイと接触して車両を支持・案内するので、従来の鉄道で起こる車両の脱線転覆は起こらないと考えられますが、車両の推進はできなくなります。それゆえ、従来の鉄道では起こりえないトラブルが起こる可能性があります。

これは、交通機関として致命的な弱点です。そもそも時速５００㎞という超高速で車両が走行する鉄道を実現するには、従来の鉄道と同等、もしくはそれ以上の安全性と信頼性を確保しなければなりません。それがクエンチによって実現できなくなるのであれば、その時点でアウトであり、もはや超電導リニアの開発は企画倒れになってしまいます。

ただし、もし改良によってクエンチを克服することができたなら、超電導リニアを実現する意味はあります。

その克服は可能なのでしょうか。

まずはそれを明らかにするため、超電導リニアからいったん離れ、超電導磁石の性質に迫ってみましょう。

▼クエンチを完全に回避することは不可能

結論から言うと、クエンチを完全に克服することはできません。なぜならば、現時点では避けられない要因があるからです。

クエンチはさまざまな原因によって起こります。おもなものには、磁界の乱れや絶縁体の亀裂、コイルのずれ、不純物の混入などがあります。

超電導磁石では、「安定化」と呼ばれる工夫をして、これらが起こる確率を下げています。ただし、その確率をゼロにすることはできません。

このため『超伝導・低温工学ハンドブック』［3－1］の594頁には、「いかに安定化を図った超伝導マグネットにおいても、クエンチ発生の可能性を完全に回避することは不可能である」と記されています。ここでいう超伝導マグネットが、本書における超電導磁石のことです。ちなみに「超伝導」と「超電導」はどちらも同じ意味で、「超伝導」は物理学、「超電導」は電気工学における表記です。

第1章を読んだ方のなかには、ここで疑問を持つ方もいるでしょう。クエンチを完全に回避することが不可能ならば、なぜ超電導磁石を導入したMRIやNMRが製品化されているのか。

MRIやNMRではクエンチが起きていないのか。

もしMRIやNMRでクエンチが起きたら、どうしているのか。

こうした疑問にお答えするために、今度はMRIやNMRに迫ってみましょう。

▼MRIやNMRの超電導磁石でのクエンチ発生

今回も結論から言いましょう。MRIやNMRではクエンチが起きており、それを想定した対策が行われています。

まずは、病院で使われているMRIから見ていきましょう。

ＭＲＩにおけるクエンチ発生は、論文などで報告されています。たとえば２０１１年8月に日本放射線技術学会雑誌に掲載された文献［３－２］には、国内の１３１９施設のうち12％にあたる１５８施設でＭＲＩのクエンチを経験しており、クエンチを複数回経験している施設もあることが記されています。

このため、ＭＲＩを設置する部屋は、クエンチが起こることを前提にした構造になっています。クエンチが起こると、コイルが常電導状態（電気抵抗がある状態）になって発熱し、ヘリウムが液体から気体へと急激に変わり、体積が約７００倍になります。部屋が密閉されていると、気化したヘリウムが充満して、内部にいる人が窒息する恐れがあります。これを避けるため、ＭＲＩを設置する部屋には、人が脱出しやすい構造のドアを設けるだけでなく、ヘリウムを屋外に出す排気設備を設けます。

クエンチを防ぐには、日頃のメンテナンスが必要です。

代表的なメンテナンスには、冷媒の補充があります。ＭＲＩを使い続けると、冷媒である液体ヘリウムや液体窒素の一部が蒸発してしまうので、これらを定期的に補充する必要があります。その頻度は機器の種類や使用条件などによって異なりますが、従来は液体窒素をおおむね1週間に1回、液体ヘリウムを数カ月に1回補充するのが一般的だったようです。ただしＭＲＩのメーカーによると、これはやや古い話で、近年は構造の改良によって液体ヘリウムの補充を不要にしたＭＲＩがあり、すでに販売されているそうです。

また、MRIを24時間365日監視して、クエンチを未然に防ぐシステムもあります。これは、機器の状態や、液体ヘリウムの圧力や温度、量を自動的に計測するもので、外部と情報交換して故障の予兆を診断するものもあります。MRIの超電導磁石は、そのような監視を必要とするほどトラブルが起きやすく、デリケートなものなのです。

次に、化学分析で使うNMRを見ていきましょう。

これまで説明したことは、NMRともほぼ共通します。NMRでもクエンチの発生は報告されていますし、それが起こることを前提とした対策が行われています。

第1章でもふれたように、私は化学メーカーの技術者だったころ、NMRのお世話になっていました。そのときは専門のスタッフにお願いして、NMRの超電導磁石がいかに強い磁界を発生しているかを示す実験（糸をつけた小さな磁石をNMRの超電導磁石に近づけると、強い力で吸引されて、糸がピンと張る）を見せてもらったことがあります。スタッフが冷媒をNMRに補充する姿や、トラブルに対応する姿を見たこともあります。これらの経験から、超電導磁石が発生する磁界の強さ、メンテナンス作業の多さ、そして超電導磁石のデリケートさを学びました。

▼リニア開発当事者が語るクエンチ対策

さあ、ここでもう一度超電導リニアに目を向けてみましょう。

これまで述べたように、クエンチはMRIやNMRで起きています。だからMRIやNMRでは、クエンチが起こることを前提とした対策をして、安全性を確保しています。となれば、当然超電導リニアでもクエンチが起こるはずです。なぜならば、MRIやNMRで使われている超電導磁石も、超電導リニアで使われている超電導磁石も、基本原理は同じだからです。ところがJR東海は、超電導リニアにおけるクエンチの可能性や、それが起きたときの対策についての情報をほとんど公開していません。リニア中央新幹線の公式サイトには、クエンチのことは一切記されていません。

私はこのことに疑問を感じました。

そこで、雑誌の取材をとおして、超電導リニア技術にくわしいJR東海の白國紀行氏に直接クエンチについて聞いてみました。白國氏は、元・山梨実験センター所長で、宮崎実験線のことも知る人物です。2014年にインタビュー取材したときはリニア開発のリーダー（専務執行役員・中央新幹線推進本部リニア開発本部長）で、のちに同社の特別顧問も務めました。超電導リニア技術に精通した、工学の博士号を持つキーパーソンです。

おそらく白國氏は、超電導リニア開発に携わった技術者として、またそのリーダーとして、私の質問には答えたくなかったでしょう。技術者ならば、自分が開発に携わった技術の弱点の克服に奔走した経験を持っており、その弱点を熟知しているからです。それを私のような外部の人間に語ることは、組織に属する人間として気が進まないはずです。

ところが白國氏は、事前にクエンチについて質問することを伝えていたこともあり、クエンチ対策について慎重に言葉を選びながら語ってくれました。まず、超電導磁石が超電導リニアのキーテクノロジーであり、その信頼性・耐久性・安定性が開発のポイントだったと述べた上で、国鉄時代にクエンチに悩まされたことが事実であると話してくれました。そして、走行中に超電導磁石の電気を抜き、クエンチを人工的に起こして車両の挙動を調べ、その結果を発表したこと。さまざまな対策を施した結果、国土交通省の実用技術評価委員会から「営業運転に支障のないレベル」と評価されたこと。これらを、具体的に語ってくれたのです。質問に答えてくれたから持ち上げるわけではありませんが、それらの言葉からは、超電導リニア技術に真摯に向き合う技術者ならではの冷静沈着な態度を感じました。

この取材のあと調べたら、たしかに白國氏が言うとおり、JR東海はクエンチを人工的に起こした実験をして、その結果を発表していました。山梨実験線でクエンチを想定した実験を実施して、その結果を論文［3－3］［3－4］にまとめていたのです。

ただし、この論文は少々不可解な点があります。まずタイトルが「高速鉄道車両の安全装置の設計手法に関わる研究」となっており、一目では超電導リニアの論文だとはわからなくなっています。また、走行する車両で擬似的なクエンチを発生させてその挙動について記されているものの、そのとき車内の乗客に及ぶ影響については述べられていません。

この論文は、日本機械学会論文集に掲載されているので、学術的には公開されていることになります。ただし、その内容は一般には知られていません。

だからといって「クエンチのことは専門家に任せておけばいい。一般人は知らなくていい」と考えるのは危険です。なぜならば、超電導リニアは、これから営業鉄道に導入され、多くの人が共有する公共性がきわめて高いインフラとなり財産となるからです。このため、専門家が把握している危険性があるにもかかわらず、それが一般に知らされていないとすれば、それは大きな問題になります。

▼超電導磁石にはあまりにきびしい使用条件

そもそも超電導リニアと、MRIやNMRでは、超電導磁石の使用条件が大きく異なります。MRIやNMRは、部屋に静置する精密機器です。部屋の温度や湿度を管理し、人間が状態を監視し、必要に応じて冷媒を補充するなどのメンテナンスを行うことで、超電導磁石を良好な状態に保つことができます。

いっぽう超電導リニアは、屋外で車両が超高速で走行する輸送機関です。その超電導磁石は、車体の外側にある台車に固定されており、常に外気にふれているので、気温や湿度の変化を大きく受けます。また、ガイドウェイの上を移動しながら車体を上下・左右・前後に支え続けるという重要な役割をしているので、走行中には大きな荷重がかかり、振動や衝撃を受け続けます。となれば、コイルだけでなく、液体ヘリウムや液体窒素が流れる配管にも大きな負担がかかるので、故障が起きやすくなります。車両基地から離れてしまえば、冷媒の補充などのメンテナンスもできません。

ここであらためて考えてみてください。

先ほどＭＲＩやＮＭＲはデリケートだと言いました。それは、超電導磁石というデリケートな部品があり、いつクエンチが起こるかわからないからです。

超電導リニアでは、そのようなデリケートな部品を、気温や湿度が大きく変わる外気にさらし、大きな荷重をかけ、振動や衝撃を与え続けるのです。

ＭＲＩやＮＭＲとくらべれば、明らかに酷な使用条件です。まるで超電導磁石の部品の負担を増やすことで、意図的に故障やクエンチを起こりやすくしているかのようです。

しかも、ＭＲＩやＮＭＲは稼働中にメンテナンスを受けることができますが、超電導リニアの車両は走行中にメンテナンスを受けることができません。

だから私は、超電導リニアは技術的に突飛であると考えます。鉄道車両にとってもっとも重要な心臓部にデリケートな部品を導入し、走行中に負担をかけ続けることは、故障を誘発し、安全性や信頼性を下げる要因になるからです。

▼クエンチ問題は解決済みと考えている？

となれば、超電導リニアでも、使用条件が酷であるがゆえにクエンチが起きていると考えるのが自然でしょう。

実際に超電導リニアでは、クエンチが起きています。

たとえば宮崎実験線では、クエンチが頻発した時期があります。これについては、第7章でくわしく説明します。

いっぽう山梨実験線では、クエンチが一度も起きていない。JR東海はそう主張しています。この真偽についても第7章で検討します。

同社の名誉会長である葛西敬之氏は、自著『飛躍への挑戦』［0－15］の3カ所で、山梨実験線ではクエンチが一度も起きていないと記しています。また同著216頁には、宮崎実験線でのクエンチ多発の原因が超電導磁石の振動にあることが解明されたと記されています。

この部分だけ読むと、あたかもクエンチの原因が特定され、その問題が完全に克服されたかのように思えます。しかし、実際はそうではありません。

先ほどもふれたように、クエンチ発生の可能性を完全に回避することは不可能です。

にもかかわらず、原因が「解明された」と記したのは、葛西氏が技術者ではないからでしょう。もし「超電導磁石の振動」が原因であるならば、走行中に振動する台車に超電導磁石を固定することは、クエンチが発生する確率を上げているようなものです。

ご存じの方もいるでしょうが、葛西氏は、リニア中央新幹線プロジェクトのキーパーソンです。1987年4月にJR東海が発足したときから、2020年6月に退任するまで、33年間も同社の取締役として経営に関わった人物であり、退任後も同社の名誉会長を務めています。

葛西氏は、JR東海が手がけた多くの大事業に関わっており、先ほどの『飛躍への挑戦』に具体的に記しています。リニア中央新幹線だけでなく、「のぞみ」プロジェクトや、東海道新幹線の品川駅開業など、規模が大きい事業の話をすべて一人称で述べているのです。

このため、本章以降でも『飛躍への挑戦』をたびたび引用します。

ただし、繰り返しになりますが、私は本書で葛西氏個人を批判するつもりはありません。葛西氏にも経営者としての言い分があるはずだからです。

▼低温超電導磁石に必須のヘリウムは入手困難に

②の「ヘリウムの供給不足」も、超電導磁石に関わる問題です。

第1章では、超電導リニア用の超電導磁石に低温超電導磁石と高温超電導磁石があることを説明しました。高温超電導磁石は冷媒が不要ですが、低温超電導磁石では冷媒として液体ヘリウムと液体窒素を必要とします。ヘリウムは全元素のなかでもっとも沸点が低い元素なので、その代替になる冷媒はありません。

ところが近年、世界全体で「ヘリウム危機」が起きています。ヘリウムの価格が高騰しただけでなく、供給が不安定になり、入手が困難になっているのです。近年は遊園地やショッピングモールなどで、ヘリウムガスを充填した風船を配布できない状況が続いています。

その背景には、ヘリウムならではの特殊な産出事情があります。

ヘリウムは、おもにアメリカと、中東のカタールで産出されています。全世界のヘリウム生産量に占める割合は、アメリカが約6割、カタールは約3割です。

アメリカでは、近年ヘリウム産出量を減らしています。ヘリウムは、従来地下から天然ガスとともに採掘されてきたものの、近年主流となったシェールガスの採掘ではヘリウムはほとんど産出されず、減産になっているのです。シェールガスのガス田は岩盤が浅く、地中のヘリウムが大気中に放出されたことが要因とされています。

いっぽうカタールでは、ヘリウムの輸送コストが増大しています。この背景には、周辺国との国交断絶による影響が大きく関係しています。カタールでは新しいプラント建設も進んでいますが、その運用が始まるまで供給不足が続く見込みです。

日本は、消費するヘリウムの100%を輸入に頼っており、さまざまな用途で使用しています。図3－1は、国内におけるヘリウム販売量の内訳を示しています。「分析」は、化学分析装置であるNMRのことでしょう。「低温工学」は大学などでの研究用途で使われるヘリウムをふくんでいるので、超電導リニアもここにふくまれると私は考えます。

このため、もし海外からヘリウムの供給が止まると、MRIやNMRが使えなくなるだけでなく、半導体や光ファイバーなどの製造や、研究開発ができなくなります。

そこで、日本物理学会や日本化学会などは2019年12月20日に緊急声明を発表。ヘリウムのリサイクルを加速するために高圧ガス運搬時の規制緩和や、国としてヘリウムを戦略的に備蓄することを求めました。この声明には、6つの学会と39の大学や研究機関などが賛同しています。

このような「ヘリウム危機」が超電導リニアに与える影響についてはほとんど報じられていません。ただ、従来の超電導磁石にヘリウムが欠かせないことを考えると、その影響は少なからずあるはずです。

そもそもこのような供給不足に大きく左右されることは、公共交通機関として大きな弱点です。もしヘリウム不足によって、超電導リニアでの輸送ができなくなるのであれば、超電導リニアを営業鉄道に導入する意味がなくなります。

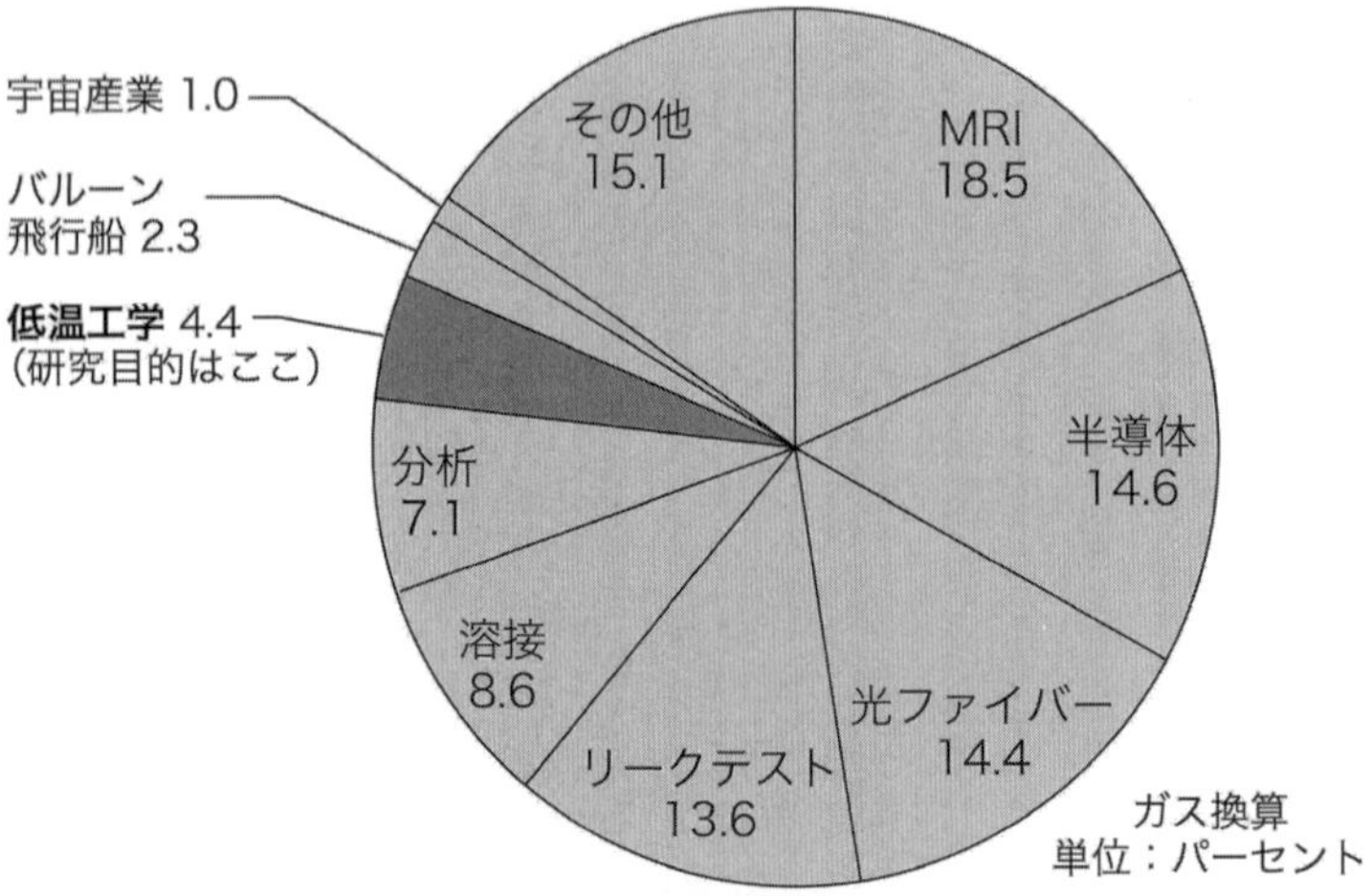

日本産業・医療ガス協会 2018 年販売実績データより

図３－１　ヘリウムの国内販売内訳（2018年）

3－2　コストもエネルギー消費量も大きく増大する

次に、超電導リニアを営業鉄道に導入したときの課題として、次の2つについて考えていきましょう。

・増えるコスト
・増えるエネルギー消費量

▼超電導リニアは建設・車両製造・運用が高コスト

1番目の「増えるコスト」は、これまで繰り返し述べてきた走行原理の特殊さに起因する問題です。

超電導リニアは、走行システムが従来の鉄道と大きく異なります。それゆえ、従来の鉄道と部品の共通化が進めにくく、車両を製造し、ガイドウェイを敷設するときに使用する部品のコストが上がります。また営業運転では、従来の鉄道とちがい、超電導磁石のコイルの冷媒を補充し、摩耗する支持輪タイヤなどの消耗品の交換をする必要があるので、その分コストも嵩みます。

つまり、超電導リニアは、従来の鉄道とくらべるとイニシャルコストもランニングコストも高い乗り物なのです。

ＪＲ東海と独立行政法人鉄道建設・運輸施設整備支援機構（以下、鉄道・運輸機構）が２０１０年7月に公開した資料には、中央新幹線にかかるコストの試算結果が載っており、超電導リニア方式と在来型新幹線方式で比較できるようになっています（表３－１）。超電導リニア方式と在来型新幹線方式のコストの差は、これを見れば一目瞭然。建設工事費・維持管理費・設備更新費のすべてにおいて超電導リニアのほうが高くなっています。

いっぽう、輸送需要量に関しては、超電導リニアが従来型新幹線の約2倍になるとして試算しています。

この試算結果は「たとえコストが割高でも、輸送需要量が約2倍になるので、投資に見合った効

東京・名古屋間

ルート	方式	路線長	所要時間	輸送需要量（2025年）	建設工事費	維持運営費	設備更新費
Aルート	超電導リニア	334km	46分	156億人キロ	5兆6300億円	1770億円/年	670億円/年
	在来型新幹線		1時間27分	72億人キロ	4兆4500億円	1120億円/年	370億円/年
Bルート	超電導リニア	346km	47分	153億人キロ	5兆7400億円	1810億円/年	680億円/年
	在来型新幹線		1時間30分	68億人キロ	4兆5000億円	1140億円/年	370億円/年
Cルート	超電導リニア	286km	40分	167億人キロ	5兆1000億円	1620億円/年	580億円/年
	在来型新幹線		1時間19分	82億人キロ	4兆1800億円	1030億円/年	330億円/年

東京・大阪間

ルート	方式	路線長	所要時間	輸送需要量（2045年）	建設工事費	維持運営費	設備更新費
Aルート	超電導リニア	486km	1時間13分	396億人キロ	8兆9800億円	3290億円/年	1250億円/年
	在来型新幹線		2時間08分	198億人キロ	6兆7100億円	1890億円/年	610億円/年
Bルート	超電導リニア	498km	1時間14分	392億人キロ	9兆0900億円	3330億円/年	1270億円/年
	在来型新幹線		2時間11分	190億人キロ	6兆7700億円	1920億円/年	620億円/年
Cルート	超電導リニア	438km	1時間07分	416億人キロ	8兆4400億円	3080億円/年	1160億円/年
	在来型新幹線		2時間00分	219億人キロ	6兆4000億円	1770億円/年	560億円/年

表３－１　中央新幹線の比較試算。現在は「Cルート」で工事が進められている。各ルートのコースは図４－７参照。

果がある」ことを示したかったのでしょう。

ただ、この「輸送需要量が約2倍」というのは、明確な根拠が示されていません。希望的観測に基づいたあまりにも楽観的な数字なので、超電導リニア方式の優位性を示すために「操作された」数字ではないかと私は疑っています。また、今は2010年には想定されていなかった人口減少などの社会変化があり、コロナ危機で東海道新幹線の輸送需要が大幅に低下しましたし、人々の生活様式も変わりました。このため輸送需要量の推算をやり直す必要があります。

▼エネルギー消費量は1人あたり4倍以上に

2番目の「増えるエネルギー消費量」は、列車が時速500kmという超高速で走行することが大きく関係しています。速度が上がれば、その2乗に比例して運動エネルギーが増大するだけでなく、空気抵抗などの走行を妨げる力が大きくなり、トータルで消費するエネルギーが増大するからです。

エネルギー消費量が上がると、自然環境への負荷が増大します。地球温暖化ガスの一種とされるCO_2の排出量は増大するからです。

JR東海の環境影響評価書に掲載された各輸送機関のCO_2排出量（1人あたり、図3－2）を見ると、超電導リニアの排出量は従来の新幹線（N700系「のぞみ」）の約4・1倍であることがわかります。CO_2排出量は、エネルギー消費量とほぼ比例するので、エネルギー消費量も約4・1倍に増大すると考えられます。

いっぽう、航空機や自家用乗用車とくらべると、超電導リニアのCO_2排出量は少ないです。このためJR東海は、「超電導リニアは、同じ速度域の輸送機関である航空機と比較して、優れた環境性能を有します」と主張しています。

なお、近年ヨーロッパでは、鉄道を環境負荷が小さい交通機関として見直す動きがあり、各交通機関のCO_2排出量を一目でわかるようにするサービスも始まっています。たとえばフランス国鉄の公式サイトでは、移動したい区間を入力すると、鉄道のみならず、自動車や航空機で移動したときのCO_2排出量が表示されます。

日本では、執筆時点でこのような取り組みは行われていません。ただ、いずれヨーロッパの影響を受けて、CO_2排出量を比較するサ

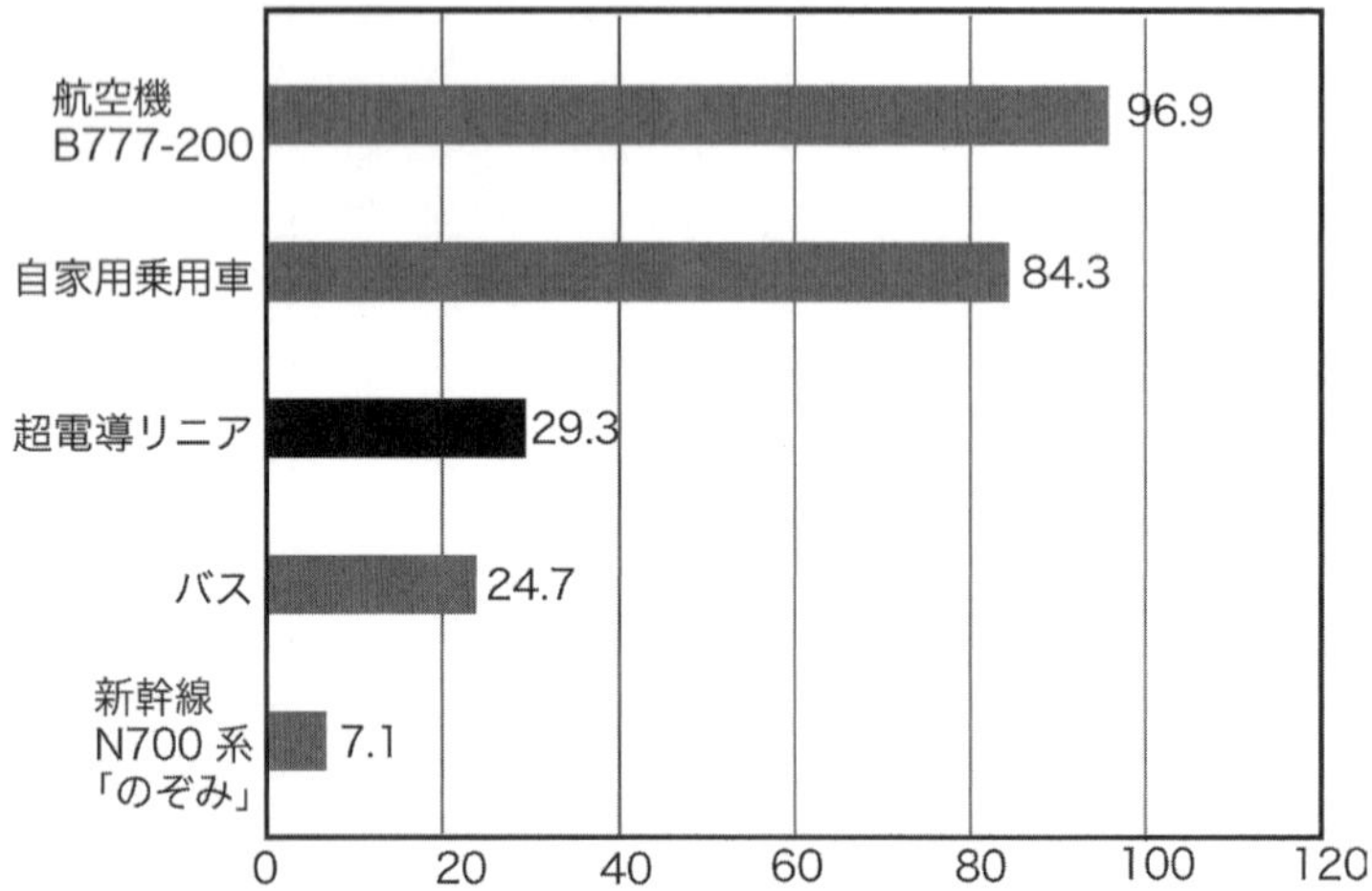

図3－2　各交通機関のCO_2排出量（東京・大阪間）

ービスが提供される日がきても不思議ではありません。もしそれが実現すれば、同じ都市間移動の CO_2 排出量が東海道新幹線と中央新幹線で比較されることになり、中央新幹線は環境保護の上で不利と認識される可能性があります。

3－3　実用化を疑問視する専門家の意見

以上述べたように、超電導リニアは、多くの技術的課題を抱えています。このような状況を専門家はどう見ていたのでしょうか。本節ではその例として、常電導リニア開発者や、鉄道技術者の見方をご紹介します。

▼常電導リニア開発者はどう見るか

常電導リニアの開発者は、超電導リニアをどう見ていたのでしょうか。日本のＨＳＳＴと、ドイツのトランスラピッドの開発者が書き残した言葉を探ると、専門家から見た超電導リニアの課題がよくわかります。

ＨＳＳＴの開発者である中村信二氏は、１９７８年に投稿した記事「ＨＳＳＴの開発について」［３－９］で、日本で開発された超電導リニアは高く浮上できるので、日本のように地盤が悪いところに適しており、推進のための電力を車両に送る必要がないという利点があることを述べた上で、次のように述べています。

このような利点があるにもかかわらず、この方式は実用化の過程で克服すべき多くの問題を抱えているように思われる。たとえば、超電導状態に保つ限りコイルの損失はないが、ヘリウムの冷却、液化にかなり大きなパワーを必要とするし、また高価なヘリウムの散逸を防ぐことに技術的困難が予想される。その他強力な磁場が人体に及ぼす影響とか、高速における動安定など今後解明せねばならぬ多くの点があると思われる。

中村氏は、コイルの冷却に必要なエネルギーが大きいことや、高価なヘリウムを使用すること、強力な磁界（引用文では磁場）の影響などを課題としています。それらを指摘するのは、技術者として当然のことです。

トランスラピッドの開発者はどうでしょうか。

残念ながら、トランスラピッドの開発者が残した資料は、ドイツ語または英語で書かれたものであり、ほとんど和訳されていません。ただし、その一部を和訳してまとめた資料として、リニア開発者だった大塚邦夫氏の著書『世界のリニアモーターカー　西独トランスラピッド Maglev――その原理と日本への適用』［0-7］があります。タイトルからもわかるように、日本へのトランスラピッド導入を推奨するために記された書籍です。

西ドイツは、1970年代に超電導リニアの開発にも着手し、専用の実験線で4年間走行試験をしました。ところが、その開発を途中で止め、常電導リニアに一本化しました。その理由を、次のように述べています。


常電導方式が選ばれた理由は、超電導磁石を用いたリニアモーターカーの研究で明らかになった、経済的・技術的デメリットが原因であった。

最近の超電導技術は進歩してきているが、以下のような欠点が解決されていない。
・渦電流効果によるエネルギー消費が大きい
・とくに低速度で顕著にみられるブレーキ作用で運転条件が不利となる
・浮上、着地システムや超電導冷却システムのような余分の車上ユニットが必要である
・すべての考えられる運転条件の下で、良好な乗りごこちが得られる技術問題が解決されていない
・乗客および持物に対する高磁場の影響が不明である
当時（筆者注・システム一本化が検討された1977年のこと）の結論は1987年に再度見直され、1977年の選択は間違っていなかったことが確認された。（同著37頁より）

この文章は、トランスラピッドの開発者が記したものをそのまま和訳したものだと考えられます。なぜならば、西ドイツにおける超電導リニアの実験結果を知らないと書けない内容だからです。著者である大塚氏は、西ドイツで記された資料に対して翻訳者としての立場を貫いているので、本書の参考文献リストに載っている英語やドイツ語の資料のいずれかから引用したと考えられます。

この指摘は、先ほどの中村氏の指摘と共通する部分があるだけでなく、乗り心地などにも言及しています。

以上のことから、ＨＳＳＴやトランスラピッドの開発者が、超電導リニアの課題を把握し、理解しつつ、常電導リニアの開発を進めたことがわかります。

もちろん、これらが記されたのは30年以上前です。そのころにくらべれば、日本で開発された超電導リニアは進化しています。ただ、超電導磁石が強い磁界を発生するので、その対策が必要であることや、未知の部分が多いことは、現在も変わりません。

なお、常電導リニアの車両には、緊急時に着地するための金属製の車輪がついていますが、超電導リニアの車両にあるようなゴムタイヤ車輪や、出入りする車輪はついていません。それゆえ、超電導リニアの車両よりも構造がシンプルです。

これが、常電導リニアが早期に実用化された大きな要因です。

▼故障する可能性のある部品が多すぎるという指摘

それでは、日々「普通鉄道」と向き合っている鉄道技術者は、超電導リニアのことをどう見ているのでしょうか。

ある鉄道会社の技術者に超電導リニアの走行原理を説明したら、「鉄道としてあり得ない」という答えが返ってきました。走行原理を複雑にした結果、故障する可能性がある箇所を増やしており、従来の鉄道の設計思想に反するというのがその理由です。

鉄道にとってもっとも重要なのは、輸送の安全を維持することです。

このため、従来の鉄道では、故障の発生確率を徹底的に減らす工夫をした上で、もし故障しても安全が確保できるようにしています。故障を減らす工夫としては、車両や施設の構造をできるだけシンプルにして、故障する可能性がある箇所を徹底的に減らしています。これは、車両や施設のメンテナンスを容易にすることにもつながります。

ところが超電導リニアでは、これと真逆のことをしています。これまで実現できなかった超高速走行を実現しようとした結果、走行原理が複雑になり、故障する可能性がある箇所を増やしています。これでは輸送システムとしての信頼性が下がり、輸送の安全の維持が難しくなります。

第1章の車輪や台車の説明では、その点についてもふれました。

もし超電導リニア車両が16両編成で走るとなると、車体を支える台車が17台必要になるので、8×17＝136個のゴムタイヤ車輪が出入りして、2×17＝34台の超電導磁石を搭載することになる。ゴムタイヤ車輪は、油圧シリンダによって出入りする可動部。そのゴムタイヤは摩耗する消耗品であり、パンクする可能性がある部品。超電導磁石は、クエンチする可能性がある部品。このように故障する可能性がある部品に、車両を支えるという重要な役目を担わせる。その1つでも故障すれば、正常な走行ができなくなる。

しかも、複雑な走行原理を採用したゆえに、故障原因となる部品の点数を増やし、事故やトラブルが起こる確率を上げ、機械としての信頼性を低下させている。

これでは、安全な輸送の実現を難しくしており、交通機関としてきわめて危ういです。従来の鉄道の設計思想には明らかに反します。

だから、先ほどの鉄道技術者は「鉄道としてあり得ない」と主張したのです。

▼「地球約77周分」の走行試験は十分と言えるか

ここまでは、超電導リニアが抱えるリスクや課題についてふれてきました。

これらを克服するには、まだまだ長い時間がかかります。少なくとも現時点では、信頼と実績が重視される鉄道として導入するのは難しいと私は考えます。

誤解していただきたくないのですが、だからといって「超電導リニアは実現できない」と言いたいのではありません。「実現には長い時間がかかる」と言いたいのです。

これに対して「超電導リニアは長年にわたる走行実験の実績があるから実現できる」というご意見もあるでしょう。たしかにJR東海は、2020年3月時点で、山梨実験線で地球約77周分（約

310万㎞）に及ぶ走行試験を行ったと主張しています［3－10］。

この「地球約77周分」は、「地球」という巨大なものを基準にしているので、あたかも膨大なものにも思えますが、東海道新幹線の営業列車の走行距離とくらべれば、大した数字ではありません。

東海道新幹線の営業列車の1日あたりの総走行距離は公表されていないので、ここでは「のぞみ」に限定して計算してみましょう。ご存じのとおり「のぞみ」は、同新幹線の最速列車であり、もっとも運転本数が多い（全体の約6割を占める）列車です。

JR東海が公表している2018年度のデータによると、東海道新幹線では「のぞみ」を1日に片道226本運転しています。往復では452本です。これらがすべて東京・新大阪間（515㎞）を走ると仮定すると、1日の総走行距離は約23・3万㎞となるので、地球約77周分（約310万㎞）は約13・3日分に相当することになります。

つまり、地球約77周分という距離は、東海道新幹線で「のぞみ」がわずか2週間弱で走り切ってしまうほどの値にすぎないのです。

もちろん、東海道新幹線を走る「のぞみ」のなかには東京・名古屋間しか走らない列車も存在するので、実際の「のぞみ」の総走行距離は約23・3万㎞よりも短くなります。ただし、東海道新幹線には停車駅が多い「ひかり」や「こだま」も走っているので、それらを合わせた1日の総走行距離はこれよりも長くなり、地球約77周分が相当する日数は約13・3日よりも短くなります。

中央新幹線の運転計画はまだ公表されていないので、1日あたりの営業列車の総走行距離がどの程度になるかは現時点ではわかりません。ただ、すべての営業列車が品川・大阪間（438㎞）を、「のぞみ」の半分の運転本数（往復226本）で走ったと仮定すると、1日あたりの総走行距離は約9・9万㎞になり、約310万㎞を約31・3日で走り切ることになります。つまり、たとえ地球を77周するほどの走行試験をしても、それは営業運転の1カ月程度の走行距離にすぎないのです。

ここで言いたかったのは、山梨実験線で走行試験をすることと、中央新幹線で営業運転することは、まったく別次元だということです。このため、確率で言えば、走行試験では起こらなかった事故やトラブルが、営業運転では起こる可能性があります。

実際、東海道新幹線では、開業当初に事故やトラブルが頻発しました。海外で高速走行の実績がある鉄輪式鉄道ですらこうですから、国内でしか走行実績がない超電導リニアともなれば、事故やトラブルが発生する確率は高いはずです。

ところが、JR東海は、山梨実験線で起きた事故やトラブルに関する情報をほとんど公開していません。これでは、超電導リニアという乗り物がどの程度信頼できるものなのか判断することはできません。

もし今後技術が発達したとしても、交通機関としての信頼性が「普通鉄道」と同レベルになるには時間がかかります。「普通鉄道」には世界中の営業鉄道で約200年も使われてきた豊富な実績があるのに対して、超電導リニアは事実上日本だけで50年かけて開発されただけであり、営業鉄道に導入した実績もないからです。

とはいえ、超電導リニアの実現性はゼロではありません。今後開発を進めれば、信頼性を上げることは可能です。ただし、そのためには今後も走行実績をコツコツと積み上げていく必要があるので、気が遠くなるほどの長い時間がかかります。

そうなった原因は、走行原理を特殊かつ複雑なものにしてしまった点にあります。

私は取材や調査を重ねた上で、超電導リニアの開発に次のようなストーリーがあることに気づきました。

技術者は、「普通鉄道」にできない超高速陸上輸送を実現しようとして、走行原理を大幅に変えた鉄道をつくろうとした。また、車両を10㎝浮上させることにこだわり、超電導磁石で車両を支えようと考えた。ところが低速では超電導磁石で車両を支えられないので、台車に車輪をつけた。それゆえ、走行システムが常電導リニアよりも複雑になり、トラブルの芽をつみとるのがかえって難しくなってしまった。だから常電導リニアのように、営業運転に向けて早期に漕ぎ着けることができなかった。

こうなってしまった原因は、「車両を10㎝浮上させる」というコンセプトに無理があったからです。もしこのコンセプトがなかったら、技術者は超電導磁石という、クエンチの可能性があり、未知の領域が多い技術に手を出して、自ら危ない橋を渡ろうとはしなかったはずです。

3－4 組織内のディスコミュニケーション

▼多くの課題を認識しつつ開発が続けられた理由

　ここまでは、超電導リニアが抱えるリスクや技術的課題、そして私が取材や調査を重ねて得た結論を紹介しました。これらはすべてインタビューや資料に基づいたものですが、一般にはほとんど知られていない情報なので、抱える課題やリスクの多さに驚かれた方もいるかと思います。

　それではなぜ、超電導リニアの開発が現在まで半世紀も続いてきたのでしょうか。なぜ、リスクや技術的課題がある程度把握されていたにもかかわらず、開発が中止されなかったのでしょうか。

　その原因は、組織の問題にあると私は考えます。

　開発に携わった技術者は、技術的なリスクや課題を把握していた。ところが国鉄やJR東海の経営者は、それらを十分に把握できないまま、未来の可能性を信じた。その結果、開発は中止されず、こんにちまで続けられた。

　つまり、技術者と経営者の認識のギャップが、開発を続ける大きな要因になったのではないかと私は思うのです。

　なぜそう思うのか。その根拠となる2つの証言を紹介します。

▼開発者と経営者の認識のギャップが生じる理由

最初に紹介する証言は、国鉄の鉄道技術研究所で超電導リニア開発に従事していた西條隆繁氏によるものです。西條氏は、鉄道総研のPR誌「RRR」2001年5月号に投稿した記事［3－11］で当時の組織を振り返り、次のように述べています。

過去に全く実績がない新しいことに予算承認を与えた当時の国鉄幹部にとって「本当に時速500キロを安全に出せるのか。」は共通の心配事であったことでしょう。非公式の場でしたが、幹部の方々からこの質問を受け、「これまで実施してきた解析、実験、コンピュータシミュレーションの結果から、技術的には十分可能です。」と答えたとき、前提条件は無視され「できる」という結論だけが一人歩きすることになったのです。これは、5年後、時速500キロの走行に成功するまでに私にとっては大きなプレッシャーでした。

この文からは、西條氏と国鉄幹部の間でディスコミュニケーション（コミュニケーション不全）が生じていることがわかります。つまり、西條氏が伝えたかった意図が国鉄幹部に正確に伝わらず、両者の間で認識の大きなギャップが生じてしまっているのです。

技術者である西條氏が「技術的に十分可能」と述べたのは、理想的な条件下で、時速500㎞走行が1回成功するか否かという問いに対して答えたにすぎません。当時は宮崎実験線で時速500km走行が成功する5年前なので、その程度しか答えられないはずです。

また、西條氏は、営業運転の実現可能性については答えていません。営業運転をするとなると、宮崎実験線の走行試験よりもきびしい条件で列車が毎日繰り返し走行しますし、耐久性やコストなど、走行試験ではあまり問われないことがきびしく問われます。つまり、走行試験と営業運転は、先ほども述べたとおり別次元のことであり、明確に分けて考えなければならないのです。

ところが国鉄幹部には、そのことが理解できなかったのでしょう。「技術的に十分可能」という言葉だけを信じ、あたかもあらゆる条件下で「できる」かのように認識してしまったと考えられます。

このようなディスコミュニケーションは、大学の文系学部出身の経営者と理系学部出身の技術者の間でよく起こります。その原因は、両者の知識の分断にあります。

かく言う私は、この文系・理系という言葉があまり好きではありません。学問はすべて平等であるべきだと思うからです。ただし、日本の大学の場合、受ける教育の分野やボリュームが文系・理系で大きく異なるゆえに、両者の出身者の間でディスコミュニケーションが生じていると常々感じています。

▼歴代リニア開発トップが否定的だったとの証言

超電導リニア開発のトップが、その実現の可能性を否定したという証言もあります。

たとえば、日経ビジネス2018年8月20日号には、JR東日本の社長と会長を歴任した松田昌士氏を取材した記事［0－9］が載っており、次のように記されています。

（日経ビジネスの記者が、超電導リニア車両の乗車体験をして、新幹線に近い乗車感覚だったと述べたのに対して）そんな短時間の試乗で「いける」と思い込むのは危険な素人考えだとJR東日本元会長の松田昌士は言う。国鉄時代からの経験を基にこう話す。

「歴代のリニア開発のトップと付き合ってきたが、みんな『リニアはダメだ』って言うんだ。やろうと言うのは、みんな事務屋なんだよ」。高価なヘリウムを使い、大量の電力を消費する。トンネルを時速500㎞で飛ばすと、ボルト一つ外れても大惨事になる。

「俺はリニアは乗らない。だって、地下の深いところだから、死骸も出てこねえわな」（松田）

松田氏は、国鉄分割民営化に尽力した「国鉄改革3人組」の1人。残りの2人は、先ほど紹介したJR東海の葛西氏と、JR西日本の井手正敬氏です。

松田氏は、2020年5月に亡くなりましたが、生前にこのようなことを話していたのです。歴代のリニア開発のトップが「リニアはダメだ」と語っていたというのは、超電導リニアの根幹を揺るがす重要な証言です。

この証言に出てくる「事務屋」は、一般的に大学の文系学部出身者を指します。これに対して理系学部出身者は「技術屋」と呼ばれます。国鉄やJRの組織では、両者の役割や配属先が明確に分かれています。

この証言からは、「技術屋」と「事務屋」の間でディスコミュニケーションが起きていることがわかります。つまり、開発に携わった「技術屋」は「ダメだ」と認識しているのに、「事務屋」にはその認識が伝わらず、「いける」と思いこませてしまった。双方の大きな温度差は、先ほど述べた知識の分断によるものです。

ちなみに「国鉄改革3人組」は、3人とも大学の文系学部卒の「事務屋」です。1970年ごろに超電導リニアの開発を推進した国鉄総裁の磯崎氏も同様です。ただし、国鉄やJRの経営者には「技術屋」もいます。

こうしたディスコミュニケーションで生じた認識のギャップが、経営者がすべきリスク管理の妨げとなり、結果的に超電導リニアの延命につながったのではないか。私はそう考えています。

第３章まとめ

・超電導リニアには多くの技術的課題とリスクがあり、克服には長い時間がかかる
・専門家のなかには、実用化を疑問視する人がいる
・開発のトップが「リニアはダメだ」と言ったという証言もある

第4章　なぜ中央新幹線を造るのか

ここまでは、超電導リニアの概要や歴史、そして課題を説明してきました。
本章では、超電導リニアからいったん離れ、中央新幹線の概要や歴史を説明します。

4−1　東海道新幹線誕生がすべての始まり

▼計画は半世紀前から存在した

中央新幹線は、現在建設中の新幹線の1つで、東海道新幹線と同様に、日本の三大都市（東京・名古屋・大阪）を結ぶ鉄道路線です（図4−1）。

その建設は、現在品川・名古屋間で進められています。JR東海が建設主体となり、鉄道・運輸機構がJR東海から受託して工事を進めています。民間企業が新幹線の建設主体になるのは、中央新幹線が初めてです。

中央新幹線の計画そのものは、JR東海が発足する前から存在しました（表4－1）。運輸省（現・国土交通省）が中央新幹線の路線名などを告示したのは、今から約半世紀前の1973年。超電導リニアの開発が本格的に始まってから3年後です。

ここまでの説明で、中央新幹線について次のような疑問を持った方もいるでしょう。

・どのようにして計画が生まれたのか
・なぜ超電導リニアを導入することになったのか

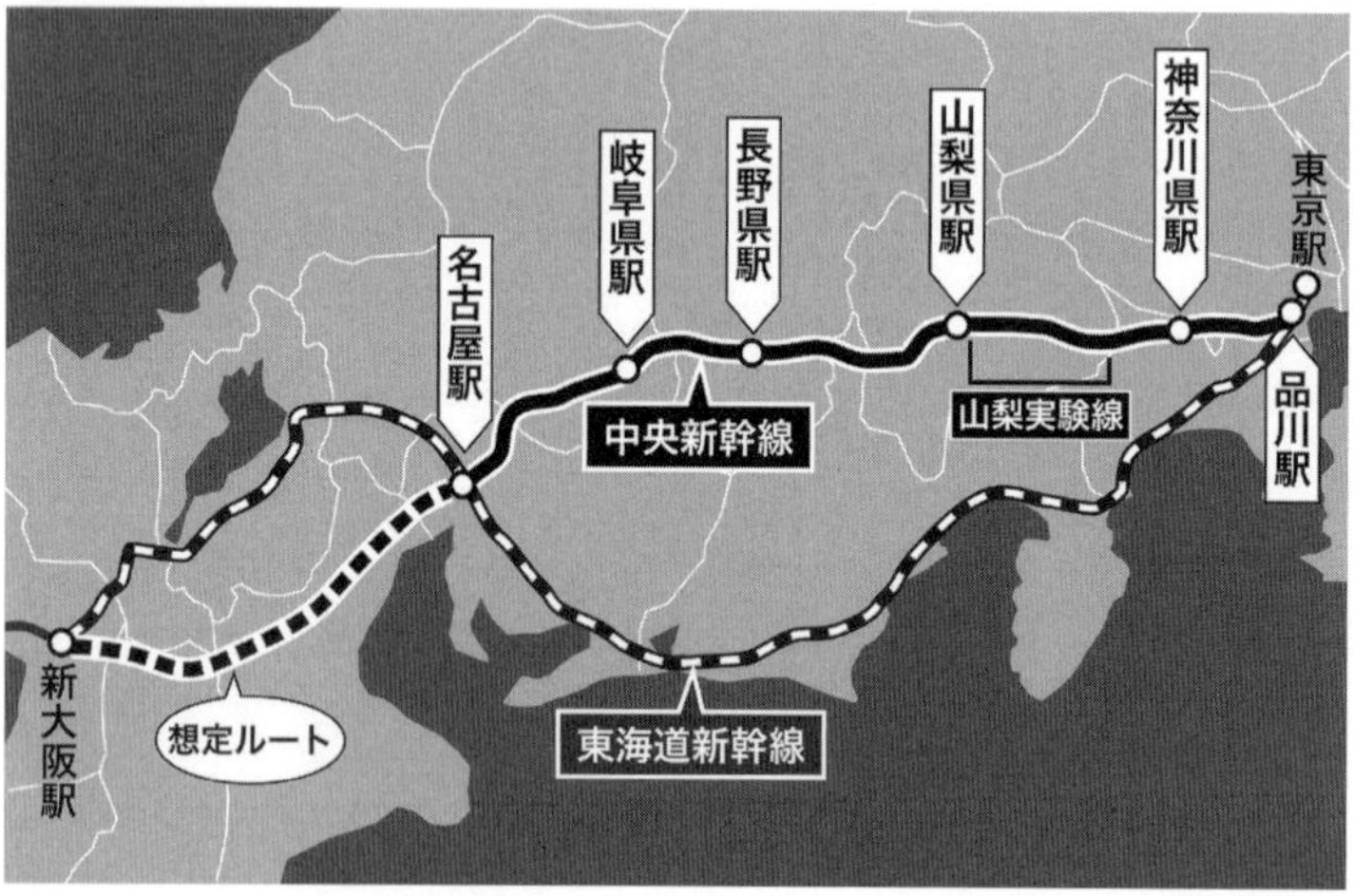

図4－1　中央新幹線のルート

・なぜJR東海が建設主体になったのか
・なぜ名古屋・大阪間の建設が後回しになったのか

あらためて考えてみると、中央新幹線には不思議に思うことがたくさんあります。

本章では、それらの疑問に答えていきます。

ただその前に、一つふれておきたいことがあります。

そもそもなぜ日本で「新幹線」と呼ばれる鉄道が生まれたのでしょうか。

中央新幹線のことを知るには、この答えを理解する必要があります。

なぜならば、半世紀以上前の新幹線誕生がもたらしたインパクトがなければ、中央新幹線は計画されていなかったからです。

このため本節では、まず日本で新幹線が生まれ

1973.11.15	基本計画が決定
1974.7	運輸大臣が国鉄・鉄建公団に調査を指示
1987.7.20	JR 東海のリニア対策本部が発足
1987.11	運輸大臣が鉄建公団に地形・地質等の調査を指示
2010.2.24	国土交通大臣が交通政策審議会に諮問
2011.5.12	交通政策審議会からの答申
2011.5.20	国土交通大臣が JR 東海を営業主体・建設主体に指名
2011.5.26	国土交通大臣が整備計画を決定
2011.5.27	国土交通大臣が建設を指示
2011.6〜2014.8	環境影響評価
2014.10.17	国交省が東京・名古屋間の着工を認可
2014.12.17	東京・名古屋間起工式、同区間着工
2016.7.11	安倍首相が臨時国会で財政投融資を明言
2027(?)	東京・名古屋間開業予定
2037(?)	名古屋・大阪間開業予定（全線開業）

表４－１　中央新幹線の歴史

た理由を探ったあとで、中央新幹線が計画された背景に迫ってみましょう。

▼日本で新幹線が生まれた2つの要因

日本で生まれた新幹線は、世界の高速鉄道の先駆け的存在です。現在は世界の複数の国に高速鉄道が存在しますが、もし新幹線がなかったら、それらは存在していなかったかもしれません。

新幹線は、特殊な鉄道です。海外の高速鉄道の多くは在来線と互換性を持ち、在来線との直通運転を実施しているのに対して、日本の新幹線は在来線と互換性を持たず、直通運転も実施していません（ミニ新幹線を除く）。

最初の新幹線として誕生した東海道新幹線はきわめて特殊です。「はじめに」でも述べたように、東海道新幹線ほど大量の旅客をさばいている高速鉄道は、世界でほかにありません。

このような特殊な鉄道が日本で生まれたのは、日本の鉄道がきわめて特殊だからです。つまり、その特殊性が、「新幹線」という世界でも珍しい鉄道を生んだのです。

日本の鉄道の特殊性には、次に示す2つの面があります。

- 恵まれた環境
- 狭軌というコンプレックス

これらは、互いに相反することを意味しますが、どちらも日本の鉄道の特殊性を端的に示しています。言い換えるならば、「恵まれた環境」というプラス面と「狭軌というコンプレックス」というマイナス面が互いに表裏一体の関係にあり、どちらか一方だけでは日本の鉄道の特殊性を語ることができないのです。

なぜそう言えるのか。それを示すため、2つの面をより具体的に説明しましょう。

▼世界でもずば抜けて鉄道に向いた国＝日本

まずは、プラス面である「恵まれた環境」から説明します。

これを説明するには、日本が鉄道にとって「夢の国」であることにお気づきいただくのが早道でしょう。

イギリスの著述家であるクリスティアン・ウォルマー氏は、著書『世界鉄道史――血と鉄と金の世界変革』(河出書房新社・2012年)のなかで、日本で新幹線が誕生した経緯にふれ、「日本ぐらい、鉄道への投資に向いている国は少ない」「まさに鉄道計画者にとっては夢の国だ」と記しています。

たしかに日本は、鉄道が持つ能力を発揮しやすい国です。

この国は人口が多い上に、人口密集地が帯状につながり、輸送需要が高い地域やルートが多く存在します。陸上での大量輸送を得意とする鉄道にとって、これほど恵まれた条件がそろった国は、世界広しと言えどもきわめて珍しいでしょう。まさに「夢の国」です。

このような「夢の国」でとくに恵まれた条件がそろった「夢の地域」が、三大都市圏を結ぶルートです。「はじめに」でもふれたように、三大都市圏は、日本の総人口の約半分が集中した地域であり、国内の鉄道利用者数の約8割、大法人（資本金10億円超の法人）の約8割がここに集まっています。

日本で最初の新幹線となった東海道新幹線は、このような三大都市圏を結ぶ鉄道として建設されました。しかも、その沿線には、人口密集地や産業の拠点が数珠つなぎで並んでおり、東海道新幹線ができるまでは、既存の在来線（東海道本線）の輸送力が逼迫していました。つまり、東海道新幹線は、建設する必要性がきわめて高い鉄道だったのです。

これが、先述した「恵まれた環境」です。つまり、日本に鉄道にとっての好条件がそろったルートが存在することが、新幹線という新しい鉄道を、在来線とは別に建設することにつながったのです。

現在の東海道新幹線では、16両編成の営業列車が最短3分間隔で走るという、通勤路線のような高密度旅客輸送が行われており、年間約1・74億人（2019年3月時点）の旅客を運んでいます（写真4－1）。

これほどの高密度旅客輸送を実現している高速鉄道は、世界広しといえど、ほかに例がありません。世界でもっとも輸送需要が高く、採算性が高い都市間鉄道と言ってても過言ではありません。

図4－2は、各新幹線の輸送量を線の太さで表現した図です。これを見ると、東京・新大阪間を結ぶ東海道新幹線の輸送量が突出して多いことがわかります。

このような東海道新幹線を運営しているのが、JR東海です。同社は、JRグループのなかでも新幹線への依存度がとくに高い特殊な会社であり、在来線をふくめた旅客運輸収入の約9割を東海道新幹線からの収入が占めています。また、JRグループのなかで営業利益率が群を抜いて高い企業でもあります。

▼日本で主流の狭軌では輸送力増強が困難だった

続いて、マイナス面である「狭軌というコンプレックス」を説明します。

日本の鉄道には、大きなコンプレックスがあ

写真4－1　東海道新幹線を走る主力車両（N700A）

ります。

それは、全国に敷設された鉄道の多くが、狭軌だということです（図4－3）。

狭軌とは、1067㎜の軌間（線路における左右のレールの間隔）を指します。欧米の鉄道でおもに採用されている広軌（1435㎜）よりも狭いので、そう呼ばれています。なお、1435㎜は、事実上の世界標準であるため標準軌とも呼ばれますが、本章では便宜上広軌と呼ぶことにします。

日本では、明治初期に最初の鉄道が開業して以来、おもに狭軌の鉄道が全国に敷設されました。在来線（ミニ新幹線を除く）が今も狭軌なのは、このためです。

狭軌が選ばれたのは、当時日本が雇ったイギリス人技術者の提案を受け入れた結果だとされています。この技術者が狭軌を提案した

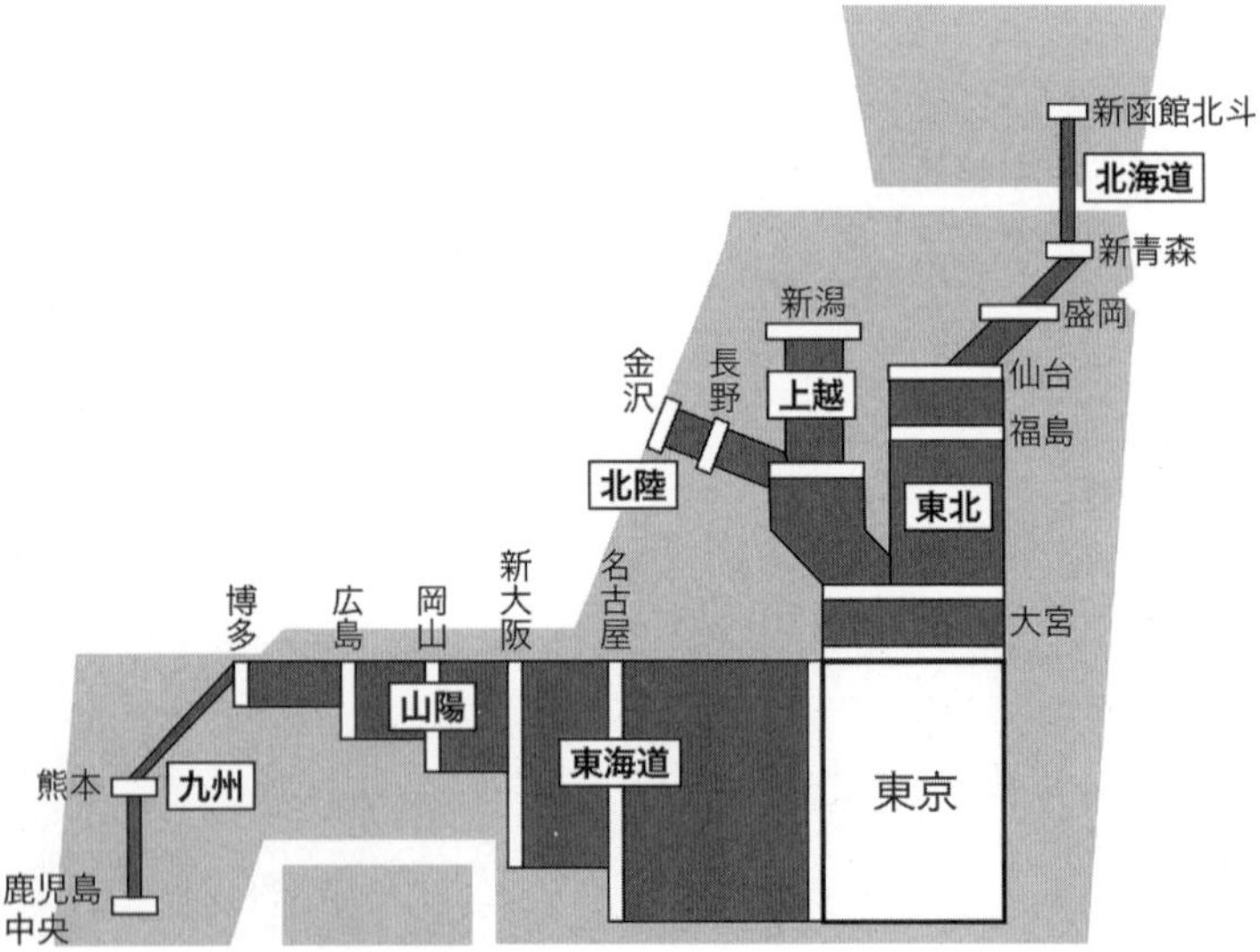

図4－2　各新幹線の輸送量

理由については諸説あるものの、正確にはわかっていません。

日本の鉄道にとって、欧米規格の広軌は憧れでした。狭軌の鉄道では、広軌にくらべて機関車の出力向上や、列車の高速化が難しかったからです。つまり、輸送力増強が難しい狭軌鉄道を多く抱えたことは、日本にとっては大きなコンプレックスだったのです。

このため、日本政府は、戦前に既存の鉄道の広軌化を計画したものの、莫大な工事費がネックとなり、失敗に終わりました。

また、日本政府は、戦前に東京・下関間に広軌の鉄道を新たに建設することを計画したこともありました。これがいわゆる「弾丸列車計画」で、最高時速200㎞で旅客列車を走らせることも検討されていました。

「弾丸列車計画」は、実現しませんでした。戦

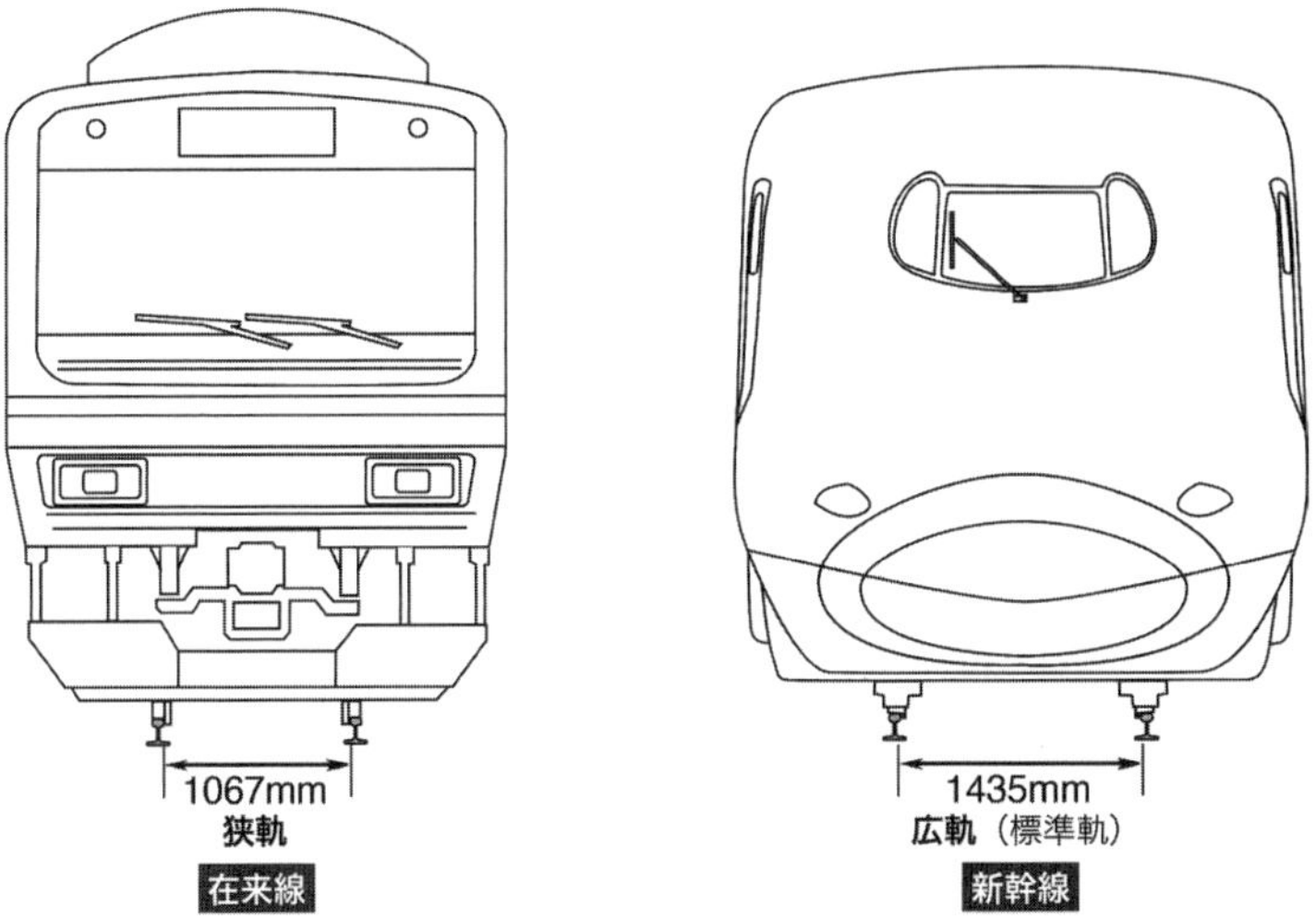

図4－3　狭軌と広軌

前に計画され、一部区間の用地買収やトンネル工事が行われたものの、戦争の激化で工事は中止に追い込まれました。

▼東海道本線の輸送力不足解決のための広軌新設

戦後になると、また広軌鉄道を新設する機運が高まりました。

それは、1950年代に東海道本線が深刻な輸送力不足に陥ったからです。東海道本線は、現在の東海道新幹線と同様に、東京・名古屋・大阪の三大都市を結ぶ鉄道であり、東海道新幹線が開業するまでは国内の旅客・貨物輸送の大動脈として機能し、日本の屋台骨としての役割を果たしていました。ところが戦後に需要が急激に伸びたのに、長らく輸送力の増強が図られていなかったので、抜本的な増強が求められていました。

この背景には、鉄道に頼らざるを得ない交通事情がありました。

当時は道路網が今よりもはるかに貧弱でした。現在は、東海道本線と並行する道路として、東名高速道路や名神高速道路をはじめとする高速道路や、国道1号などがありますが、当時は東名高速道路や名神高速道路がまだなく、国道1号には未舗装区間がありました。

航空網も貧弱で、航空機は庶民の高嶺の花でした。当時は航空機の大型化が実現しておらず、航空運賃も高かったからです。

つまり、三大都市を結ぶ他交通が未発達だったので、東海道本線が増え続ける輸送需要に対応しなければならなくなったのです。

そこで国鉄は、東京・大阪間で、東海道本線とは別に広軌鉄道を新設し、輸送力増強を図ろうとしました。その主目的は列車の高速化ではなく、東海道本線の救済でした。

これには、ある講演会が大きく関係しています。この講演会は、「超特急列車、東京―大阪間3時間への可能性」と題したもので、国鉄の鉄道技術研究所（現・鉄道総研）が1957年に東京で開催し、東京・大阪間に「広軌別線」を建設すれば、狭軌の在来線では難しい高速運転が可能になり、両都市間を3時間で結ぶことができると発表しました。つまり、「世界最速の営業鉄道」が技術的に可能であることが示されたことで、それを実現する「広軌別線」を支持する声が大きくなったのです。

▼新幹線は「ローテク」だから早期実現した

この「広軌別線」が、現在の東海道新幹線です。

東海道新幹線（東京・新大阪間515㎞）は、起工から5年5カ月で完成しました。中央新幹線の品川・名古屋間（約286㎞）が予定どおり2027年に完成した場合、工事期間が13年に及ぶことを考えると、これは驚きのスピードです。

短期間に工事が終わった理由は、おもに3つあります。予算の関係で、1964年の東京オリンピックまでに開業させる必要に迫られたこと。「弾丸列車計画」で買収した用地や、造りかけたトンネルが利用され、全区間の約1割の工期が短縮できたこと。そして、短期間で工事を進めるのに必要な労働力が確保できたことです。

いっぽう、新幹線というシステムの構築も、実質5年5カ月で行われました。現在の新横浜・小田原間の一部に「モデル線」と呼ばれる実験線を設け、走行試験を実施。その結果をふまえて初代営業用車両（0系）を量産し、電気や信号、指令などの設備を整えて開業に臨んだのです。

システムを短期間で構築できた理由は、新幹線が「ローテクの塊」だったことです。新幹線というと、一般には「ハイテク」と呼ばれる最先端技術が使われていると思われる傾向がありますが、実際は欧米ですでに使用実績がある既存技術を寄せ集めて構築したシステムであり、個々の技術には新規性はほとんどありません。だからこそ、短期間に構築することができたのです。

こう書くと、「日本は欧米の鉄道技術をパクったのか？」と思う方もいるかもしれませんが、そうではありません。当時の日本の鉄道技術者は、欧米の鉄道技術に関する情報を収集し、十分に咀嚼した上で、それを日本向けにアレンジして、新幹線という世界に類を見ない鉄道システムを短期間でまとめ上げた。これは、技術の構築においてきわめて重要なことであり、日本の鉄道技術者の技術力と努力があってこそ実現したことです。しかし、「世界最速の鉄道が日本で誕生した」という事実とくらべると、地味でわかりにくいことなので、メディアはほとんど紹介しません。だからこそ、この点がもっと国内で評価されるべきだと私は思います。

▼東海道新幹線は日本と世界にインパクト与えた

東海道新幹線は、今から半世紀以上前の１９６４年10月1日に開業し、世界初となる最高時速２１０㎞の営業運転を実現しました。これによって三大都市間の所要時間は大幅に短縮され、東京・大阪間の日帰り出張が容易になりました。

このことは、国内外に大きなインパクトを与えました。

国内では、日本で世界最速の営業鉄道が誕生したことに注目が集まりました。日本の技術は長らく欧米の後追いだったので、それが世界一の座に上り詰めたことがわかりやすく示されたことは、人々に強い印象を与えました。

海外では、第1章で述べた鉄道斜陽論を吹き飛ばし、新幹線のような高速鉄道の導入を検討する大きなきっかけとなりました。フランスでＴＧＶ、ドイツでＩＣＥといった高速列車が走るようになったのも、東海道新幹線が与えたインパクトの影響と言っても過言ではありません。

東海道新幹線の成功は、ある程度約束されたものでした。日本の人口の約半分が集中する三大都市圏を結ぶルートは、輸送需要がきわめて高い「回廊」。世界に類を見ない大動脈です。そこに信頼性が高く使用実績がある「ローテク」を導入して、鉄道のハイウェイを実現した。だから、成功するべきして成功したのです。

4－2　新幹線網構想から生まれた中央新幹線

さあ、前置きが長くなりましたが、中央新幹線の話はここから始まります。その計画がどのように生まれたのか。歴史をたどりながら見ていきましょう。

▼地域間格差の是正のため新幹線網構想が浮上

中央新幹線の計画は、全国に新幹線網を整備するという構想から生まれました。その構想が生まれる発端になったのが、地域間格差です。

日本では、東海道新幹線の開業前から地域間格差が大きな課題となっていました。大都市では、人口や社会の経済機能が集中したのに対して、地方では過疎化が進み、両者の格差は年々大きくなる一方でした。

そこで政府は、新しい国土計画「全国総合開発計画」を１９６２年に策定し、地方を中心に産業の拠点を設置して、地域間格差の是正を図ろうとしました。

東海道新幹線が開業、世界最速の営業鉄道が日本で生まれた１９６４年ころからは、全国に新幹線網を整備することが、さまざまなところで検討されるようになりました。狭軌で整備した従来の鉄道網とは別に、広軌の新幹線網を建設すれば、地域間の移動時間が短縮され、産業と人口の分散化が図ることができると考えられたからです。

　新幹線網の試案は、おもに3つありました（図4－4）。1つ目は、1967年5月に土木学会総会において、当時の同会会長が講演で提案した案（日本縦貫高速鉄道網）。2つ目は同年8月に国鉄が提案した案（国鉄案）。3つ目は翌年8月に鉄道公団（現在の鉄道・運輸機構）が「新線建設の現状と将来」で発表した案（鉄道公団案）です。

　これら3つの試案を見くらべると、中央新幹線の原型となる構想が、3つ目の鉄道公団案で初めて生まれたことがわかります。1つ目と2つ目の試案には、東海道新幹線以外で、東京・名古屋・大阪をすべて結ぶルートはありません。

　その後政府は、1969年に新しい国土計画「新全国総合開発計画」を策定し、全国に新幹線網を整備する構想を初めて織り込みました（図4－5）。ここには鉄道公団案にあった東京・名古屋・大阪を結ぶ新ルートが描かれています。この計画は、過密過疎の問題の解決と、国土の偏った

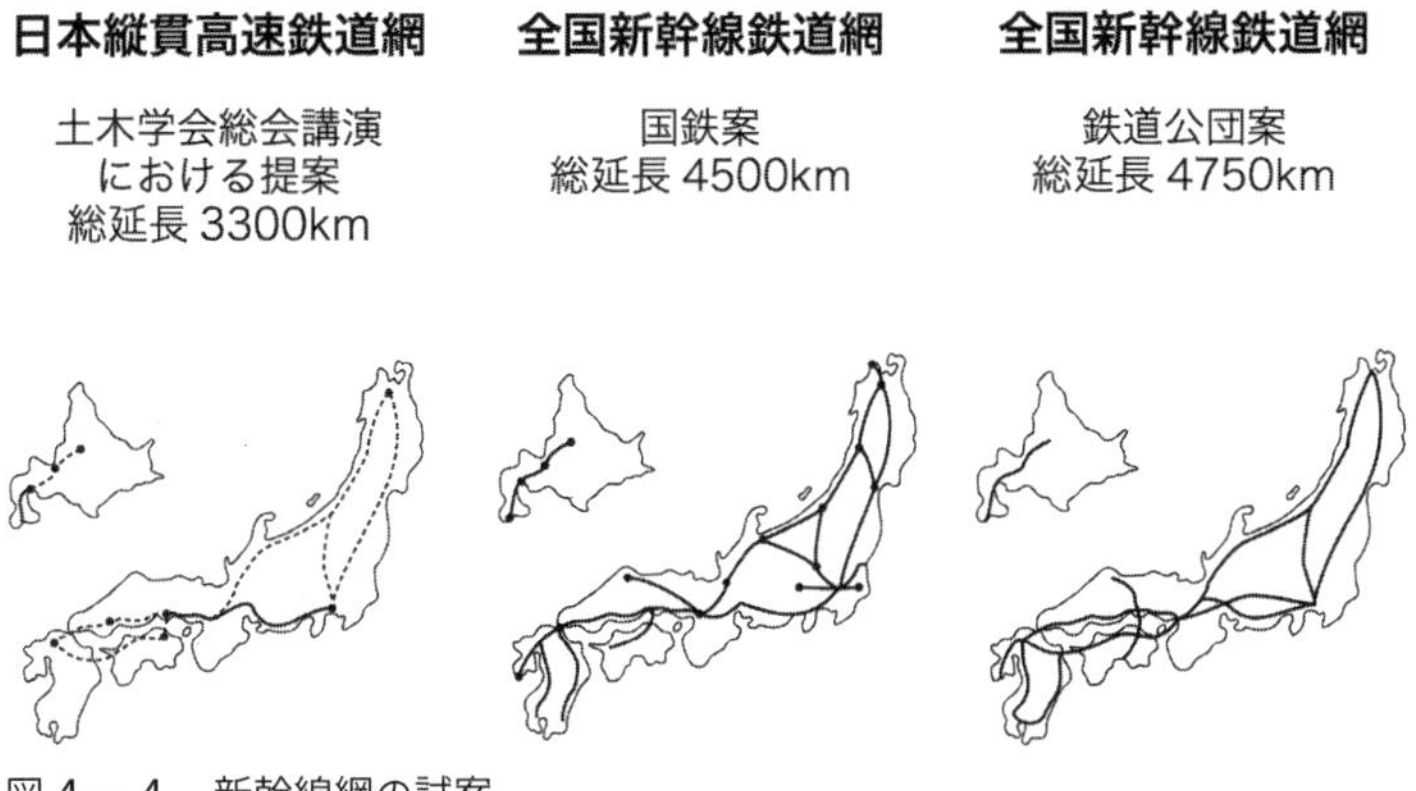

図4－4　新幹線網の試案

利用状況を是正することを目的として、全国に新しい交通通信ネットワークの整備や、中枢管理機能の集積、物的流通機能の体系化を図るというものでした。つまり、新幹線は、航空や高速道路とともに、日本全体をつくり変える高速輸送網と位置づけられたのです。

▼基本計画の告示から整備計画決定という流れ

翌年の1970年には、「新全国総合開発計画」を反映した新幹線整備に関する法律「全国新幹線鉄道整備法（以下、全幹法）」が公布されました。

このあと運輸省（現・国土交通省）は、全幹法の第4条（基本計画）をふまえた基本計画「建設を開始すべき新幹線鉄道の路線を定める基本計画」を4回に分けて告示しました（表4－2）。

前の3回で告示したのは、7路線。そのうち成

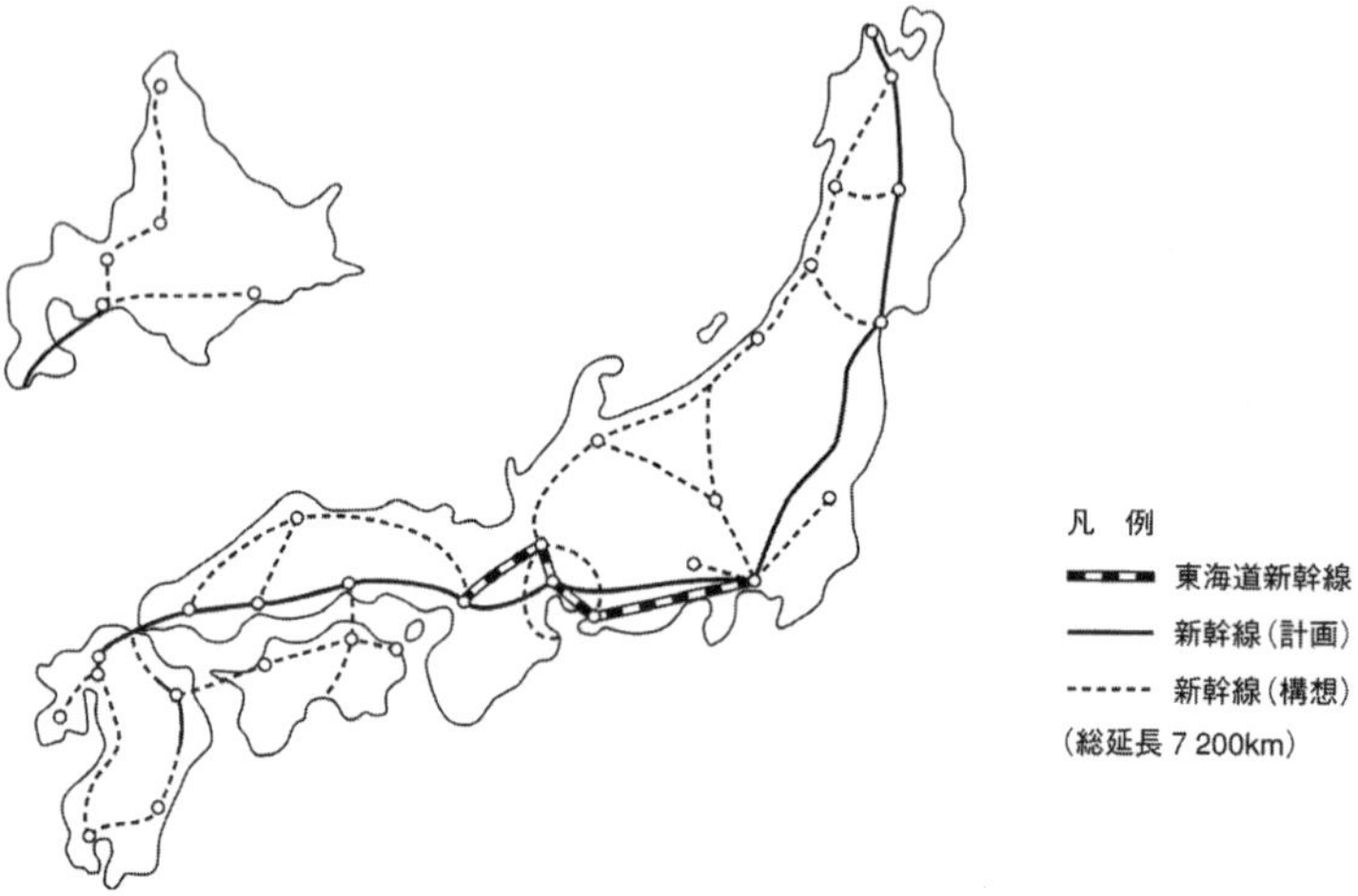

図4－5　新全国総合開発計画 新幹線鉄道の予定鉄道線路計画図（1985年）

田新幹線は沿線住民から建設が反対されたため、のちに基本計画が失効しました。いっぽう東北新幹線の一部（東京都・盛岡市）と上越新幹線は、国鉄時代に開業にいたりました（東京駅乗り入れはＪＲ化後）。

残りの路線のうち、次に示す５区間は１９７３年に政府が整備計画を決定した路線として「整備新幹線」と呼ばれています。

・東北新幹線（盛岡市・青森市）
・北海道新幹線（青森市・札幌市）
・北陸新幹線（東京都・大阪市）
・九州新幹線（福岡市・鹿児島市）※鹿児島ルート
・九州新幹線（福岡市・長崎市）※長崎ルート

告示日	路線
1971年1月18日	東北新幹線　上越新幹線 成田新幹線
1972年7月3日	北海道新幹線　北陸新幹線 九州新幹線（鹿児島ルート）
1972年12月12日	九州新幹線（長崎ルート）
1973年11月15日	北海道南回り新幹線 羽越新幹線　奥羽新幹線 中央新幹線　北陸・中京新幹線 山陰新幹線　中国横断新幹線 四国新幹線　四国横断新幹線 東九州新幹線　九州横断新幹線

表4－2　全幹法をふまえた基本計画の告示

このうち東北新幹線と九州新幹線（鹿児島ルート）は、全区間開業したので、現在は残りの3区間で整備が進められています。

▼中央新幹線は優先順位低い基本計画路線だった

中央新幹線の名前が登場するのは、最後となる4回目の告示です。この告示は、1973年11月15日にあり、中央新幹線をふくむ11路線の路線名・起点・終点・経由地が明記されました。最後に告示されたということは、それだけ必要性が低いことを示しています。実際に、先ほどの11路線のうち、着工にいたったのは中央新幹線だけです。

つまり中央新幹線は、1973年の時点で整備決定にいたらなかった、優先順位が低い路線だったのです。全幹法では、先ほどの11路線と、「整備新幹線」にふくまれなかった北海道新幹線の一部（札幌市・旭川市）が、整備決定にはいたらず基本計画だけがある路線「基本計画路線」として長らく扱われていました。

第4回の基本計画告示で決まった中央新幹線の概要は次のとおりです。

路線名：　中央新幹線
区間：　起点・東京都、終点・大阪市
主な経由地：　甲府市附近、名古屋市附近、奈良市附近

走行方式：　粘着駆動による電車方式
最高速度：　時速260㎞

ここで走行方式と最高速度を見てください。そう、中央新幹線は、もともと超電導リニア方式を導入する路線ではなく、東海道新幹線と同様に、在来方式（粘着駆動による電車方式）の路線として計画されたのです。超電導リニア方式に変更し、最高速度が時速505㎞に引き上げられたのは、2011年に整備計画が決定したときでした。

▼第二東海道新幹線と中央新幹線

さて、第2章では、超電導リニア方式を導入する路線として第二東海道新幹線を紹介しました。この第二東海道新幹線は、中央新幹線なのでしょうか。

結論から言うと、中央新幹線が計画された時点では同一ではありませんでした（表4－3）。どちらも東海道新幹線のバイパスとして位置づけられ、超電導リニアの導入が検討された歴史がありますが、じつは別々に検討された路線だったのです。

そのことを示す資料があります。

田中角栄氏が内閣総理大臣になる直前に記した書籍『日本列島改造論』［0－16］には、「全国新幹線鉄道網理想図」と称した路線図（図4－6）が載っており、東京・名古屋間を甲府経由で結ぶルートとは別に、東京・名古屋間をショートカットするルートが描かれています。このルートは、全幹法には記されていないので、第二東海道新幹線だと考えられます。

　第二東海道新幹線は、先ほど紹介した「新全国総合開発計画」で初めて登場します。「新全国総合開発計画」が策定されたのは1969年なので、全幹法が公布される前年です。これに対して中央新幹線は全幹法に基づいて1973年に計画されました。このことからも、第二東海道新幹線と中央新幹線はまったく別の計画だと言えます。

　1987年に策定された国土計画「第四次全国総合開発計画」では、中央新幹線の計画が織り込まれました。この計画には次のような文があります。

第二東海道新幹線	中央新幹線
1969 新全国総合開発計画で言及	
	1970 全国新幹線鉄道整備法制定
1971 運輸技術審議会（磁気浮上式鉄道の可能性）	
運輸審答申（超高速第二東海道新幹線鉄道建設）	
1972『日本列島改造論』で言及	
	1973 基本計画路線として決定
	1974 調査開始
	1978 建設促進議員連盟（自民党）
1979 宮崎実験線でリニア車両走行（517km/h）	1979 建設促進期成同盟会（都府県）

事実上の統合？

1987 第四次全国総合開発計画

中央新幹線について長期的視点から調査を進めるほか、**磁気浮上式鉄道**など新しい技術の開発や建設コスト低減のための既存技術の高度化を進め、質の高い鉄道システムの実現を目指す。

表4－3　第二東海道新幹線と中央新幹線

中央新幹線について長期的視点から調査を進めるほか、磁気浮上式鉄道など新しい技術の開発や建設コスト低減のための既存技術の高度化を進め、質の高い鉄道システムの実現を目指す。

つまり、「第四次全国総合開発計画」によって中央新幹線計画と磁気浮上式鉄道構想が公式に統合されたのです。

これによって、第二東海道新幹線計画と中央新幹線計画が事実上統合されたと考えられます。なぜならば、3年後の1990年には中央新幹線の経路上に山梨実験線を建設する計画が決まり、中央新幹線が超高速第二東海道新幹線のルートとして公式に取り上げられるようになったからです。

なぜ優先順位が低かったはずの中央新幹線

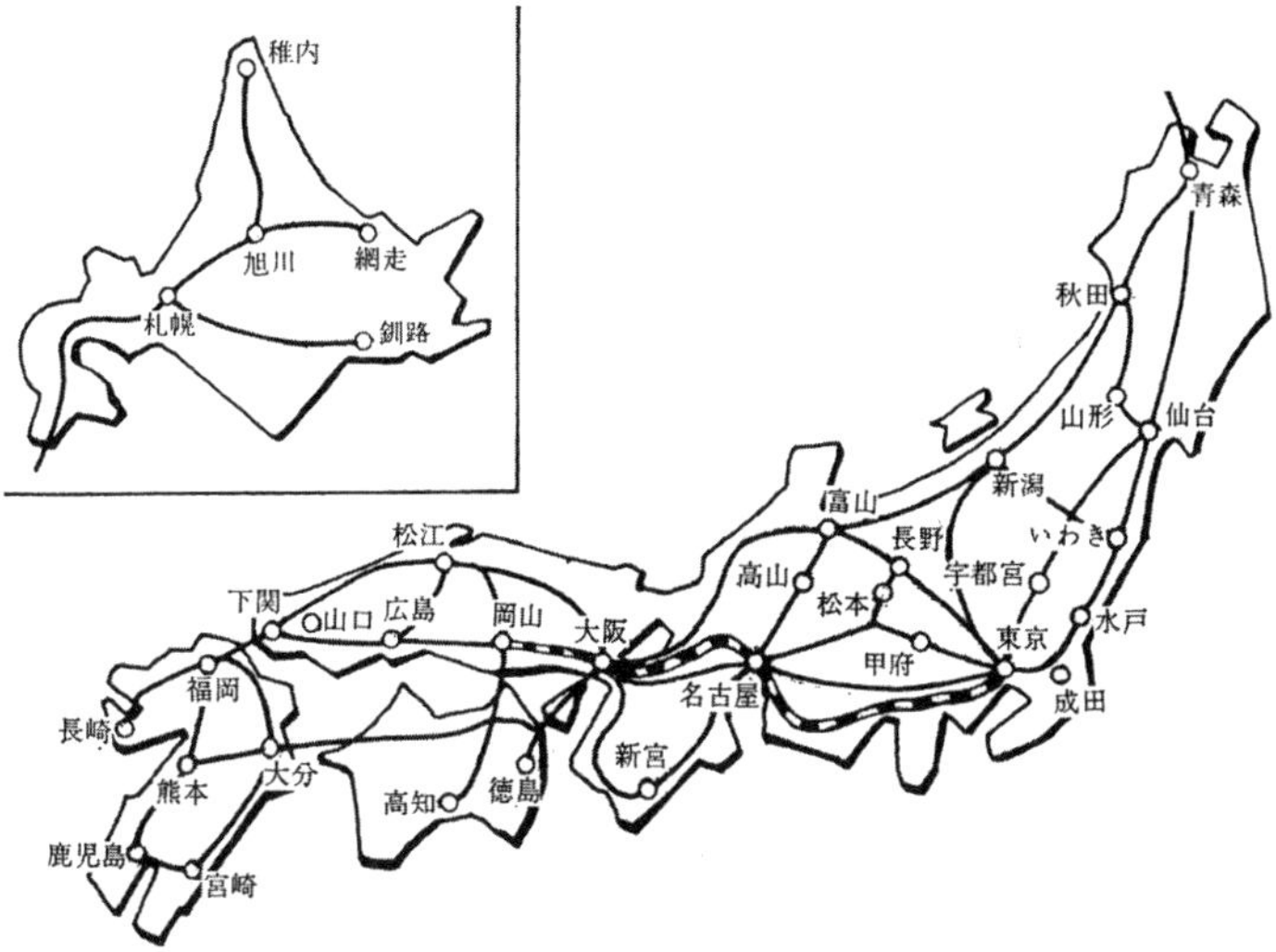

図4－6　全国新幹線鉄道網理想図

が、このとき突然国土計画に織り込まれたのか。不思議ですね。

そこで、1987年にいったい何があったのかを探ってみましょう。

4-3　プロジェクトを押し進めた人々

東京・大阪間にもう1本新幹線を建設して超電導リニアを導入する。その夢は、先ほど述べたように、国鉄時代には実現しませんでした。

ところが、1987年のある日、実現に向けて急に動き出しました。

それはゴールデンウィーク。同年4月1日に国鉄が分割民営化されてJRグループが発足してからわずか1カ月ほどしか経っていないころでした。

なぜこのタイミングだったのか。本節ではその経緯を説明します。

▼若手社員の進言がプロジェクト始動のきっかけ

きっかけは、ある若手社員の進言でした。

それが、発足してまもない新しい会社の運命を左右したのです。

その詳細は、第1章で紹介したJR東海の名誉会長である葛西敬之氏の著書『飛躍への挑戦』に記されています。この著書の第3部5「リニア対策本部設置」には、現在のリニア中央新幹線プロジェクトの発端になった出来事の記述があります。

本来ならば、そのまま引用したほうが正確に伝わると思いますが、その部分が長いので、ここではざっくりした要点のみ紹介します。

発端になった出来事とは、JR東海の総合企画本部東京分室の懇親会です。時期は、ゴールデンウィークの土曜日の午後。場所は、古い客車を利用した恵比寿のビアガーデン。当時葛西氏は取締役総合企画本部長として、すでに同社の経営に関わっていました。

この懇親会では、うちとけてきたときに、若い土木技師が葛西氏に、次に示す2つの提案をします。

・JR東海が中央新幹線の経営主体になるべき
・中央新幹線は超電導リニア方式でつくるべき

1番目の提案の根拠は、中央新幹線は東海道新幹線のバイパスなので、JR東海が一元経営する必要があるということです。若い土木技師は、中央新幹線の経営主体が未定であり、JR東日本やJR西日本が横槍を入れる可能性があるので、「今すぐにでも行動を起こすべきです」と提案します。

2番目の提案の根拠は、超電導リニアの技術的完成度が高いことです。若い土木技師は「私は宮崎の実験線にいたからわかるのですが、超電導リニアは技術的にはもう九〇％完成しています」と語っています。自ら開発に携わったゆえに、思い入れがあったのでしょう。

葛西氏は、この日を振り返り、「今日、超電導リニアの技術が完成し中央新幹線の東京〜名古屋間が着工されているが、この日が発火点だった」と記しています。つまり、当時の若手社員の提案が、ＪＲ東海の経営を左右する巨大プロジェクトが動き出すきっかけとなったのです。

ただし、国鉄時代に超電導リニア技術が90％完成したというのは、ちょっといい過ぎだったようです。葛西氏は『飛躍への挑戦』で「超電導リニアの要素技術はもちろん、超高速・大量輸送機関としてのトータルシステム設計のほとんどすべては、この後にＪＲ東海が主導して開発、実用化しなければならなかったのである」と記しています。このことから、当時の完成度は高いとは言えず、ＪＲ東海がのちに磨き上げなければならない状況だったことがわかります。

▼ＪＲ東海が考えた中央新幹線整備の大義名分

当時は超電導リニアの真の完成度はわからないので、葛西氏は若手社員の言葉を信じたのでしょう。ゴールデンウィークが明けるとすぐに葛西氏が動き、国に働きかける準備を進めます。

とはいえ、中央新幹線は、国が全幹法に基づいて計画した鉄道路線の1つです。しかも当時国は中央新幹線を整備する路線として認めていませんでした。

そのような中央新幹線を、ＪＲ東海という一鉄道事業者が、国の許可なく勝手に建設することはできません。

そこでＪＲ東海は、中央新幹線の整備を「推進」することにしました。

同社は、国に働きかける前に、同社が「推進」する大義名分をまとめました。それが、次に示す７つです。（『飛躍への挑戦』176〜177頁）

①ＪＲ東海の創業の使命である『首都圏と近畿圏をむすぶ都市間旅客流動』を担う東海道新幹線の輸送力が限界に近づいている。

②二三年にわたって酷使されてきた東海道新幹線の土木構造物が、今後二〇年以内にはいっせいに更新期を迎える可能性がある。

③予想される東海地震の際にも大動脈機能を維持するためには二重系化が必要である。

④過度の東京一極集中を改め、国土の均衡ある発展を達成するためには、発展的代替技術により東京〜名古屋〜大阪メガロポリス内の時間距離を大幅に短縮し、域内の機能的一体化を強化する必要がある。

⑤これらすべてを満足させるためには超電導リニアという新技術により中央新幹線を建設することが必要となる。

⑥リニア中央新幹線が建設されると東海道新幹線の輸送量の五〇％以上がシフトすることにな

るので、創業の使命からして、また三〇年に及ぶリース料支払いのためにもリニア中央新幹線はＪＲ東海による一元経営以外にはあり得ない。

⑦東海道新幹線の品川駅を建設し、リニア中央新幹線の東海道新幹線との接続を確保する。

①②③は、中央新幹線の必要性を述べています。①を除けば、現在のＪＲ東海の主張とほぼ同じです。東海道新幹線では輸送力が不足しているだけでなく、土木構造物の更新時期が近づいており、大規模災害で寸断される恐れもある。だから、バイパスとなる中央新幹線を建設して、輸送の二重系化を図る必要があるというわけです。

①の「東海道新幹線の輸送力が限界に近づいている」という主張の背景には、当時がバブル景気の真っ只中で、輸送需要が急激に伸びたことが関係しています。年間輸送人員は、１９７４年にピークを迎え、１９７８年まで減少したものの、１９８３年ごろから増え始めていました（図２－２参照）。

④は、民間の鉄道会社が扱う範囲を超えていますが、国土計画として提案するために加えたと考えられます。

⑤⑥⑦は、超電導リニアの実用化を前提とした話です。

⑦では、東海道新幹線に品川駅を設け、そこで中央新幹線と接続させる意図があることを明言しています。なお、東海道新幹線の品川駅が開業したのは２００３年であり、東海道新幹線の直下で

中央新幹線の品川駅の工事が始まったのは2016年です。

▼政治家に働きかけリニアを国土計画に組み込む

葛西氏は、以上7つの大義名分を自民党の政治家に説明し、鉄道公団（現在の鉄道・運輸機構）の支援を取り付けました。

その影響があったのでしょう。先にも書いたように、1987年6月30日に閣議決定した国土計画「第四次全国総合開発計画」には、「中央新幹線について長期的視点から調査を進めるほか、磁気浮上式鉄道など新しい技術の開発や建設コスト低減のための既存技術の高度化を進め、質の高い鉄道システムの実現を目指す」と記されました。「超電導リニアを導入する」とは明言していないものの、それを匂わせる文となっています。

そして同年7月20日にJR東海が「リニア対策本部」を設置したのち、超電導リニアの技術開発に着手。同社が主導し、鉄道総研とともに超電導リニアの技術を磨くようになりました。また、新しい実験の場となる山梨実験線が建設されたことは、第2章でも述べたとおりです。

つまり、国鉄時代に実現しなかった夢は、JR東海の発足とともにふたたび実現に向けて動き出し、国土計画に記されるようになったのです。そのきっかけが、先ほど紹介した若手社員の進言と、葛西氏の行動力だったというのが興味深いですね。

この1987年を境にして、国家プロジェクトだった計画は、急に民間事業としての側面を持つようになりました。これが、事業の実態がわかりにくくなった大きな要因です。

さて、中央新幹線の整備は、日本の国土計画を変えてしまうほどの巨大プロジェクトです。JR東海が30年以上かけて進めた東海道新幹線の「改良」とは規模が根本的に異なります。にもかかわらず、なぜ発足したばかりのJR東海が、そのような巨大プロジェクトを推進するという挑戦ができたのでしょうか。

それは、次の3つの時期が重なった上に、政治家のバックアップがあり、挑戦しやすい雰囲気があったからではないかと私は考えます。

・東海道新幹線の利用者増加
・バブル景気
・JRグループの発足

1番目の「東海道新幹線の利用者増加」は、もっとも大きな要因です。これで収入が増え、輸送力が不足したことは、JR東海が挑戦する上での十分な理由でした。

2番目の「バブル景気」は、先ほどの「東海道新幹線の利用者増加」の要因になっただけでなく、大胆なチャレンジをしやすい土壌をつくりました。当時の日本は経済的な絶頂期にあり、今からは想像できないほどの楽観的なムードが漂っており、挑戦に対して寛容でした。また、日本の自動車や半導体をはじめとする日本の製造業が世界を席巻したことで、「日本は世界屈指の技術立国」という認識が広がり、国内技術の優位性を信じる人が増えました。それは、超電導リニアという未知の技術を実現させる上でも追い風になったと私は考えます。

３番目の「ＪＲグループの発足」は、鉄道への期待が高まる雰囲気をつくりました。経営難や労使関係のこじれで国鉄が破綻したので、それを分割民営化した結果にすぎないのですが、利用者に対するサービスが向上したことで、多くの人が鉄道に大きな変化を感じ、鉄道に期待するようになりました。これは、国鉄末期のサービスが今では想像できないほど悪かった反動です。

これほどの好条件が重なる時期は、なかなかありません。

しかも、当時は、ＪＲ東海と政治家の利害が一致しました。これについては『飛躍への挑戦』にくわしく記されているので、本書では割愛します。

ただ、これだけはふれておきましょう。運輸大臣だった石原氏はリニア推進派だった。山梨県出身の政治家である金丸信氏は、中央新幹線計画に理解を示し、山梨実験線建設をバックアップした。このような政治家の思惑が絡み合いながら、ＪＲ東海の計画は大きな推進力を得たのです。

だからこそ、ＪＲ東海という一民間企業が、日本の国土計画を変えてしまうほどの巨大プロジェクトを大きく推進する力を得たのではないかと私は考えます。

▼建設費自己負担公表と震災直後の整備計画決定

ＪＲ東海は、この先リニア中央新幹線の実現に向けて邁進。まず山梨実験線を舞台にして、超電導リニア技術を磨き上げました。

２００５年3月には、山梨実験線での試験結果をふまえて、国土交通省の実用技術評価委員会が「実用化の基盤技術が確立したと判断できる」と評価。これが超電導リニアの実現に向けた大きな一歩となったのは、第2章で述べたとおりです。

２００６年4月には、ＪＲ東海が発足以来の念願だった完全民営化を達成。

２００７年12月には、こうした波に乗って同社が大胆な計画を発表。同年に4～6兆円（東京・名古屋間）と見積もられた莫大な建設費を全額自己負担して、中央新幹線の首都圏・中京圏間を建設すると公表したのです。もちろん、これは超電導リニア方式を導入することを前提としたものでした。

現在は、中央新幹線の建設費をＪＲ東海が自己負担することは広く知られているので、このことに対してあまり驚かない方もいるでしょう。ただ当時は、一民間企業がこれほど莫大な投資をする例はきわめて珍しかったので、驚く人が少なくありませんでした。少なくとも私は、複数の鉄道関係者から「信じられない」という言葉を聞きました。このことは、ＪＲ東海が、収益性がきわめて高い特殊な鉄道事業者であり、日本の鉄道業界では通常考えられない投資をしたことを示しています。

とはいえ、中央新幹線は全幹法で定められた新幹線なので、ＪＲ東海が自分の都合だけで整備することはできません。

そこで国土交通省内では、中央新幹線に関する議論が行われました。省内の交通政策審議会に中央新幹線小委員会を設置し、２０１０年3月から２０１１年5月までの1年2カ月の間に計20回の会議が開催されました。

その結果、中央新幹線は整備すべき路線であり、ＪＲ東海が事業主体として適当であると判断されました。

ルートに関しては、3つの案を比較検討した結果、南アルプスを通り、もっとも距離が短くなる案が選ばれました（図4－7）。この案は、ＪＲ東海が主張していたもので、中央新幹線小委員会が費用対効果などを総合的に判断して「適当」と判断したものでした。

国土交通大臣は、以上のことをふまえ、２０１１年5月20日にＪＲ東海を営業主体（新幹線を運営する事業者）と建設主体（新幹線を建設する事業者）に指名しました。また、同月26日には中央新幹線の整備計画が決定し、翌日（27日）には国土交通大臣がＪＲ東海に対して中央新幹線の建設を行うように指示しました。

これによって、中央新幹線は基本計画路線から整備計画路線へと昇格し、ＪＲ東海が事業主体となって建設を進めることになったのです。

こう書くと、あたかも中央新幹線の整備が国民の支持を得てすんなり決まったかのように思えますが、当時の国民の関心は高いとは言えませんでした。というより、関心を示している場合ではありませんでした。

それは、直前に国難とも言うべき出来事があったからです。その出来事とは、2011年3月11日に発生した東日本大震災と東京電力福島第一原発事故です。

中央新幹線の整備計画が決定したのは、その2カ月後。日本全体の生活や経済活動は混乱の真っ只中。とくに関東では電力不足に対応した計画停電が実施されたあとで、気温上昇による電力需要の増大でさらなる電力不足が危惧されていたときでした。

私は、このような混乱のときに、国の将来を左右するような交通の大動脈の建設を決めるべ

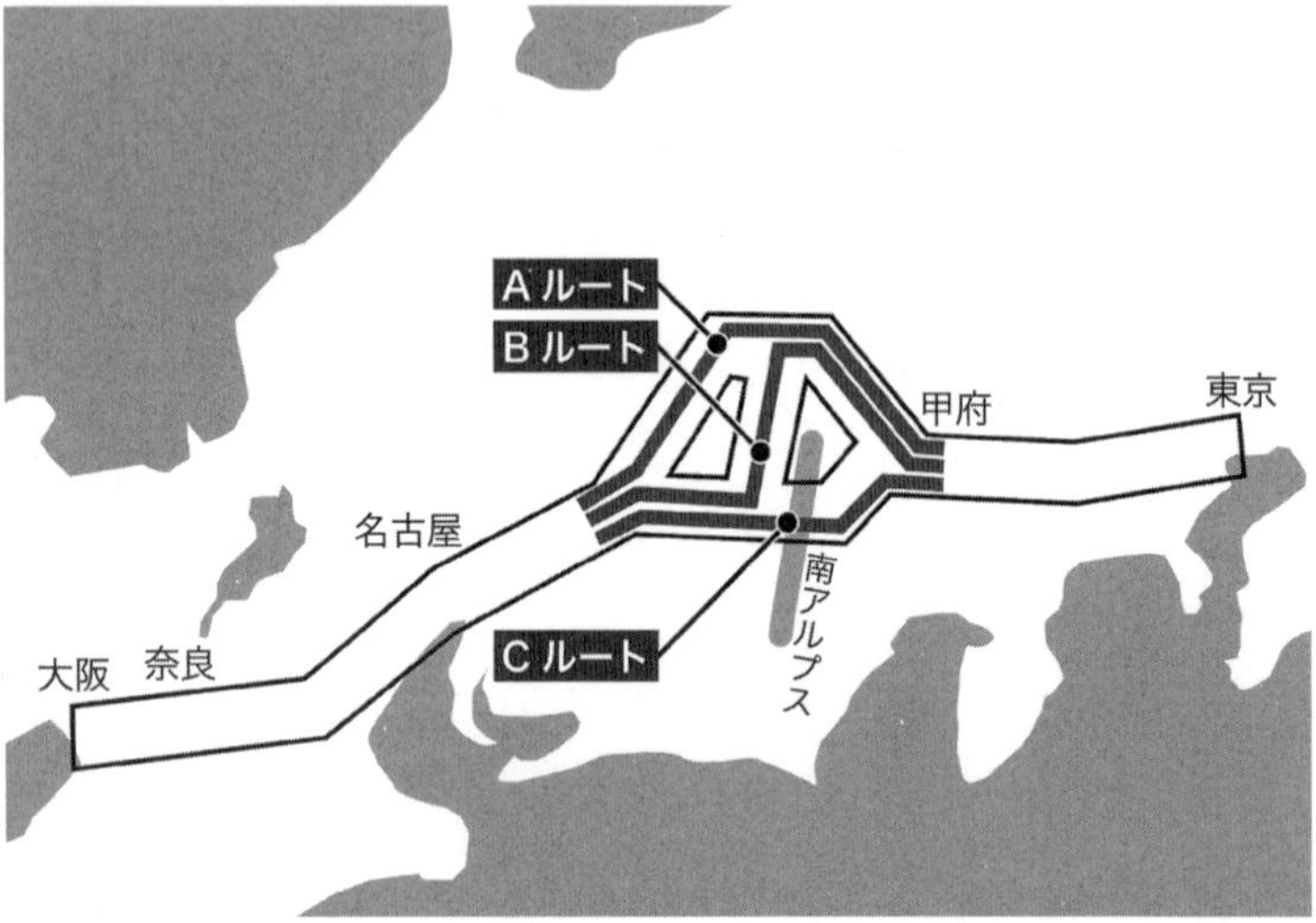

図4−7　中央新幹線のルート案

きなのか疑問を感じました。

ところが当時は、同じ疑問を抱く人はほとんどいませんでした。メディアは被災地の惨状や電力不足、生活や経済活動の混乱ぶりを伝えるばかりで、中央新幹線に関する報道をほとんど行わなかったからです。

結果的に、中央新幹線の整備は、多くの人が知らない状態で始まり、実現に向けて動き出してしまいました。

その後JR東海は、約3年をかけて中央新幹線の環境影響評価（環境アセスメント）を実施。その結果を環境影響評価書にまとめ、2014年4月23日に国土交通大臣に提出しました。

同年10月17日には、国土交通省が品川・名古屋間の着工を認可。同年12月17日には同区間の起工式が行われ、中央新幹線の工事が始まりました。

なお、山梨実験線（42・8km）は、結果的に中央新幹線の一部になりました。当初は実験用施設にすぎませんでしたが、中央新幹線の整備が決まったことで、その先行建設区間という位置づけになったのです。

▼財政投融資とスーパー・メガリージョン構想

さあ、ここまではおもにJR東海の動きを見てきました。同社の発足直後に若手社員の進言が発端となってリニア中央新幹線の実現を推進することになり、超電導リニアの技術を磨き、中央新幹線を起工にいたらせたことを説明しました。

ここからは国の動きに目を向けてみましょう。

本書冒頭でも述べたようにＪＲ東海は中央新幹線のための3兆円の財政投融資を受けることになりましたが、その背景には、中央新幹線の開業を前提とした国土計画があります。２０１５年8月に閣議決定された第二次国土形成計画（全国計画）には、次のように記されています。


リニア中央新幹線の開業により東京・大阪間は約1時間で結ばれ、時間的にはいわば都市内移動に近いものとなるため、三大都市圏がそれぞれの特色を発揮しつつ一体化し、4つの主要国際空港、2つの国際コンテナ戦略港湾を共有し、世界からヒト、モノ、カネ、情報を引き付け、世界を先導するスーパー・メガリージョンの形成が期待される。


これが、現在政府が推進しているスーパー・メガリージョン構想です。スーパー・メガリージョンは「超巨大都市圏」とも訳されます。つまり、三大都市圏を一体化させることで、世界に例がない巨大経済圏をつくり、国際競争力を高めようとしているのです。

この構想の鍵となるのが、リニア中央新幹線の実現です。

また政府は、スーパー・メガリージョンの実現で、日本が直面する問題を解決しようとしています。２０１９年5月にスーパー・メガリージョン構想検討会が作成した最終とりまとめ［4－4］

には、「我が国が直面する状況の変化」という節があり、日本はおもに次の3つの課題に直面していることが記されています。

・産業の国際競争力の低下
・人口減少・少子高齢化
・巨大災害のリスク

日本は、これまでのけん引役だった製造業が弱体化したことで、産業全体の国際競争力が低下しており、世界全体における存在感も薄らいでいる。また、これまでどの国も経験したことがないほどの勢いで人口減少が進み、少子高齢化が加速すると、社会機能を維持するのが困難になる。さらに、今後起こると予想される南海トラフ地震などの巨大災害が発生すると、2011年に東日本大震災が発生したときのように、社会全体が混乱し、経済活動が停滞することが懸念される。

つまり日本は、今後きわめてきびしい状況に追い込まれ、社会機能を維持することすら難しくなると懸念されているのです。

このようなきびしい状況に打ち勝つには、日本復活の鍵となるカンフル剤が必要です。

その点リニア中央新幹線の実現は、そのカンフル剤になる可能性があります。三大都市間を中心に移動時間の劇的な短縮を図り、人が対流しやすい状況をつくり、経済活動を活性化する契機になるからです。

なお、中央新幹線がスーパー・メガリージョンを実現するための「打ち出の小槌」でないことは認識されています。先ほど紹介した最終とりまとめには、日本は前述した課題に直面しているので、中央新幹線の完成だけでは、三大都市圏が一体的な巨大経済圏に変貌できないし、国際競争力を増強できないと述べています。そのいっぽうで、スーパー・メガリージョンの形成を実現するには、航空をふくむ高速交通ネットワークの効果を最大限に引き出すことや、各都市圏の個性を伸ばすことが必要であるとも述べています。

4−4 異例づくしの中央新幹線建設

さて、ここまでは、JR東海が中央新幹線の整備を推進し始めてから、品川・名古屋間が着工に至るまでの27年にわたる経緯をざっくりと説明しました。

ここで以下の4点について疑問を持たれる方もいるでしょう。

・リニア中央新幹線は民間事業なのか
・なぜJR東海が建設費の全額を負担するのか

・なぜ品川・名古屋間を先に着工したのか
・なぜ建設主体がＪＲ東海なのか

それぞれかんたんに説明しましょう。

▼民間事業？　公共事業？　責任の所在が曖昧

まず、1番目の「リニア中央新幹線は民間事業なのか」について説明します。

これは非常に難しい問いです。なぜならばリニア中央新幹線は、「はじめに」でもふれたように、民間事業と公共事業の両方の側面を持っているからです。

リニア中央新幹線の計画そのものは、公共事業としての色合いが強いです。中央新幹線は、全幹法に基づいて計画された鉄道路線（新幹線）であり、国がそれを国土計画に組み込んで推進しています。また、超電導リニアの開発も、もともとは国鉄が主導して進めてきた国家プロジェクトでもありました。ＪＲ東海は、リニア中央新幹線を30年以上も推進してきたとはいえ、国土交通大臣が建設・運営主体として指名した一民間企業にすぎません。

ところが、財源の確保や建設という点で見ると、リニア中央新幹線は民間事業のようにも思えます。ＪＲ東海は9兆3００億円という巨額の建設費をすべて自己負担し、その建設や運営を担う立場です。

このためメディアは、リニア中央新幹線を国家事業とは呼ばず、国家的プロジェクトとか国家的事業と「的」という言葉をふくめて呼ぶことが多いです。

つまり、中央新幹線は、いったい誰がどのように主導しているのかわかりにくい事業なのです。責任の所在がわかりにくい事業と言ってもいいでしょう。

▼なぜJR東海が全額負担するのか

2番目の「なぜJR東海が建設費の全額を負担するのか」は、早期整備を実現するためです。リニア中央新幹線公式サイトのFAQには、次のように記されています。

リニア中央新幹線は、東海道新幹線の将来の経年劣化や大規模災害に対する抜本的な備えとして、早期に実現することが必要な計画です。しかし、建設に際して、国の財政事情が厳しい中で公的な資金によるのでは建設の展望がいつまでも開けないことから、こうした状況を打開するため、当社自身の資金力でこの計画を完遂することの可能性を追求し、まず、名古屋まで建設し、さらに経営体力を回復した後、大阪まで建設するという二段階方式ならば、国の資金援助に頼らず、自己負担で建設することが可能であると判断しました。

国の財政事情がきびしいので、資金面で国に頼ると建設に至るまでに時間がかかる。だから自社の資本力で計画を完遂することにしたというわけです。

これは、資本力があるJR東海だからこそできた判断と言えます。

JR東海は、東海道新幹線で稼ぐ収入が旅客運輸収入の約9割を占めるという、事実上の新幹線会社。しかも利益率が40％を超えるという、JRグループのなかで突出して利益率の高い会社です（JR東日本やJR西日本の利益率は10％台）。国鉄から東海道新幹線という収益性が高いドル箱路線を受け継いで発足した、大きな資本力を持つ企業。わかりやすく言えば、お金持ちの鉄道会社なのです。

だからこそJR東海は、長期間の利益を積み重ねることで、莫大な建設費を国に頼らず、自ら用意できると判断したのです。

▼「2段階建設」が財政投融資の呼び水に

3番目の「なぜ品川・名古屋間を先に着工したのか」は、JR東海が経営体力を温存しながら建設を進めるためです。

中央新幹線の総工費は約9兆円。これは、日本の国家予算（2019年度一般会計歳出総額・約101兆円）の10分の1に迫る莫大な金額です。

JR東海は、いくら資本力が大きいといえど、この全額を一度に用意することはできません。

そこで、建設は2段階で進めることになりました（図4－8）。まず品川・名古屋間（建設費約5・

5兆円）を建設したあと、8年間ほど経営体力の回復を待ってから、名古屋・大阪間（建設費約3・5兆円）を建設することにしたのです。

このため、当初の開業目標は、品川・名古屋間が2027年、名古屋・大阪間が2045年でした。

これでは、大阪開業が名古屋開業よりも18年遅れてしまいます。

関西の経済界はこのことに危機感を抱き、国に早期開業を求めました。

その結果JR東海は、3兆円の財政投融資を受けることになりました。正確に言うと、国が財投特別会計から鉄道・運輸機構に貸し付け、鉄道・運輸機構がJR東海に貸し付けることにしたのです。

これによって、大阪開業を最大8年前倒しにすることが可能になりました。JR東海が鉄

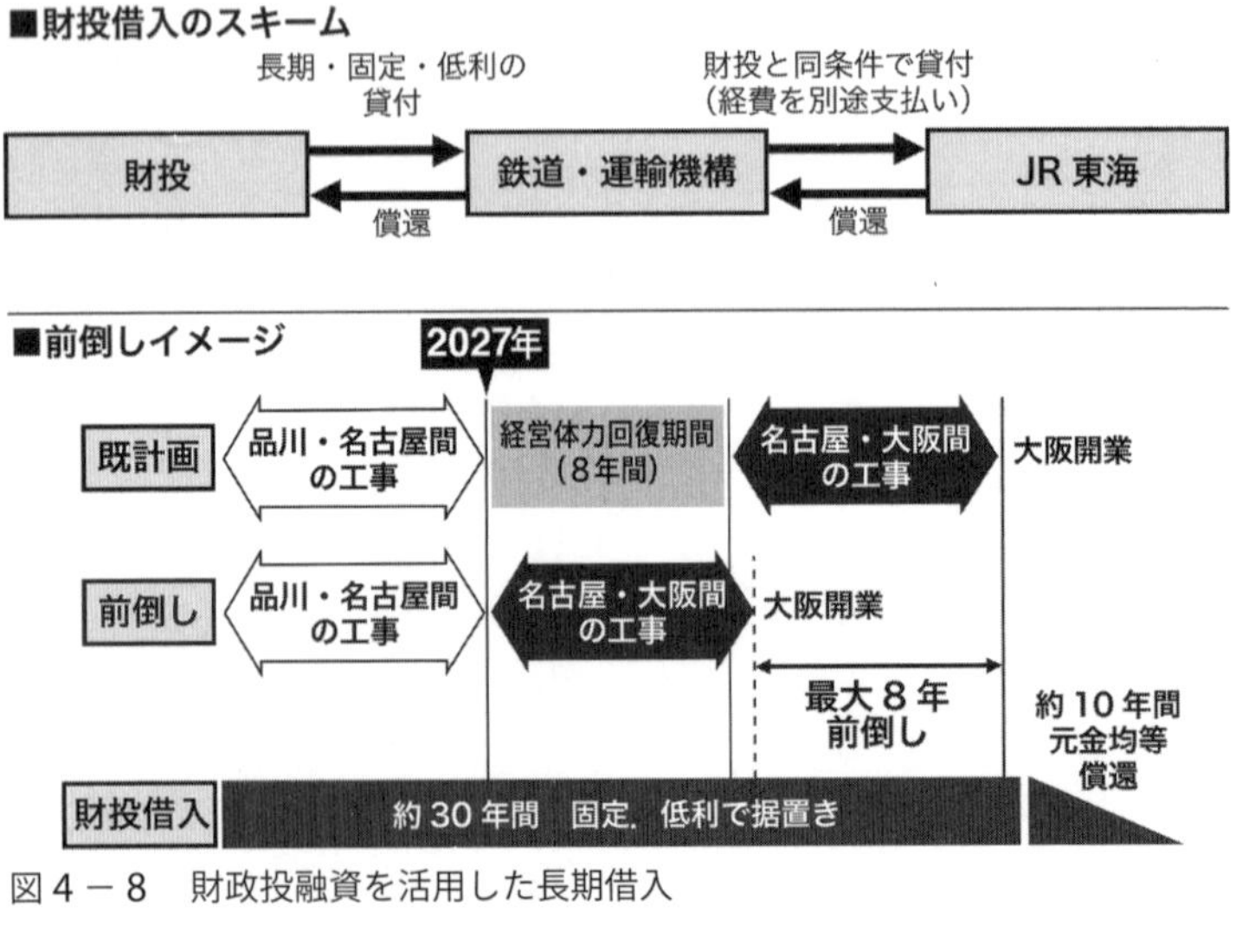

図4－8　財政投融資を活用した長期借入

道・運輸機構からお金を借りることで、品川・名古屋間の開業後に経営体力の回復を待つことなく、名古屋・大阪間を着工することが可能になったからです。

この財政投融資はあくまでも「借金」なので、ＪＲ東海はそれを返済しなければなりません。なお、その返済は40年ローンです。建設期間のＪＲ東海の経済的負担を減らすため、まず利息だけを約30年間払ったのち、残りの約10年間で元金（借入金）を返済する計画。最終的な返済期限は２０５６年です。

このためＪＲ東海は、品川・名古屋間を２０２７年に開業させることに注力してきました。これは、同区間が予定どおりに開業しないと建設費が膨れ上がるだけでなく、大阪開業が遅れ、その後の経営体力の回復や返済が難しくなり、経営に悪影響を及ぼすからです。約30年後から毎年の返済額が急に増えることを考えれば、それまでに大阪開業を実現させようとＪＲ東海の経営陣が焦るのも無理はありません。

▼民間が新幹線を建設するのは初めて

4番目の「なぜ建設主体がＪＲ東海なのか」は、国土交通大臣がＪＲ東海をそれに指名したからです。

国土交通省の中央新幹線小委員会は、その直前の２０１１年5月12日に「中央新幹線の建設主体および運営主体はＪＲ東海が適当」とする答申を国土交通大臣に提出しています。その判断のベースになった答申案には、その理由が記されているものの長いので、ここでは要約して箇条書きで紹介します。

・中央新幹線の経営は、東海道新幹線と一体的に行われるのが合理的
・JR東海は東海道新幹線で安全運行の実績を積み上げてきた
・JR東海は鉄道総研とともに超電導リニアを開発してきた
・JR東海は山梨実験線を建設した実績がある
・JR東海の収益が上がれば、大阪開業が早まることが期待できる
・不測の事態で収益が下がっても、事業の遂行が可能と考えられる

以上の理由から総合的に勘案して、JR東海が運営主体だけでなく、建設主体としても適当であると判断されたわけです。

ただし、JR東海はあくまでもJR旅客会社の1社にすぎない民間企業です。

そのような企業が、全幹法で定めた新幹線を建設する立場になるというのは、特殊なことです。

その特殊さは、「整備新幹線」とくらべるとわかります。

「整備新幹線」の建設は、国土交通大臣の指示に基づき、現在は鉄道・運輸機構が行っています。

国土交通大臣が営業主体として指示したJR旅客会社は、「貸付料」という形で建設費の一部を負

担しますが、建設そのものはしません。

いっぽう中央新幹線の建設は、国土交通大臣の指示に基づき、ＪＲ東海が行っています。ＪＲ東海は建設費の全額を自己負担しています。鉄道・運輸機構は、ＪＲ東海から受託して工事を進める立場です。

つまり、中央新幹線は、民間企業が主体となって初めて建設する新幹線なのです。もちろん、このような前例は国内にはありません。

第４章まとめ

- 中央新幹線は、高度経済成長期に計画された
- ＪＲ東海は、発足時から中央新幹線の整備を推進してきた
- 現在は、スーパー・メガリージョンの形成を実現する鉄道として期待されている

第5章　中央新幹線の建設・運用上の課題

第4章では、中央新幹線の歴史をざっくりと振り返り、国やJR東海の関わり方や、現在の国土計画との結びつきについて説明しました。

本章では、超電導リニアが実用化できると仮定して、中央新幹線が抱える課題と、それを整備する必要性について考えていきます。

5－1　建設時と開業後のそれぞれに懸念される課題

中央新幹線には、懸念される課題が多数あります。その代表例は、水問題などの環境問題ですが、「はじめに」でもふれたように、これについて扱った書籍はすでに存在するので、本書では割愛させていただきます。

そこで本節では、建設時と開業後における課題として、次の2点について考えていきます。

・（建設時）トンネル工事
・（開業後）新幹線網への影響

▼深く・長いトンネルを造る難しさ

まずは「トンネル工事」について考えてみましょう。

トンネル工事は、中央新幹線の建設を進める上でもっとも重要な工事であり、難航することが予想されています。なぜならば、中央新幹線のトンネルには、次に示す3つの特徴があるからです。

・トンネルが全区間の約7割を占める
・南アルプストンネルという最難関がある
・大深度地下を通るトンネルがある

1番目の「トンネルが全区間の約7割を占める」は、中央新幹線の大きな特徴です。三大都市をできるだけ短い距離で結ぶため、起伏が激しい山岳地帯を貫通した結果とも言えるでしょう。トンネルの割合を正確に言うと、品川・大阪間が約71％で、先行開業する品川・名古屋間に限定すると約86％と9割近くになります。

これだけトンネルの割合が大きい新幹線は過去に例がありません。比較的トンネルが多い山陽新幹線では50％、九州新幹線では約49％です。区間を限定すれば、東北新幹線の盛岡・八戸間では73％、九州新幹線の新八代・鹿児島中央間では約69％。現在工事中の北海道新幹線の新函館北斗・札幌間では約80％となります。これらの数値を見ると、中央新幹線の品川・名古屋間におけるトンネルの割合がいかに大きいかがわかります。

トンネルの割合が大きくなると、建設費が膨らむだけでなく、非常時の避難が難しくなることが懸念されます。中央新幹線では、地表から離れた深い場所を通るトンネルが多いので、避難はますます難しくなります。

2番目の「南アルプストンネルという最難関がある」は、中央新幹線の開業時期を左右する大きな課題です。

南アルプストンネルは、品川・名古屋間のほぼ中央に位置する全長約25kmのトンネルです。その名のとおり南アルプス（赤石山脈）を貫いており、3県（山梨県・静岡県・長野県）にまたがっています。

このトンネルの付近一帯は、貴重な自然が残るゆえに、ユネスコエコパークに登録されており、国の環境省が中心となってその生態系や生物多様性を保護しています。そのような場所に、自然環境を破壊しかねないトンネルを建設する意味については、たびたび議論されてきました。

このトンネルが中央新幹線の「最難関」とされるのは、工事を阻む条件が複数あり、国内で前例がない工事をすることになるからです。このトンネルは、土被り（地表からトンネルまでの深さ）が最大1400mになるだけでなく、2つの大規模断層（中央構造線と糸魚川・静岡構造線）が交錯する地域を通るので、工事中に岩盤の崩落や出水が起きやすいとされています。また、断層が動いたときのトンネルの影響を指摘する専門家もいます。

なお、南アルプストンネルの工事に対しては、静岡県が難色を示したため、執筆時点では一部区間が着工にいたっていません。この工事によって、静岡県に流れる大井川の流量が減り、その流域の人々の産業や生活に悪影響が及ぶことが懸念されているからです。この大井川の水問題は、工事の遅れの原因になっており、品川・名古屋間が計画どおり2027年に開業することを難しくする要因となっています。

3番目の「大深度地下を通るトンネルがある」は、新幹線としては初めての試みです。大深度地下とは、三大都市圏における地下40m以深、もしくは基礎杭の支持地盤面（建築物の基礎となる杭を支える地盤の下面）から10m以深にあり、鉄道などの公共施設を原則として地表の地権者に対する補償なく建設できる空間のことです。中央新幹線では、この大深度地下を利用して三大都市圏の人口密集地を通過することになっています。

中央新幹線でもっとも長いトンネルは、先ほど紹介した南アルプストンネルではなく、品川駅近くを通る第一首都圏トンネル（約37㎞）です。これも大部分で大深度地下を通ります。

▼既存新幹線網への影響は精査されていない

次に、「新幹線網への影響」について考えてみましょう。

もし工事が無事終了し、中央新幹線が開業すると、今度は新幹線網への影響が懸念されます。最高速度が突出して高い新幹線が1つできることで、新幹線網全体のバランスが崩れる恐れがあるからです。

ここで、現在の中央新幹線の概要を振り返ってみましょう。

路線名：　中央新幹線
区間：　起点・東京都、終点・大阪市
主な経由地：　甲府市附近、赤石山脈（南アルプス）中南部、名古屋市附近、奈良市附近
走行方式：　超電導磁気浮上方式
最高速度：　時速５０５㎞

当初設定された概要とくらべると、走行方式と最高速度が異なります。

また現時点では、品川駅と名古屋駅に乗り入れ、東海道新幹線と接続することが決まっています。

この計画は、新幹線網全体から見ると、重要な弱点があります。

それは、新幹線網全体のバランスや乗り継ぎが十分に考慮されていないことです。

そもそも中央新幹線の最高速度は当初時速260㎞でした。全幹法によって整備する路線は従来型の新幹線の性能に基づくものであり、時速505㎞運転は想定されていなかったのです。

ところが2011年になって時速505㎞に引き上げられました。つまり最高速度が当初の2倍近くに引き上げられたのです。

これでは、当初想定された新幹線網全体の輸送のバランスが崩れる可能性があります。全幹法で定められた新幹線は、いずれも最高速度を時速260㎞として計画されたものであり、その1本だけで最高速度を2倍近くに上げると、他の新幹線の輸送需要が変化する可能性があるからです。

この点を指摘した論文［5－1］には、「法令に忠実ならば、中央新幹線を超高速運転のリニア新幹線にしようとすると、本来は再計算を行った上で、基本計画そのものの公式な再検討が必要なはずであった」と記されています。ここでいう「法令」とは全幹法のことです。

ほかにも、次のようなことが懸念されます。

- 東京・大阪間に3本の新幹線が通る
- 新横浜駅や京都駅の利便性が低下する

・他新幹線との乗り継ぎが不便になる

1番目の「東京・大阪間に3本の新幹線が通る」は、東海道新幹線や中央新幹線だけでなく、現在建設中の北陸新幹線が東京・大阪間を結ぶことを指します。北陸新幹線は、東海道新幹線や中央新幹線よりも大回りのルートを通るものの、全区間開業すれば、東海道新幹線が大規模災害で途絶したときのバイパスとしても機能します。JR東海がそれを中央新幹線計画で考慮していないのは、北陸新幹線が他社（JR東日本とJR西日本）によって運営される新幹線だからでしょう。ただ、新幹線網全体から見れば、それはバランスに欠けた考え方だと私は考えます。

2番目の「新横浜駅や京都駅の利便性が低下する」は、両駅の利用者が不便を強いられる要因になります。新横浜駅と京都駅は、現在は東海道新幹線の最速列車「のぞみ」の停車駅である半面、中央新幹線のルートにはない駅だからです。

3番目の「他新幹線との乗り継ぎが不便になる」は、新幹線網全体のバランスを崩し、全体の利便性を低下させる要因になります。

現在東海道新幹線は、東京駅でJR東日本の新幹線（東北・上越・北陸新幹線）と接続しているだけでなく、新大阪駅で山陽新幹線と直結して、列車の直通運転を実施しています。

ところが中央新幹線は、東京駅から離れた場所にある品川駅を起点としており、大阪で山陽新幹線と直結する予定はありません。品川駅と名古屋駅では、東海道新幹線と接続するものの、ホームが地下40m以上の深い位置に建設されるので、乗り換えには時間を要します。このため、中央新幹線が開業すると、各新幹線の乗り継ぎの利便性が低下し、新幹線網全体に影響を及ぼすことが考えられます。

このように中央新幹線は、新幹線網全体から見た輸送のバランスや、他新幹線との接続においても、課題を抱えています。それゆえ、全幹法が定める3つの目的（新幹線網の全国的整備・中核都市間の効率的連結・地域振興）のすべてに合致していないと指摘する専門家もいます［5－2］。

5－2　中央新幹線は現時点でも必要なのか

さあ、ここからは、中央新幹線の必要性について考えてみましょう。本節では現時点での必要性について考え、将来の必要性については次節の5－3で考えます。

▼1987年にまとめた大義名分は今も有効か

いま中央新幹線は必要なのか。

これを問うには、第4章で紹介した、JR東海が1987年にまとめた中央新幹線を推進する大義名分が、現在も通用するかを確認する必要があります。

7つの大義名分のうち、中央新幹線の必要性を示したのは前の4つ（①〜④）です。それぞれの文章は長いので、本節ではそれぞれを次のように要約して示します。

①東海道新幹線の輸送力が限界に近づいている
②東海道新幹線の土木構造物が20年以内にいっせいに更新期を迎える可能性がある
③東海道新幹線が大規模災害で被災すると大動脈機能が失われる
④過度の東京一極集中を改める

つまり、「東海道新幹線が①②③の状態にある上に、東京一極集中を緩和する必要があるから、中央新幹線を建設する必要がある」という論理です。

ただし、この大義名分が考えられたのは、今から33年前の1987年6月末です。当時と今では、東海道新幹線の状況や社会情勢も異なるので、①〜④が今も通用するとは言えません。

では、実際はどうなのか。それぞれ個々に見ていきましょう。

▼東海道新幹線の輸送力は1・6倍に増えた

まず①の「東海道新幹線の輸送力が限界に近づいている」を見てみましょう。

この状況が現在も続いているとすれば、中央新幹線を建設する大きな理由になります。

ところが実際は、現在「限界に近づいている」とは言えない状況です。

ＪＲ東海発足から30年以上の間に、東海道新幹線では1年間に運ぶ旅客の数（年間輸送人員）が増え、１日に運転できる列車本数がその分だけ増えました（図５－１）。

年間輸送人員（1年間に利用した旅客数）は、会社発足から約１・６倍に増えました。会社発足初年度（１９８７年度）は約１・０２億人で、２０１８年度は約１・６５億人でした。

いっぽう輸送力（1年間で輸送可能な旅客数）も、会社発足から約１・６倍に増えました。１日の片道最大運転本数は、１９８７年度は２３１本で、２０１８年度は３７３本でした。ＪＲ東海の金子慎社長は、同社のウェブサイト（２０２１年採用情報）で、東海道新幹線の輸送力が会社発足時から約６割増えたと明言しています。これは、列車の

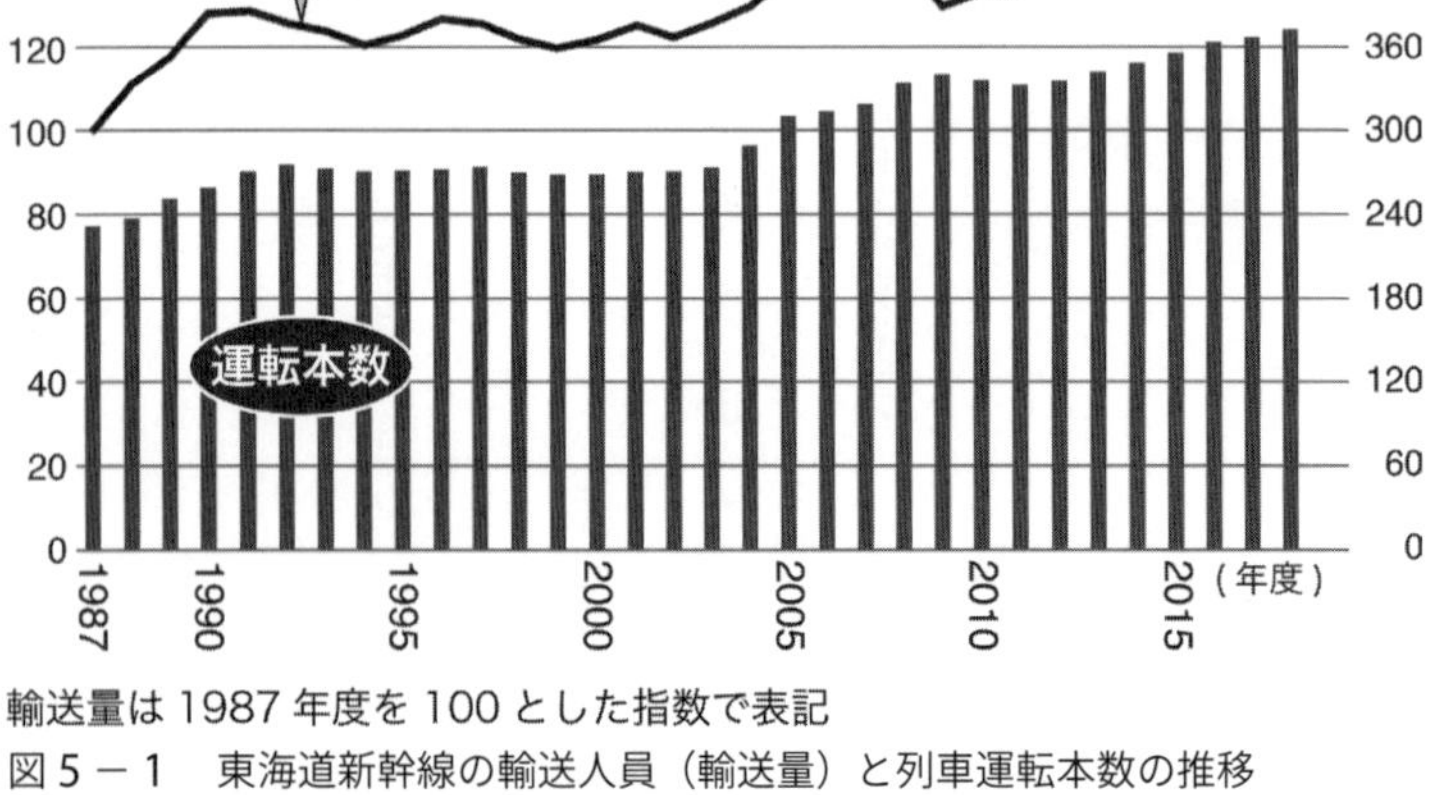

輸送量は 1987 年度を 100 とした指数で表記

図５－１　東海道新幹線の輸送人員（輸送量）と列車運転本数の推移

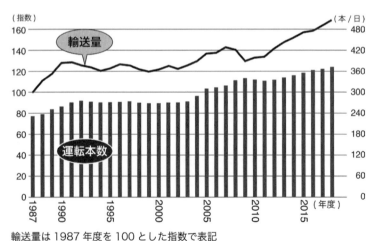

最高速度の引き上げ、品川駅の開業、分岐器（ポイント）や信号などの地上設備や、車両の改良があり、1日に運転できる列車本数が大幅に増えたからです。

つまり、年間輸送人員と輸送力が、ともに同じ割合だけ増えたのです。

それならば輸送効率、すなわち東海道新幹線における座席利用率はどうでしょうか。

座席利用率は、JR東海が公開している有価証券報告書に記されています。これによると、2018年度が66・4%です。この値は年度によって異なるものの、2003年度以降はおおむね60%前後で推移しています。

なお、1987年度の有価証券報告書はネットで公開されていないので、正確な座席利用率はわかりません。ただ、輸送力と年間輸送人員の増加比率がほぼ同じだったことを考えると、60%程度だったと考えられます。

これではおおむね40%の座席が空いていることになるので、「輸送力が限界に近づいている」とは言えません。

このためか、現在JR東海は、中央新幹線を建設する理由として東海道新幹線の「輸送力が限界に近づいている」を挙げていません。

▼東海道新幹線の経年劣化は理由になるのか

いっぽう②と③は、現在もJR東海が理由として挙げています。

これらは今も通用するのでしょうか。

まずは②の「東海道新幹線の土木構造物が20年以内にいっせいに更新期を迎える可能性がある」を見てみましょう。

これは、一見もっともらしい理由に思えます。橋梁やトンネルなどの土木構造物を更新するには、列車を運休して作業時間を確保するのが効率がよいからです。バイパスとなる中央新幹線を建設して、三大都市間を結ぶ代替輸送ルートが確保できれば、東海道新幹線の列車を運休して更新作業を行うことが容易になります。

ただしこれを明確な理由として挙げるには、国鉄時代の「半日運休」にふれなくてはなりません。この「半日運休」は、地上設備や車両などの点検・補修を目的として東海道新幹線の列車運行を半日止めたことを指します。まず徹底的に点検を実施する「新幹線臨時総点検」を1974年12月から翌年2月までに4回実施したあと、その結果を受けて補修する「体質改善工事（若返り工事）」を1976年2月から1982年1月まで44回実施したのです。つまり、国鉄時代には計48回にわたって東海道新幹線の輸送を半日止め、点検・補修を実施した実績があるのです。

もし1987年時点で本当に土木構造物の更新期が近づいていたならば、「半日運休」を実施して設備更新を進めればよかったはずです。ところがJR東海は、会社発足時から現在まで「半日運休」を実施していません。

いっぽうJR東海は、更新工事を実施しています。技術の向上によって営業時間外（深夜0〜6

時）に集中的に工事をすることが可能になり、列車を運休しなくても済んでいます。

　ＪＲ東海が「半日運休」をしなかった理由としては、新幹線の利用者が航空機にシフトするのを恐れたことが考えられます。「半日運休」が実施された１９７６年から１９８２年までは、ちょうど国内航空利用者数が増え、東海道新幹線の輸送人員が低迷した時期と重なるからです。国鉄と同じ轍を踏むことを、ＪＲ東海が避けたとも考えられます。

　しかし、更新が必要なのであれば、半日運休を実行するメリットは、代替輸送手段へのシフトが起きるデメリットを上回るでしょう。もしいま東海道新幹線の「半日運休」が実施できたら、補修作業が大幅に進むはずです。にもかかわらず、それをやっていない。これでは、中央新幹線の必要性を主張しても説得力がありません。

　そもそも経年劣化を理由に、東海道新幹線のバイパスが必要なのだとしたら、山陽新幹線以降に建設された新幹線にも今後バイパスが必要になります。

　もちろん、東海道新幹線ならではの特殊性もあります。新幹線のなかで輸送量が突出して多く、土木構造物の負担が大きいこと。バラスト軌道（バラストと呼ばれる砕石を敷き詰めた軌道）や土構造物（土を盛ったり削ったりして構築した盛土・切取）を採用した区間の割合が他の新幹線よりも多く、メンテナンスに手間がかかること。これらを考えれば、東海道新幹線の大規模更新が急務であることはある程度うなずけます。

　ただし、工事のための運休をしていないのに、バイパスの必要性を唱えるのは、論理が飛躍していると私は考えます。

▼コロナ危機で露呈した絶対的需要の不在

次に③の「東海道新幹線が大規模災害で被災すると大動脈機能が失われる」について見ていきましょう。

これも、一見もっともらしい理由に思えます。三大都市を結ぶ大動脈の輸送が、大規模災害によって寸断されたら、日本の経済活動に大きな影響が及ぶと考えられるからです。

ただ今は、明確な理由にはなりません。なぜならば、新幹線の輸送が寸断されても、社会的な大きな混乱はなかったという実績があるからです。

東海道新幹線以外の新幹線では、1987年以降に大規模災害で長期間運休したことがあります。たとえば山陽新幹線は、1995年の阪神・淡路大震災で被災し、81日間運休しました。上越新幹線は、2004年の新潟県中越地震で被災し、66日間運休しました。東北新幹線は、2011年の東日本大震災で被災し、49日間運休しました（いずれも被災から全線復旧までの期間）。

ところが、これほどの長期間運休しても、大きな混乱はなかったのです。

こう書くと「東海道新幹線は他の新幹線とは担う役割がちがう」というご意見もあるでしょう。たしかに東海道新幹線は、日本のビジネス拠点が集中する三大都市を結ぶ重要な使命がある上に、年間輸送人員が国内の新幹線のなかでも突出して多い路線です。それが止まったら、経済的損失が大きいとも考えられます。

そのような東海道新幹線でも、国鉄時代に「半日運休」を実施したときは、大きな混乱は起こりませんでした。これについて調査した専門家は、「(運休期間の乗客の)大部分は単純に消えてしまっていた。便利な乗り物があるから利用するのであって、なければ顕在需要にはならないとの結論を得た」と述べています[5－3]。

2020年には、大規模地震と同様のことが起きました。新型コロナウイルスの感染拡大を防ぐため、国が緊急事態宣言を出し、不要不急の外出を自粛するように呼びかけた結果、ゴールデンウィークの東海道新幹線の利用者数は前年の6%(94%減)まで落ち込みました。

それでも社会的には大きな混乱は起きませんでした。東海道新幹線が止まっても、旅行者は他の交通機関にシフトするか、旅行を控えるだけで、大きな混乱が起きないことが、これらの出来事からわかったのです。

これはJR東海にとって不都合な事実です。

同社は、東海道新幹線の収入に大きく依存する一本足打法の鉄道会社なので、同社の立場に立てば、東海道新幹線が担う使命や、その運休が社会に及ぼす影響を声高に主張したくなる気持ちはある程度わかります。

ただ、そのような一企業の都合だけで、バイパスとなる中央新幹線を建設すると主張しても、説得力はありません。中央新幹線の必要性を主張するならば、JR東海という企業や、鉄道という狭い範囲ではなく、社会や交通の全体像をふまえて考えることが必要です。

▼東京一極集中を是正するどころか加速させる？

最後に④の「過度の東京一極集中を改める」を見ていきましょう。

これは中央新幹線を建設する理由として現在も通用するでしょうか。

残念ながら、そうとは言えません。なぜならば、東京一極集中の是正を目的とした新幹線の整備が、結果的に東京一極集中を加速させてしまったという実績があるからです。

行政学者の佐々木信夫氏は、自著『この国のたたみ方』（新潮新書・2019年）のなかで、次のように述べています。

> 今後、リニア中央新幹線が早期に大阪まで開通し、スーパーメガリージョンが形成されたとしても、関西州が独自の競争力を身につけ、成長できる力を持たなければ、結局はヒト、モノ、カネが東京に吸い上げられるだけになりかねません。（同著124頁）

また、佐々木氏は同著で、東京一極集中が進んだ要因として次の2つを挙げています。

・政治行政の意思決定のしくみが中央集権のままである

・高速輸送網整備によるストロー効果が生じた

2番目の「高速輸送網」は新幹線網だけでなく、航空網や高速道路網も指します。

これらは、地域格差の是正を目的として、戦後に日本で整備されてきました。ところが実際は、国の集権構造が改められなかったので、東京と全国各地のアクセスが向上することでヒト・モノ・カネが東京に集まってしまい、当初の目的とは逆の効果を生んでしまったのです。

もう少し具体的に言いましょう。東京と地方を結ぶ「高速輸送網」が整備されて、双方の行き来がしやすくなると、地方の人たちは、条件のよい職や、大学、そして娯楽が集まる東京に引き寄せられた。いっぽう東京の人たちは、日本全国に日帰りでアクセスできるようになり、地方にあまり金を落さなくなった。こうしたことが積み重なった結果、東京の繁栄と地方の衰退が加速して、両者の格差がかえって広がってしまったのです。

つまり、新幹線だけに焦点を絞れば、前節で説明した「全国に新幹線網を構築して地域格差を是正する」という国土計画は、失敗に終わったのです。

このことから、中央新幹線を建設しても「過度の東京一極集中を改める」ことは難しいと考えられます。

以上のことから、大義名分の①〜④がすべて現在は通用しないことが示されました。

このため中央新幹線は、いま建設する必要性が低いと私は考えます。

5－3　将来は必要になるのか

ここまでは「いま中央新幹線は必要なのか」という問いに対して、現在の東海道新幹線の状況や社会情勢をもとにして検証してきました。

本節では「将来中央新幹線は必要か」という問いに対して検証します。

これからの日本では、次の3つの要因によって、中央新幹線の必要性が今よりも低下すると考えられます。

・急激な人口減少で輸送需要が低下する
・働き方改革で輸送需要が低下する
・人手不足でインフラ維持が難しくなる

それぞれくわしく説明します。

▼加速する人口減少

まず、1番目の「急激な人口減少で輸送需要が低下する」を説明します。「はじめに」でもふれたように、日本は今、人口減少という課題に直面しています。今後は世界のどの国も経験したことがない勢いで人口が減り、既存社会の維持が困難になる。そのような危機に瀕しています。

日本全体の人口は、すでに減り始めています。日本の総人口は戦後増え続けたものの、2008年（約1億2810万人）にピークに達して減少に転じ、今後減り続け、2040年には1億1000万人程度になると予測されています。2008年とくらべると約14％の減少です。

この間に少子高齢化が急速に進むだけでなく、生産年齢人口（15～64歳）が急激に減少します。厚生労働省の予測によれば、2017年に6530万人だった生産年齢人口は、2040年には5245万人まで減少すると見込まれています。2017年とくらべると、約20％の減少です。これは、人口が多い団塊ジュニア世代が2040年ごろに定年を迎えることと関係があります。

つまり、生産年齢人口は、総人口よりも大きい割合で減るのです。

生産年齢人口が減れば、通勤や出張で鉄道を利用する人は減ります。となれば、東海道新幹線の利用者の約7割（出張・ビジネス＋単身赴任）を占めるビジネスパーソンも減るので、そのバイパスとなる中央新幹線の必要性も低下します。

こう書くと、「いやいや、中央新幹線が結ぶ三大都市圏の鉄道はそこまで深刻な状況ではない」というご指摘もあるでしょう。

ところがそうではないのです。

図5－2は、三大都市圏（東京圏・名古屋圏・大阪圏）と、それ以外の地方圏における将来人口動向を示しており、生産年齢人口を黒で示しています。これを見ると、三大都市圏でも生産年齢人口が今後減り続けることがわかります。

つまり、生産年齢人口の減少においては、三大都市圏も例外ではないのです。

人口減少は、今後東京圏の中心である東京都でさえも起こります。近年は東京一極集中が進んだこともあり、東京の人口は増え続けてきましたが、減少に転じる日は遠くありません。

東京都は、2025年に都全体で、2030年に都区部（23区）で人口が減少に転じると予

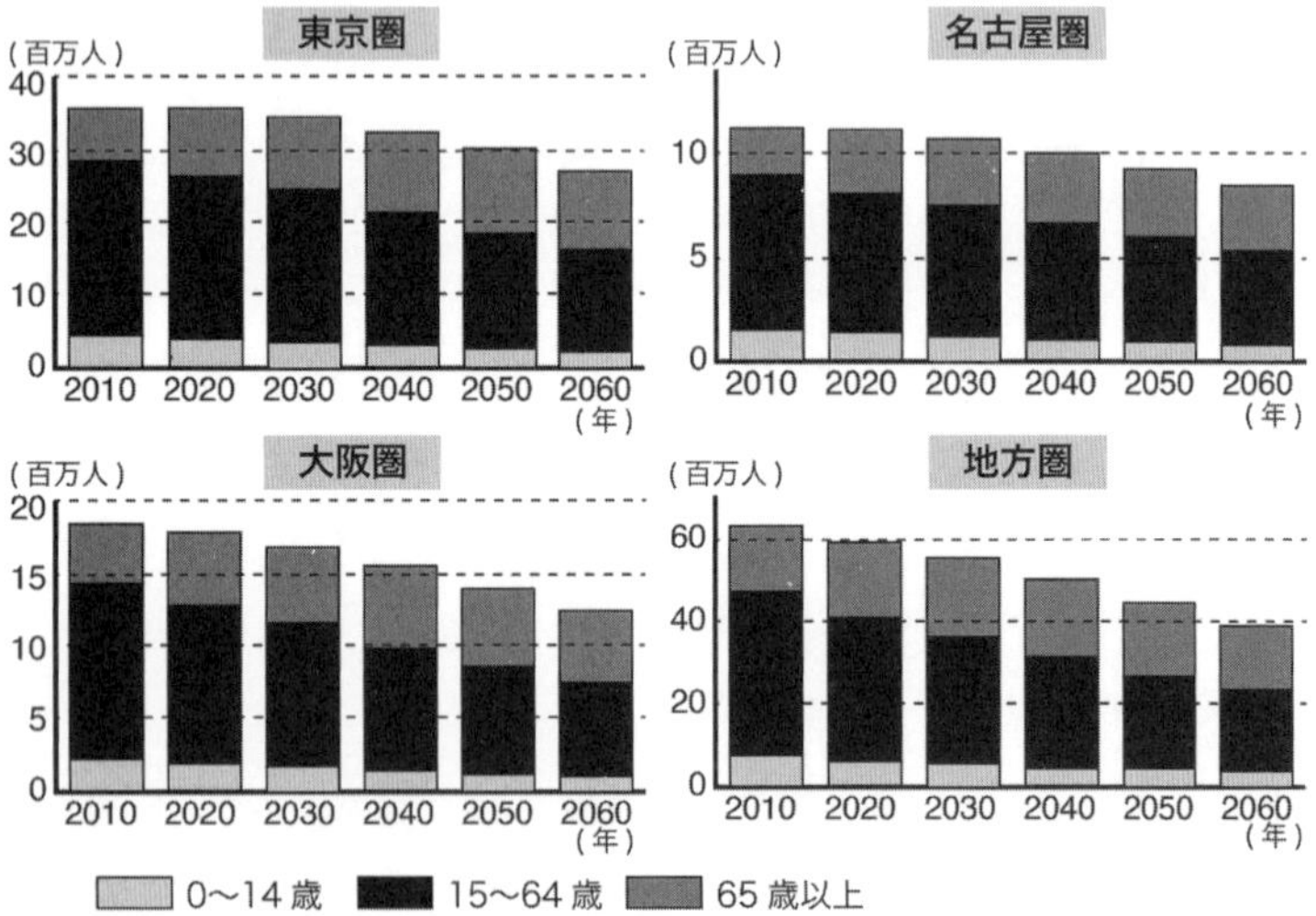

図5－2　将来人口動向

測しています。また、2030年には4人に1人、2040年代には3人に1人が65歳以上の高齢者になると予想しています。

3人に1人が高齢者。そんな都市を想像してみてください。鉄道などをはじめとするインフラの維持は今よりもはるかに難しくなり、医療や介護のサービスを十分に受けられない人が増加。社会基盤の維持が困難になり、都市が破綻する確率が上がります。

このため東京都は、2040年代に向けた都市整備を進めています。東京都都市整備局が2017年に公開した『都市づくりのグランドデザイン』には、2040年代にも東京が輝き続けるための施策が多数記されています。中央新幹線と関係が深い品川や、渋谷、虎ノ門などの再開発は、その一例です。つまり、これから直面する人口減少と超高齢化に対応するため、先手を打って対策をしているのです。

東京でさえもこのような状況です。東京以外の地域は言わずもがなです。

▼働き方改革で交通需要が減少する

次に、2番目の「働き方改革で輸送需要が低下する」を説明します。

これは、コロナ危機でクローズアップされましたが、実際はそれが起こる前から交通事業者が危惧していました。国が「働き方改革」を推進することでテレワークや在宅勤務をする人が増えれば、交通需要が減少し、減収につながるからです。

私は、東京の代表的な交通事業者である3社（JR東日本・東京メトロ・首都高速道路）のリーダー（全員技術系の取締役）に「東京の交通は今後どうなるか？」というテーマでインタビューしたことがあります。それは、コロナ危機前の2018年12月のことでした。なお、このインタビューは、拙著『東京　上がる街・下がる街――鉄道・道路から読み解く巨大都市の未来』（草思社・2019年）に掲載しました。

すると3社のリーダーたちは口をそろえて人口減少と、「働き方改革」による交通需要の変化を語ってくれました。鉄道だけでなく、高速道路を運営する会社にとっても、「働き方改革」は減収につながる大きな脅威だという認識でした。

これら3社は、ともに公営企業を民営化して発足した民間企業なので、交通需要の低下による減収は、運営・維持を難しくする大きな問題です。

同じことは、JR東海にも言えるでしょう。東海道新幹線利用者の約7割はビジネスパーソンなので、ビジネスのあり方が変化すれば、利用状況も変わるからです。

ところが「働き方改革」そのものは、当初なかなか進みませんでした。

それは、対面で会議や挨拶をする習慣が日本に根強く残っており、ウェブ会議などの導入の妨げになっていたからです。

このような対面でのビジネスを加速させることが、国が中央新幹線を推進する理由にもなっていました。第2章で紹介したスーパー・メガリージョン構想検討会の最終とりまとめの第2章では、人間同士の信頼形成におけるフェイス・トゥ・フェイスのコミュニケーションの重要性が述べられており、リニア中央新幹線の開通による劇的な所要時間短縮が、その機会を増やすと記されています。

この考え方は、約半世紀前からほとんど変わっていません。第1章で紹介した『超高速新幹線』［0－3］の27頁には、情報化社会においては「『フェース・トゥー・フェース』による知識・情報の交換が一段と重要性をおびることになる」とか、「高度な知識や情報を求める多くの人々にとって『フェース・トゥー・フェース』の未来社会への移行を余儀なくされる」と記されています。つまり、ICT（情報通信技術）を駆使できる時代になっても、それがなかった約半世紀前の考え方をそのまま踏襲し、リニア中央新幹線の必要性を主張していたのです。

そして、コロナ危機をきっかけにして、時代は変わりました。

国が緊急事態宣言を発令し、国民に外出自粛や、通勤等の移動の抑制を求めたところ、大企業を中心にテレワークや在宅勤務を導入する企業が増え、Ｚｏｏｍなどのウェブ会議アプリや、Slackなどのチャットアプリを利用して、リモートで業務を進める人が増えました。

厚生労働省は、２０２０年5月の新型コロナウイルス感染症専門家会議の提言をふまえて、「新しい生活様式」の実践例を公表し、働き方の実践例としてテレワークや、会議のオンライン化などを挙げました。

今後は新しい移動通信システム「５Ｇ」のサービス開始によって、大容量の通信が容易になり、通信料金制度も見直されます。となれば、ウェブ会議はますますメジャーになり、テレワークの導入が加速する可能性があります。

つまり、コロナ危機によって、フェイス・トゥ・フェイスのコミュニケーションの重要性が大きく変わったのです。

もちろん、オンライン化できる業務は限られているので、東海道新幹線を利用するビジネスパーソンが消えてしまうことはありません。

ただ、その数がコロナ危機前の水準に戻らない可能性があります。業務のオンライン化を経験した人々の多くが、これまで無駄な会議や出張が多かったことや、オンライン化のメリットを認知した。また、いくら超電導リニアのような超高速で移動できる手段ができても、オンラインのほうが早く、しかも安く（交通費は無料で）遠隔地の人に会えることを知った。だから、どうしても対面でないといけない場合を除き、出張する機会が減ると考えられるからです。

となれば、わざわざ中央新幹線を建設する必要性が低下してしまいます。だからこそ、これからの時代に中央新幹線が必要であるかをあらためて議論する必要があると私は考えます。

▼巨大インフラを維持する人手を確保できるか

最後に3番目の「人手不足でインフラ維持が難しくなる」について説明します。

言うまでもなく、新幹線は長大なインフラです。

その維持には、労働力と時間、そして費用を必要とします。

インフラに対する考え方は、高度経済成長期と今では大きく異なります。

高度経済成長期は、インフラを「造る」ことが優先されました。当時は社会を支えるインフラそのものが不足していたので、それを整備することが重要な課題だったからです。また、当時は人口が増え続けていたので、労働力の確保が今よりも容易であり、その多くが「建設」に注ぎ込まれました。

いっぽう今は、既存のインフラを「守る」ことが優先されています。必要なインフラの多くがすでに整備されたのに対して、それらを「維持」するための労働力の確保が難しくなったからです。この背景には、先ほど述べた生産年齢人口の減少が大きく関係しています。

つまり、時の流れとともに、インフラを「造る」時代から「守る」時代になり、「建設」よりも「維持」が重視されるようになったのです。

この転換点になったのが、2012年12月2日に発生した笹子トンネル事故です。これは、中央自動車道の笹子トンネルで、トンネルの天井に設置されたコンクリート板（天井板）が崩れ落ち、走行中の自動車3台が下敷きになった事故です。9人が死亡、2人が重軽傷を負いました。

この事故では、インフラを「守る」作業が軽視されていたことが発覚しました。トンネルを管理するNEXCO中日本が、天井板を吊るためのボルトの確認を12年間怠っていたのです。この事故の最終報告書（2013年6月国土交通省まとめ）は、複合的要因が事故につながったと述べた上で、

ＮＥＸＣＯ中日本のインフラ管理体制の甘さを指摘しています。

日本におけるインフラに対する考え方が「造る」時代のままで更新されず、「守る」ことがないがしろにされ続けた結果、起きた事故とも言えるでしょう。

この事故を機に、高度経済成長期に造られたインフラの総点検が実施され、高齢化したインフラの修繕がクローズアップされました。政府が２０１３年を「社会資本メンテナンス元年」と位置づけ、インフラの長寿命化に乗り出したのも、この事故がきっかけでした。

中央新幹線の整備計画が決定したのは、この事故の前年です。当時はインフラを「守る」ことが今ほど重視されていませんでした。

そもそも中央新幹線は、インフラを「造る」ことが急務だった時代に計画された路線です。しかも、全国に新幹線網を張り巡らせるために計画された路線のうち、最後の段階で計画された、優先順位が低い路線でした。第４章でも述べた通り、１９７３年11月15日に決定した11路線のうち、着工にいたったのはたった１路線、中央新幹線のみです。

そのような路線を、東海道新幹線の経年劣化を理由に建設することは、ＪＲ東海という一企業にとっては必要かもしれません。しかし国全体で見れば、それは保有するインフラを増やし、それを「守る」ために必要な労働力を増やすことになります。

しかも中央新幹線は、新幹線のなかでも維持が難しい路線です。その基盤となる土木構造物のなかで、もっとも維持に手間がかかるトンネルが、全区間の大部分を占めているからです。

東海道新幹線と中央新幹線の路線距離とトンネルの延長、その割合は次のとおりです。

・東海道新幹線　路線距離５１５km・トンネル69km（13％）
・中央新幹線　路線距離４３８km・トンネル３１２km（71％）

つまり、中央新幹線は、東海道新幹線とくらべると東京・大阪間の路線距離が77km（15％）短い半面、トンネルの延長が４倍以上長いのです。

そのような長大なインフラを新たに造ったら、その分だけ維持にかける労働力が必要となります。将来経年劣化して、東海道新幹線のように大規模な修繕が必要となれば、もっと多くの労働力が必要になります。

しかし今は、すでに労働力の確保が困難になっています。10年先、20年先は今よりも生産年齢人口が減少して、ますます困難になるはずです。

もし「守る」ための労働力が確保できず、インフラの安全性が低下することになれば、笹子トンネル事故のような事故が起こる可能性が高まります。それは、これから「造る」中央新幹線も同様です。

これを避けるためには、「守る」対象となるインフラをこれ以上増やすことは許されません。確保できる労働力には限りがあるので、そのキャパシティを超えるインフラを「造る」ことは、自分で自分の首を絞めることになるからです。

だから中央新幹線を建設する必要性は低いと私は考えます。

ここまでは、中央新幹線の必要性が将来低下する要因を3つ挙げ、それぞれ説明してきました。

もちろん、将来を見通すことは難しいので、ここで述べたような社会変化が今後続くとは限りません。ただ、現時点では中央新幹線の必要性が向上する要因がほとんど見当たらないので、必要性が低下する確率が高いと私は考えます。

第5章まとめ

- 中央新幹線は、建設時や開業後に生じる課題を抱えている
- 現在は、中央新幹線を建設する大義名分が成立しなくなった
- 将来は、中央新幹線の必要性が今よりも低下すると考えられる

第6章　乗客の視点で見るリニアの課題

さあ、ここからはさらに掘り下げて、リニア中央新幹線というプロジェクトについて検証していきましょう。

本章では、私が山梨実験線で超電導リニア車両に乗車したときの様子を紹介しながら、実用化に向けた技術的課題に迫ります。ここでは、走行時に車内で感じる音や振動、衝撃などによって左右される乗り心地のように、実際に乗車してみないとわからないことを紹介します。

6－1　超電導リニア車両試乗レポート

私は、次に示す2種類の超電導リニア車両に1回ずつ乗車したことがあります。

・MLX01／2004年乗車
・L0系／2019年乗車

MLX01は、山梨実験線の初代車両です。同線の先行区間（18・4km）で、1997年から走行しました。宮崎実験線での走行試験の結果をふまえた設計になっています。

L0系は、山梨実験線の2代目車両です。MLX01の走行試験の結果を反映して改良を加えた車両で、延伸して完成した同線（42・8km）で2013年から走行しています。JR東海は2010年10月26日付のニュースリリース［6－1］で「営業線仕様の超電導リニア新型車両」「営業線仕様の第1世代の車両」「新実験線では、最長12両編成とするなど、14両を様々に組み合わせて営業線へ向けた最終的な走行を行います」と記しています。このことから、中央新幹線での営業運転を想定した車両と言えそうです。

本節では、L0系を試乗したときの様子を紹介します。L0系は、MLX01よりも改善された部分が多いので、所々でMLX01と比較します。

ここからは臨場感を味わっていただくため、文調を変えます。

なお、乗り心地に対する評価は辛口となりました。その理由はあとで説明します。

▼実験線延長前後でガイドウェイの状況が変化

超電導リニアの乗降場は、山梨県都留市の山中にある（図6－1）。同市の中心地から離れており、周囲に民家がほとんどない静かな場所だ。

東京都心から公共交通を使ってそこに行くのは、少々不便だ。まずJR新宿駅から中央本線特急に約1時間乗り、JR大月駅で下車。そこからバスに乗って約15分乗り、県立リニア見学センター停留所で下車。こう書くと、すんなり行けると思う人がいるだろうが、バスの運転本数が少ないので、スムーズに乗り継げる行程は限られる。

山梨実験線は、この停留所の脇を東西方向に通っている。同線はほとんどトンネルであるが、ここでは明かり区間（トンネルではない区間）となっており、高架

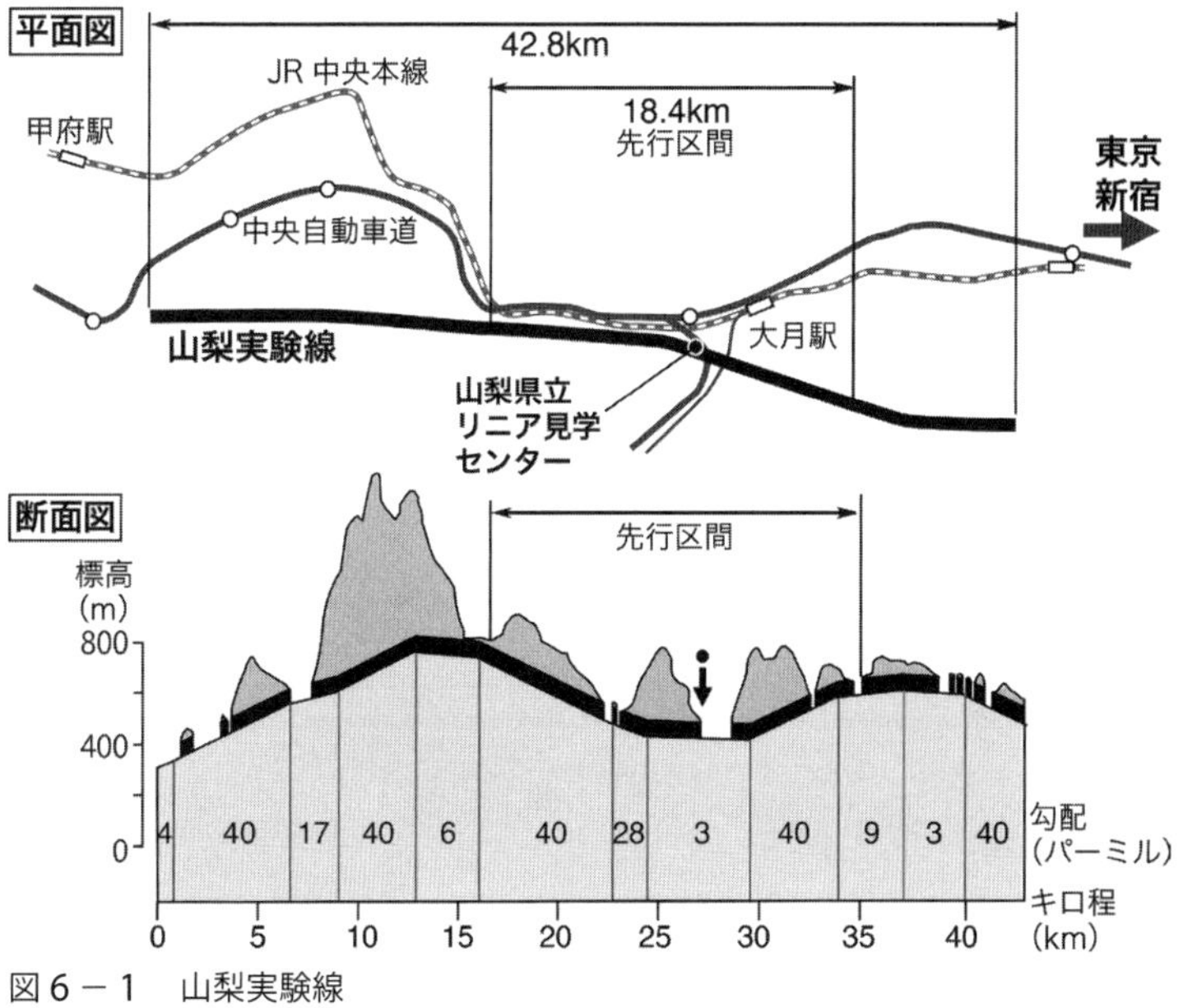

図6－1　山梨実験線

橋が河岸段丘の平坦地を横断している。

この停留所付近は、JR東海ではなく、山梨県の施設（山梨県立リニア見学センター）になっており、2つの建物（わくわくやまなし館・どきどきリニア館）がある。どちらにも山梨実験線を見下ろす展望スペースがあり、どきどきリニア館にはMLX01の先頭車の実物が展示されている。

乗降場は、この施設の近くにあり、MLX01に乗ったとき（以下、前回）とL0系に乗ったとき（以下、今回）では位置が異なっていた。

山梨実験線の施設は、乗降場付近で、本線2本と副本線1本の計3本のガイドウェイが敷設できる構造になっている（図6－2）。副本線は、北側の本線から分岐しており、本線から離れた場所で車両を待避させることができる。

前回は、乗降場が副本線の北側にあった。車

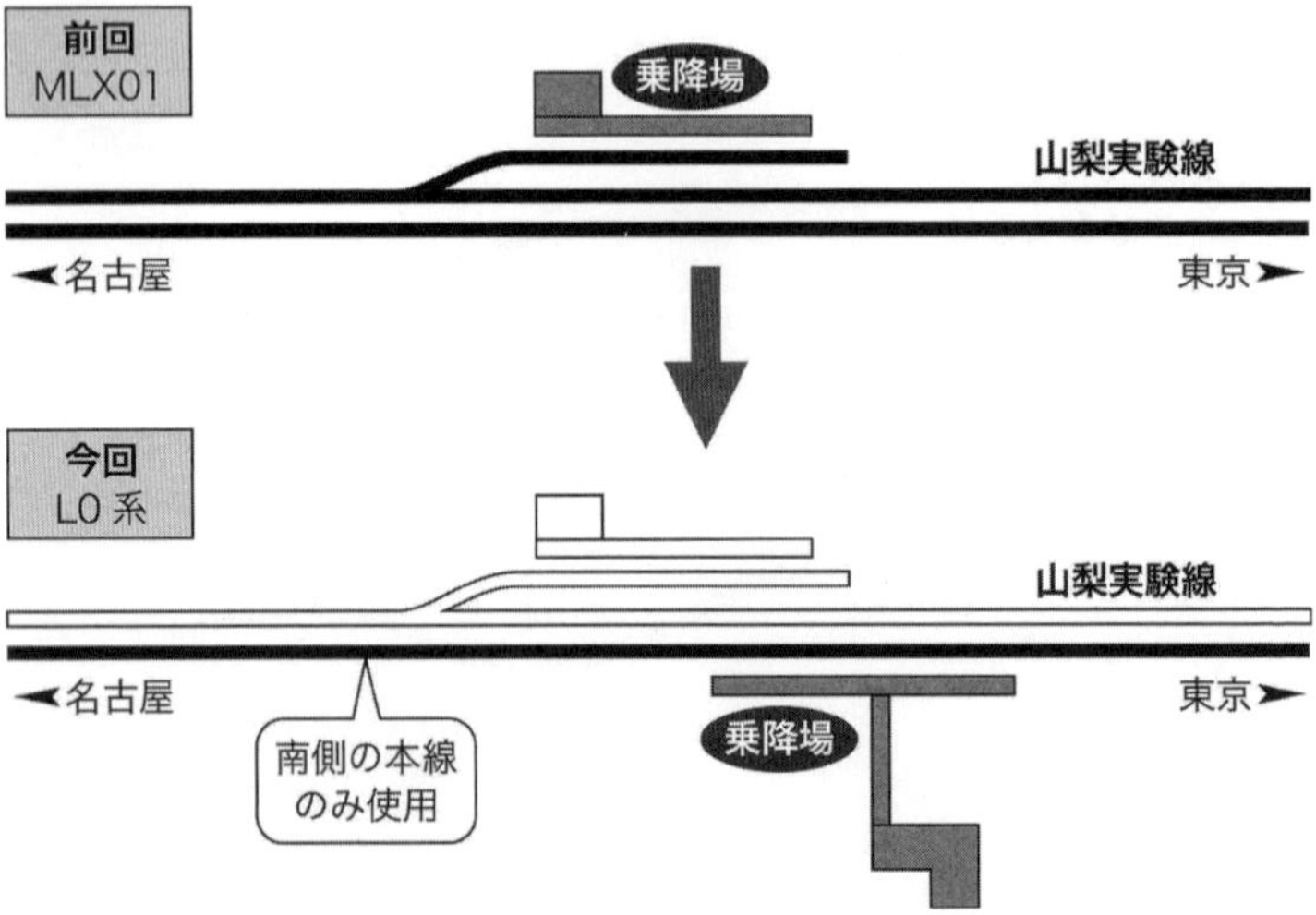

図6－2　山梨実験線の乗降場の位置

両がホームに停車するときは、北側の本線から分岐装置（ポイント）を通過して副本線に入っていた。また、3本のガイドウェイで車両が走行できる状態になっており、「複線」になった本線では車両のすれ違い試験が実施された。

いっぽう今回は、乗降場が本線の南側に移った。ホームは、南側の本線に接するように設けられた。北側の本線と副本線は使われておらず、一部で地上コイルが撤去されていた。本線1本だけの「単線」なので、すれ違い試験が実施できない構造だ。

乗降場が移転した理由は公表されていないが、おそらく乗降場の試験をするためであろう。前回の乗降場は、本線から少し離れた副本線に面していたのに対して、今回の乗降場は本線にそのまま面しており、時速500㎞で走行する車両が乗降場の真横を通過する構造になっていたからだ。車両が通過したときの風圧の影響は、今回の構造のほうが大きい。

バスの停留所から少し歩き、乗降場の入口に着いた。まずは建物の内部に入り、自動発券機でチケットを入手。空港で見かける金属探知ゲートを通過して、チケットのバーコードを自動改札機にかざし、建物の奥に入る。

その先には、前回乗車したときよりも広い部屋があり、パイプ椅子がずらり並んでいた。パイプ椅子は、3両分の座席分だけあり、指定された座席と同じ番号の位置に座ることになっていた。

この部屋では、超電導リニアや中央新幹線に関するパネルが展示されており、ギネス世界記録（鉄道における世界最速記録・時速603㎞）の認定書も掲示されていた。

この日は、夏休みの平日だったこともあり、参加者の多くは親子連れや年配者だった。高校生や大学生、20代ぐらいの若年層は少なく、車椅子での参加者は一人もいなかった。

参加者の入場がほぼ終わると、スタッフがアナウンスした。

「このあとガイダンスを開始いたします。これ以降はお手洗いをご利用いただけませんのでご了承ください」

ガイダンスが始まると、次のようなアナウンスが流れた。

「この体験乗車は、試験目的の施設、車両で実施いたします。そのため、一部営業用設備と異なる点がございます。ご了承ください。（中略）車内にご利用いただける化粧室はございません」

MLX01と同様に、L0系でも車内にトイレを設けられなかったようだ。試験目的の車両で約30分間の体験乗車をするといえど、それでは困る人がいるのではないか。その点が気になった。

参加者は、この部屋で超電導リニアの紹介ビデオを見たあと、スタッフに誘導されて各乗車口に移動する。

通路には、液晶ディスプレイの案内表示があり、この日に運転される列車（6便）の発車時刻が表示されていた（写真6－1）。その表示の一番上には「超電導リニア体験乗車」とあるのに対して、一番下には「本日は、ご搭乗ありがとうございます」とある。スタッフも「ご搭乗ありがとうございます」と言う。どうも航空機にならって「乗車」のことを「搭乗」と呼んでいるようだ。

車両に面した通路を歩いていたら、車両側から「ゴー」という音が聞こえてきた。まるでディーゼルカーがエンジン音を響かせながら近くに停車しているかのようだ。おそらく先頭車に搭載されたガスタービン発電装置の音であろう。

乗降口の近辺には5両編成の車両が停車しているはず。ところが通路と車両の間は壁で仕切られていたので、その全容は見えなかった。超電導磁石から生じる強い磁界の影響を小さくするため、壁で磁界を遮蔽していると推測される（ちなみに出口には大きなガラス窓があり、通路から列車の先頭部分を見ることができる。ガラス窓の遮蔽効果は不明）。

参加者が乗るのは、3両の中間車。前後両端にある2両の先頭車に参加者を乗せないのは、前回と同じだ。

L0系の先頭車は、先頭部が大きく傾斜しているので、中間車よりも客室空間が狭い。1両あたりの座席定員は、中間車が68名であるのに

写真6－1　乗降口通路のモニター画面

対して、先頭車は24名だ。また、一般的に走行中の新幹線車両では、中間車よりも先頭車のほうがよく振動する。だからJR東海は、先頭車に参加者を乗せたくないのであろう。

▼リニア車内は東海道新幹線よりかなり狭い

乗降口から、狭い通路を通って車内に入る。通路の一部は蛇腹構造になっていた(写真6－2)。航空機と密着する空港のボーディングブリッジとは構造がやや異なる。強い磁界から乗客を守る遮蔽板を設けた結果であろう。

デッキから続く通路を抜けると、そこは客室。

客室空間は、東海道新幹線よりも狭い(写真6－3)。車体幅は、東海道新幹線の主力車両(N700A)が3・36mであるのに対して、L0系は2・9m。在来線特急電車とほぼ同等だ。中央には通路があり、その左右両側に2人掛けの座席が並んでいる(図6－3)。

座席に座った。狭い。前にある背もたれとの距離が近く、東海道新幹線の普通車とくらべて明らかに座席の前後間隔(シートピッチ)が狭い。この狭さは、MLX01でも気になったが、あらためて乗ると窮屈だ。

座席に座って天井を見上げてみる。車体断面が変更され、天井の平らになった部分が広くなり、荷物棚周りの収納空間が拡大されている。そのためか、MLX01よりも圧迫感が軽減されていると感じた。

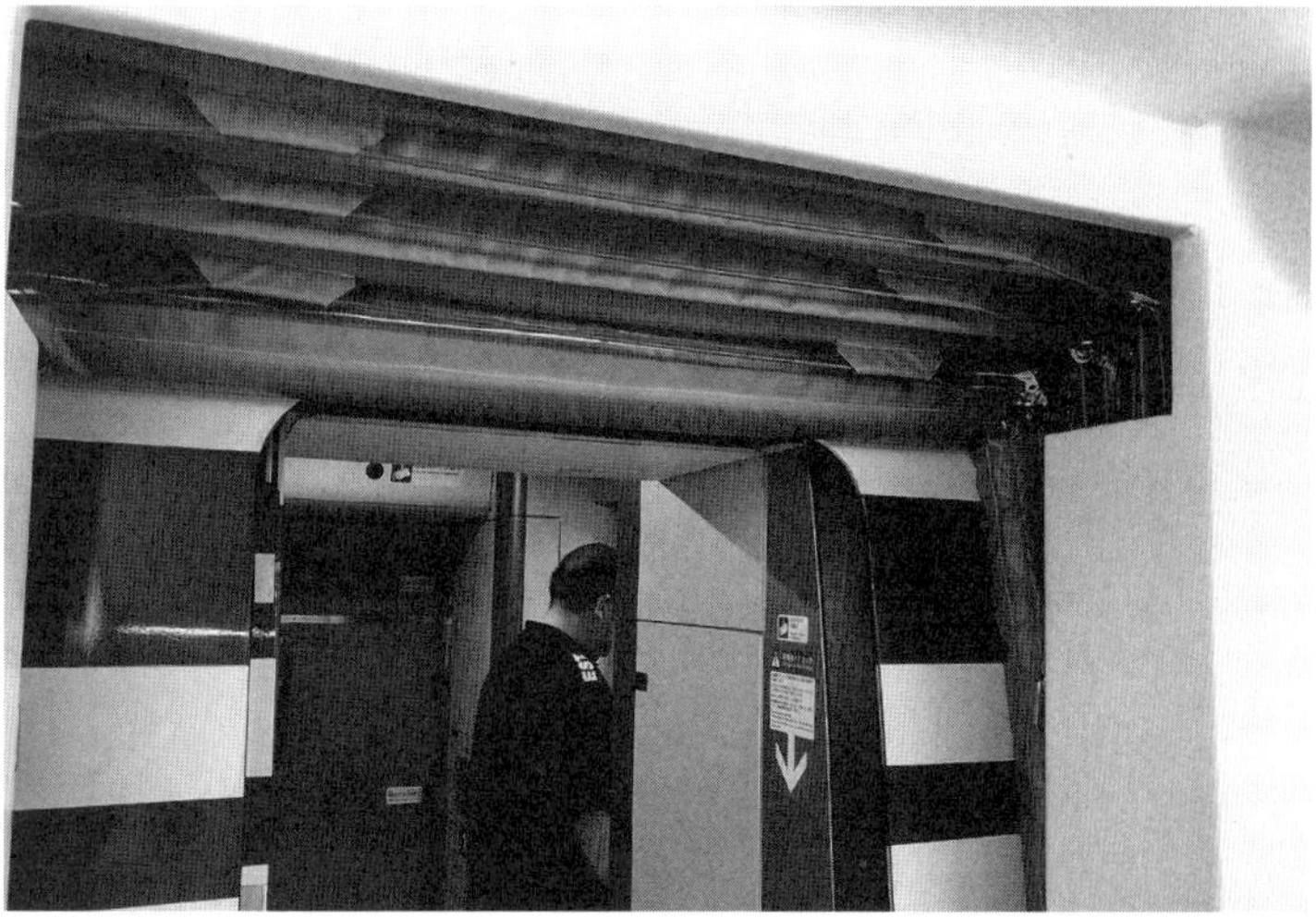

写真６－２　乗降口。蛇腹構造の遮蔽板がある

写真６－３　L0系の車内

客室の端の壁と天井には、モニター画面が設けられており、車両の位置と速度を示す数値が表示されていた（写真6－4）。この点も、MLX01と同じだ。

座席に座ると、座面の極端な柔らかさが気になった。その座面は、東海道新幹線で使われているものより薄く、ペラペラでフニャフニャしていた。座席の軽量化を図ったためであろうか。

前回乗車したときは、JR東海の社員に同乗してもらい、超電導リニアに関してくわしく解説してもらった。

今回は一般公募に応募して乗ったこともあり、私の妻に同乗してもらった。超電導リニアや鉄道にほとんど興味がない被験者代表である。乗車体験に対する客観的な意見を聞きたかったので、今回お願いした。

ちなみに、私と妻が座る席は客室の末端部分で、監視カメラの正面だった。おそらく偶然であろう。

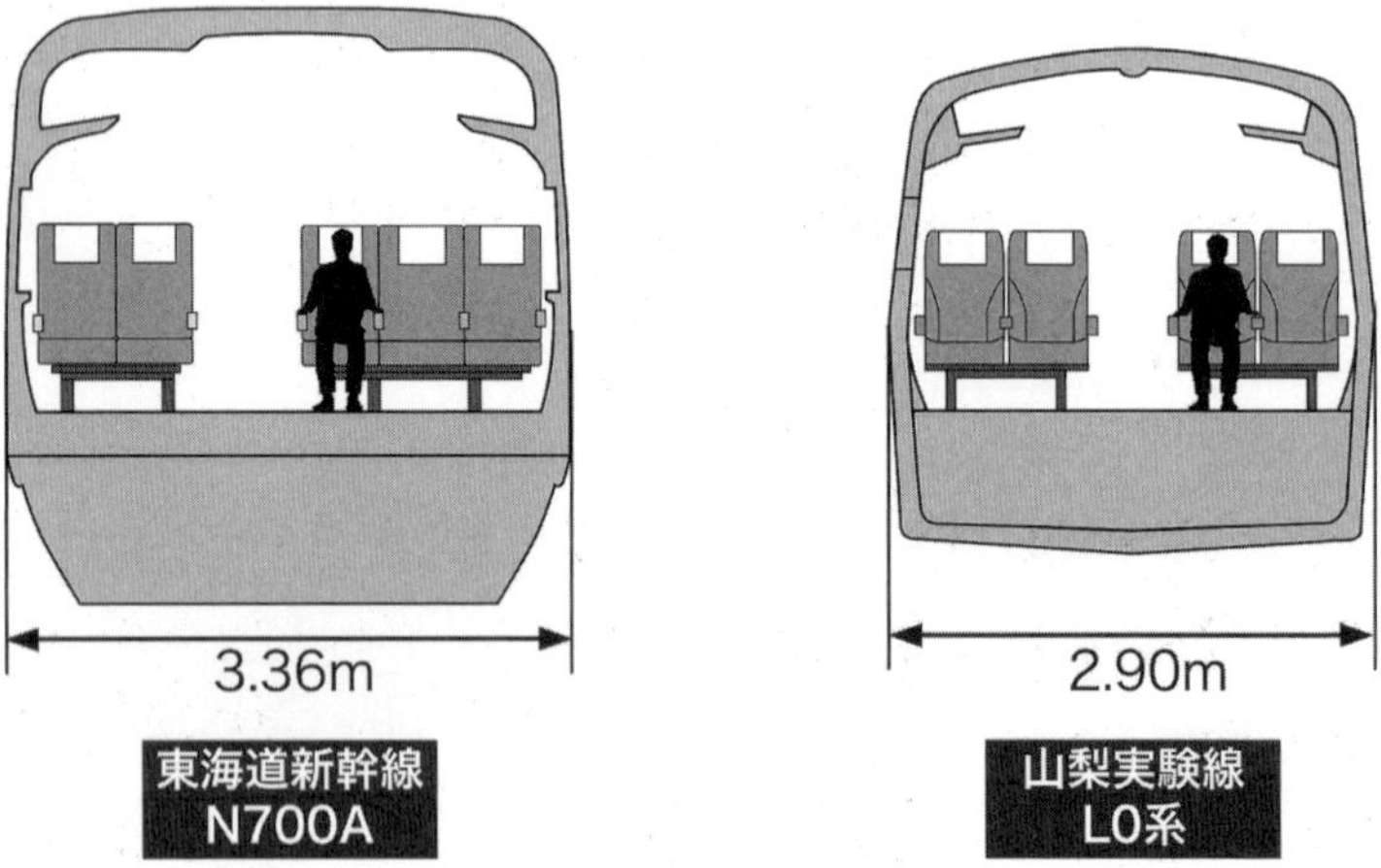

図6－3　車体の幅

車内では、スタッフが着席をうながした。添乗したスタッフは、停車中に通路を歩きながら「走行中立っての撮影や、他の席への移動はご遠慮いただいておりますので、皆様のご協力をお願いいいたします」と肉声でアナウンスした。車内のスピーカーからは、「リニアはまもなく発車いたします。どうぞご着席の上リニアの走行をお楽しみください」というアナウンスが流れた。

▼緩やかに加速するが騒音・振動は小さくない

車両は、4回に分けて走行する（図6－4）。乗降場を離れると、時速350kmで東端（東京側終端）に移動し、全区間を時速500kmで往復してから、時速250kmで乗降場に戻ってくるというスケジュールだ。

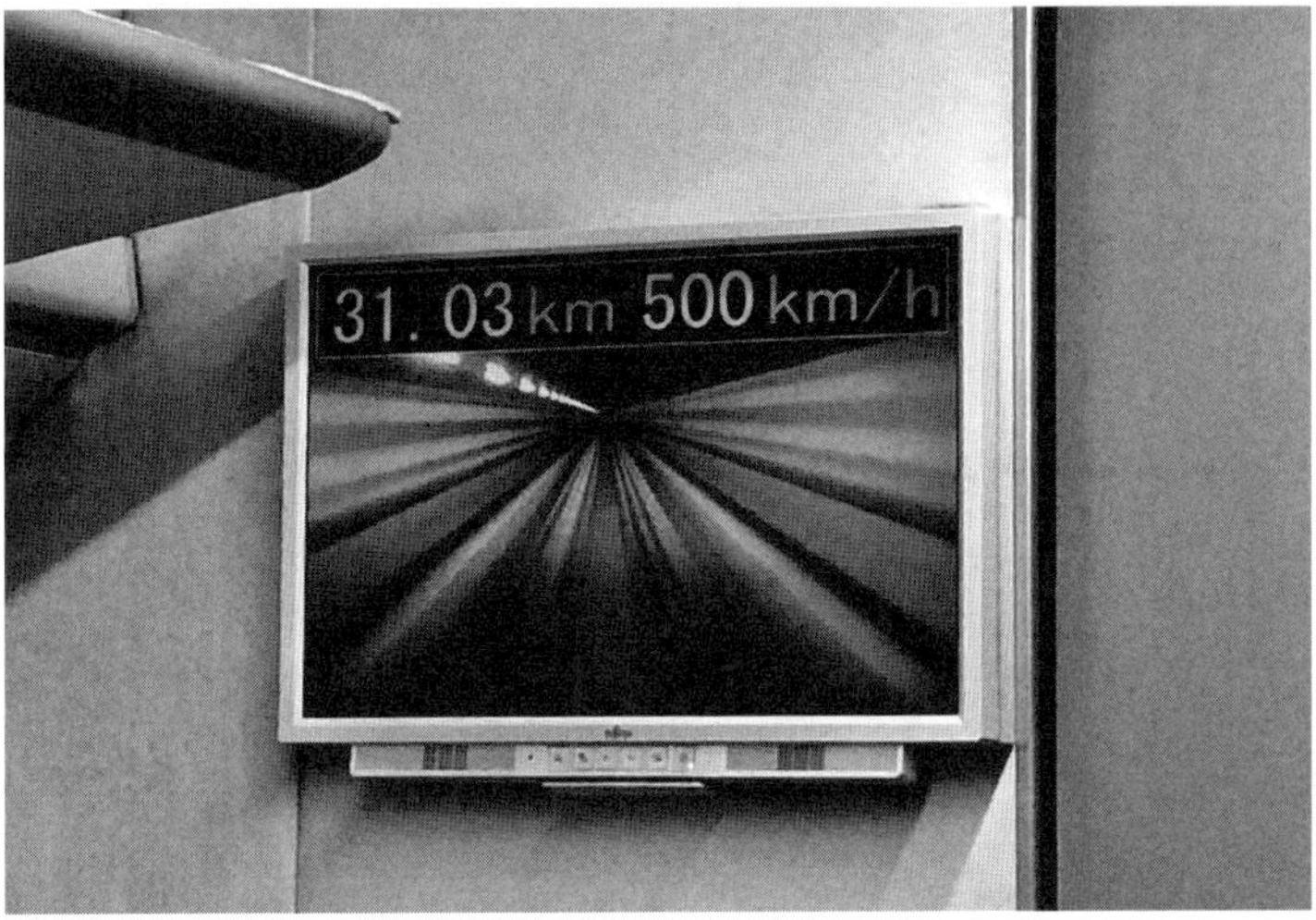

写真6－4　車内のモニター画面

なお、進行方向は3回変わるが、座席の向きは変えない。私が乗った車両では座席が西端（名古屋側終端）を向いていた。編成によって逆向きになることもあるようだ。

この先は、2回目の走行（東端→西端）における「発車→時速５００㎞走行→停車」の様子をメインに紹介する。

車両が乗降場から東端に移動した。そこはトンネルのなか。窓の外は真っ暗。山梨実験線は、全区間の82％がトンネルだ。

「これより、前方名古屋方面へ走行を開始します。最高速度は、時速５００㎞です」

客室にこのような自動放送が流れると、車両がゆっくりと動き出す。

その先はほぼ一定の加速度で速度が上昇する。加速度は、ＭＬＸ01よりも明らかに低い。

私が前回測ったＭＬＸ01の加速度（モニター

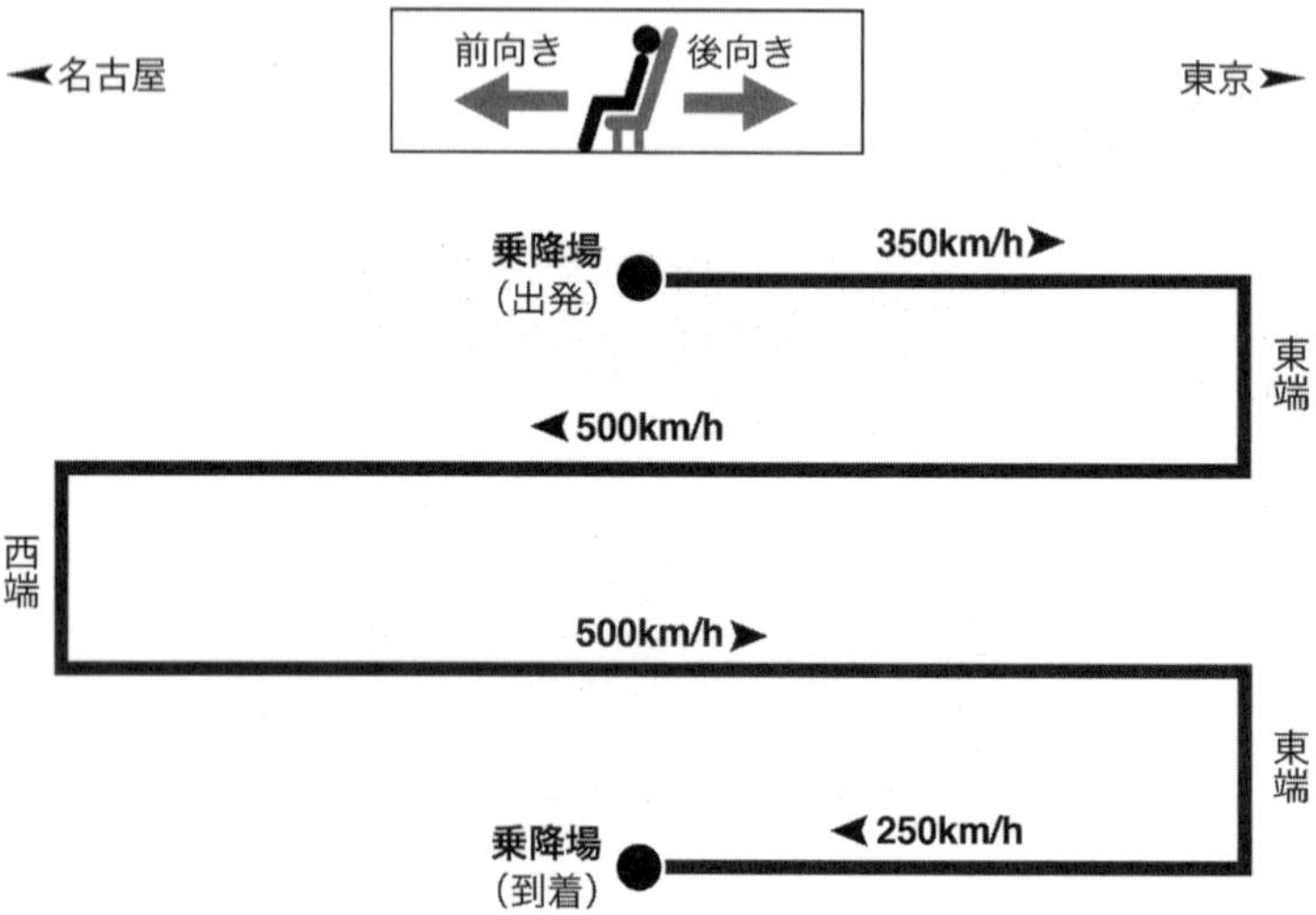

図６－４　乗車体験の旅程（筆者乗車時）

画面に表示された速度の時間変化から算出）は、毎秒約時速７㎞（１秒間に速度が約時速７㎞ずつ増える）。この値は、国土交通省が公開している資料［６－３］に記されている最大加速度（毎秒時速７・２㎞）に近い。

それはまるで航空機が滑走路で離陸するときのような急な加速で、背中が背もたれに押し付けられるように感じた。このとき同乗してくれたＪＲ東海の社員は「実験線が短いので加速度を上げている」と語っていた。

いっぽうＬ０系の加速度は毎秒約時速３・３㎞（モニター画面に表示された速度の時間変化から算出）。ＭＬＸ01の半分以下だ。ただしこの値は、東海道新幹線の主力車両（Ｎ７００Ａ、起動加速度・毎秒時速２・６㎞）や山手線の電車（Ｅ２３５系、起動加速度・毎秒時速３・０㎞）よりも大きい。

加速はＭＬＸ01よりも緩やかでなめらかだ。実験線の全長が長くなった分だけ、余裕ができたのだろう。

発車からしばらくは車輪走行だ。支持輪と案内輪が回転しながらガイドウェイと接触し、車両全体を支える。

速度が上がると、感じる振動や音は徐々に大きくなる。とくに振動は、東海道新幹線の電車よりも大きく感じる。

前回は、車輪がガイドウェイの細かい凹凸を拾うときの振動や、継ぎ目を通過することで生じる振動を感じた。それは、航空機が離陸する直前まで、滑走路の凹凸を拾いながら振動するのとよく似ていた。

いっぽう今回は、そのような振動が目立たなくなっていた。ガイドウェイを平滑にする、もしくは台車に高機能なサスペンションを導入するなどの改良を施したのだろう。

速度が時速約160㎞に達すると、車輪走行から浮上走行に入る。このとき、支持輪と案内輪が台車内部に収納されるので、感じる音や振動が変化する。

前回は、この瞬間に音や振動がガクンと小さくなったので、浮上走行に移ったことがわかりやすかった。それにくらべて今回は、その変化に気づきにくい。

ただし、音や振動に注意を向けていると、その変化がわかる。浮上走行に入ると、従来の新幹線電車では聞かれない「ブオーン」という重々しい低音が響きわたり、車体に新たな振動が加わる。この時点では、車両とガイドウェイは接触していないはずなのに、である。それゆえ、車体がふわふわ浮いているという感覚はない。

加速はその後も続き、振動や音が徐々に大きくなる。前回とくらべると、振動や音が目立たなくなっているが、それでも私は気になった。

時速250㎞あたりからは、「ブオーン」という低音が目立ち始め、不快に感じた。「キーン」という甲高い音も聞こえ始めるが、東海道新幹線の電車ほどは気にならない。

時速300㎞に達した。山陽新幹線の最高速度だ。音や振動が気になり、山陽新幹線を時速300㎞で走る電車の乗り心地には及ばないと感じた。

▼最高速付近での大きな振動と「耳ツン」

時速400㎞。聞こえる音や車体の振動がさらに大きくなる。車体の振動が大きいので、両手でスマホを持って車内を撮影しようとしても、画面をしっかり固定できない。動画を撮影しようとすると、どうしても画面が震える。

発車から4分（240秒）ほどで時速500㎞に到達。加速にかかる時間は、前回（80秒ほど）の3倍ほどだ。

実際の速度は、時速500㎞を少しだけ超過して時速502㎞に達する。そのあとは少し下がり、時速500㎞をキープし続ける。

このとき感じる音や振動は、時速300㎞や時速400㎞のときよりも明らかに大きい。ただし、MLX01よりは改善されている。

MLX01が時速500㎞で走ったときの乗り心地は、お世辞にもよいと言えるレベルではなかった。まず車体の振動が大きく、不安定。客室の内装材が小刻みに震え、「ギシギシ」という耳障りな音を立てた。加えて「ブオーン」という低音や、「キーン」という甲高い音が客室全体に響きわたった。人によっては酔うレベルだ。乗車してみて、「これは他人に乗車することを勧められない。実用化はほど遠い」と感じた。

その点、いま乗っているL0系の乗り心地は、MLX01よりは改善されている。

ただし、振動の不安定さは相変わらずだ。

トンネルなので、窓の外が真っ暗で何も見えない。身体が振動しているためか、窓枠が大きく揺れているように見えた。

フニャフニャでペラペラの座面が、感じる振動を緩和している可能性がある。

そこで、振動をより正確に把握するため、化粧板（側壁を覆う板）に手を押し当ててみた。車体は短い周期で大きくブルブルと振動している。東海道新幹線の電車や、航空機で同じことをしても、これほど大きな振動を感じることはない。

振動は、方向や周波数が異なるものが複雑に混じり合っていると感じた。もちろん、今回は手荷物検査があり、振動を正確に測定できる機器を持ち込めなかったので、これはあくまでも私の主観による定性評価である。

気になるのは、振動の不安定さだ。高速道路で、足回りの状態が悪い自動車を運転するときのように、小刻みな振動に、フワフワする不快な振動がともなっていた。従来の鉄道車両では、このような気持ちが悪い振動を感じたことはない。

客席の中央には通路があるが、走行中は車体の振動が大きすぎて、とても歩けそうにない。これでは席を立ってトイレに行くことすらできない（乗車した車両にはトイレはないが）。東海道新幹線で実施しているようなワゴンによる車内販売も難しいだろう。

車内にはスタッフが乗車している。彼ら彼女らは停車中に通路を巡回し、乗客を誘導する。ただし、走行中には客室に入ってこない。おそらくスタッフ専用の座席があり、そこに座っているのであろう。

客室で聞こえる音は耳障りで、私は耳栓がほしいとさえ感じた。しばらくすると、急に音が聞こえにくくなり、耳の鼓膜に痛みが走った。いわゆる「耳ツン」が起きたのだ。列車が高速でトンネルに入り、車内の気圧が大きく変動したときに起こる現象だ。

前回は、「耳ツン」の発生が顕著だった。このときは耳の痛みがひどく、降車後もしばらく耳が聞こえにくい状態が続き、非常に不快だった。

その点今回は、「耳ツン」が若干緩和されているようにも感じたものの、東海道新幹線の車内では明らかに感じないものだった。改良されたL0系でも「耳ツン」は克服できなかったようだ。

あらためて窓の外を見てみた。そこには暗いトンネルを照らす照明の光があり、帯状につながっているように見えた。

このとき、前回同乗したJR東海の社員の言葉を思い出した。彼は「速度が速いので、12m間隔で設置してある照明の光がつながっているように見えるのです」と説明してくれた。

▼着地の衝撃や振動は大きい

車両は長いトンネルを走り抜け、地上に出た。窓の外が急に明るくなる。

乗降場がある明かり区間だ。長さは約1・2㎞。時速500㎞で疾走する車両は、そこをわずか9秒弱で通過する。車窓を楽しむ余裕はない。

景色は、勢いよく後ろへと流れる。その速度は、従来の新幹線の約2倍。乗降場や、山梨県立リニア見学センターの建物は、一瞬見えてすぐに消え去る。

明かり区間では、トンネルで反響していた音が一時的に消え、感じる音が少し小さくなる。ただし、不快な振動は延々と続く。

ふたたびトンネルに入ると、感じる音が大きくなる。

このあと山梨実験線でもっとも急なカーブを通過。その曲線半径は8000m。山陽新幹線（4000m）の2倍、東海道新幹線（2500m）の3倍以上だ。車両はそこを時速500㎞で疾走する。MLX01とくらべると、遠心力の影響はあまり感じなかった。

しばらくして、減速が始まる。前回よりも緩やかな減速だ。

速度が下がるとともに、感じる振動や音が徐々に小さくなる。

速度が時速約140㎞まで落ちると、車内に自動放送が流れる。

「タイヤでの走行に移ります」

車体が衝撃を受け、「ゴゴゴゴーン」という低音が客室に響きわたる。同時に、車体が上下・左右・前後方向に大きく振動し、それにつられて座席の背もたれが震える。

支持輪と案内輪が台車の外側に出て「着地」し、車輪走行に入ったのだ。

このとき感じる衝撃や振動は、従来の鉄道車両では明らかに感じないものだ。初めて乗車する人なら驚く人もいるだろう。ただし、航空機が滑走路に着陸する瞬間や、MLX01が車輪走行に入る瞬間とくらべると、衝撃や振動は小さかった。

「着地」の衝撃や振動は、通路やデッキ、トイレで立っている人がいれば、転倒する可能性があるほどの大きさだと感じた。背もたれが震えるほどだから、当然、車椅子に乗る人への影響もあるはずだ。

L0系は、MLX01よりも乗り心地が改善されたものの、「着地」の衝撃や振動を十分に吸収することはできなかったようだ。

車両は減速しながらトンネルを出る。窓の外が急に明るくなり、車両が停車した。ここは山梨実験線の西端であり、果樹園に囲まれた高架橋の上。窓から外をのぞき込むと、むき出しになった路盤(ガイドウェイを支える基礎部分)と、その奥にある防音壁が見えた(写真6－5)。この西端部分は、山梨実験線の延伸によって完成した区間で、ガイドウェイは完全な「単線」だ。将来ここが中央新幹線の一部になるときには、「複線」のガイドウェイが構築されるはずだが、今はその気配がない。

停車した車両は、西端から東端に向けて逆向きに走り、方向転換して乗車場に戻った。

客室で感じた「耳ツン」は、車両から降りても続いた。

MLX01とくらべると改善されている点はある。しかし、時速500㎞での乗り心地が従来の新幹線に遠く及ばず、車内での歩行を困難にする衝撃や振動があったことを考えると、このままでは本格的な営業運転は難しい。私は実際に乗ってそう直感した。

いっぽう同乗してくれた妻は、今回初めて超電導リニアの乗車を体験したこともあり、乗り心地の悪さを訴えた。また降車から30分後まで「耳ツン」に悩まされたことから、「乗り物に乗って、これほど不安と不快を感じたことはない。超電導リニアには二度と乗りたくない」とまで言い切った。

鉄道は、不特定多数が利用する公共交通機関なのに、超電導リニアは乗車する人を選ぶ輸送手段になっている。そのことに疑問を感じずにはいられなかった。

写真６－５　窓から見た景色（山梨実験線西端）

6－2　営業運転可能な水準にあるか検証

▼営業運転を考えると乗り心地に問題が多い

さあ、ここまでは山梨実験線でL0系に乗ったときの状況をレポートしました。冒頭で述べたとおり、私の評価は辛口になりました。

実際に山梨実験線で乗車体験をしたことがある方のなかには、「そこまで乗り心地が悪いと感じなかった」という方もいるでしょう。「わざと悪く書いたのではないか？」と疑う人もいるでしょう。

もちろん、乗り心地の感じ方には個人差があります。「耳ツン」に関しても、まったく感じなかったという方もいるでしょう。

ただ、乗車体験参加者は、強い意志を持って乗車体験に臨んだはずです。まず乗ることを希望して申し込み、高い抽選倍率をくぐり抜けて「当選」を勝ち取った。しかも、1区画（2座席）4320円、2区画（4座席）8640円（いずれも2019年8月時点の税込価格）という料金を払い、交通の便がよいとは言えない場所にある乗降場に長い時間をかけてやってきた。となれば、乗車体験を少しでもよい思い出にしたいと考えるのが人情でしょう。

冷たい言い方になりますが、このように「思い出補正」された記憶は、乗り心地を正確に評価する上で邪魔になります。超電導リニアの技術的課題を探るには、車内で起きた状況をシビアかつ客観的にとらえる必要があります。

また、乗車体験（入場から出場まで）に要する時間はおおよそ1時間ですが、実際に車内の座席に座っていられるのは30分程度です。そのうち走行する状態を体験できるのは20分程度で、時速500km走行を体験できるのはわずか約4分（往復の合計）にすぎません。計画されている品川・大阪間の所要時間（最短67分）とくらべると、短い時間です。

これでは、実際の営業列車の乗り心地は評価できません。

第3章では、JR東日本の元会長の松田氏が日経ビジネスの記者に対して「そんな短時間の試乗で『いける』と思い込むのは危険な素人考えだ」とたしなめた部分を引用しました。おそらく松田氏は、山梨実験線での短時間乗車では乗り心地などを総合的に評価できないことを知っていたのでしょう。

だから私は、辛口で評価しました。

ただし、定性的な評価しかできませんでした。L0系の乗車体験では、できるだけ定量的な評価をしようとして、スマートフォンのアプリを使って車内の振動や騒音を計測することを試みたものの、乗車時間があまりにも短くて計測に費やす時間がなかった上に、信頼性があるデータが得られませんでした。その点はどうかご了承ください。

私は、乗車体験をふまえ、中央新幹線での営業運転で次の３つが問題になることを想定した上で、乗り心地や衝撃などを評価しました。

・乗車体験よりも乗車時間が長くなる
・走行中に車内で立つ人が想定される
・車椅子対応が求められる

１番目の「乗車体験よりも乗車時間が長くなる」は、乗客の疲労感に関わることです。先ほども述べたように、実際の営業運転では、山梨実験線よりも乗車時間が長くなります。このため、山梨実験線で気になったことは、実際の営業運転ではもっと気になり、疲労感の増大につながります。

２番目の「走行中に車内で立つ人が想定される」と、３番目の「車椅子対応が求められる」は、車内の安全を保つ上で重要なことです。

私は、以上のことをふまえて、走行中に車内で感じられたことをできるだけ具体的に記すように心がけました。

▼シート間隔はエコノミークラス並みに狭い

次に、先ほどレポートした乗車体験の様子をふまえて、超電導リニアの営業運転に向けた課題について考えていきます。

まず、発車前に気づいた座席の構造とシートピッチを見ていきましょう。

L0系の座席は、MLX01や、東海道新幹線の主力車両（N700A）の座席とくらべると座面が薄く、構造が簡素です（写真6－6）。この座席は、山梨県立リニア見学センターのどきどきリニア館で2020年8月に期間限定で展示されたので、私はあらためて確認しました。構造が簡素になったのは、先ほどもふれたように、おそらく軽量化が目的ではないかと私は推測します。

NHKは、ウェブサイトの記事で、L0系の

写真6－6　L0系車両の座席

シートピッチが80㎝であると報じています［6－4］。この数値は、JR東海がリニア中央新幹線公式サイトで公開しているL0系中間車の図面から読み取れるシートピッチともほぼ一致します。私は、L0系のシートピッチが窮屈だと感じました。NHKの記者も、先ほどの記事で「ちょっと窮屈」だと述べています。東海道新幹線のN700Aの普通席は104㎝（1、16号車は102・3㎝）、JR東日本の在来線特急電車（E353系）の普通席は96㎝なので、それらより狭い80㎝は明らかに窮屈です。

とはいえ、航空機とくらべると特別狭いとは言えません。たとえば日本航空の国内線普通席は約79㎝、国際線エコノミークラスは約84～86㎝なので、L0系のシートピッチはこれらと同程度です。なぜL0系では、シートピッチを航空機並みに狭くしたのでしょうか。それには、超電導リニア車両ならではの理由があると私は推測します。

超電導リニア車両では、客室の配置に大きな制約があります。それは、客室を台車から離さなくてはならないということです。台車には超電導磁石があり、そこから強い磁界が発生しています。この磁界が人体に与える影響を小さくするには、台車と乗客の間に一定以上の距離を確保する必要があるので、客室を台車から遠ざける必要があります。

先ほど紹介したL0系中間車の図面を見ると、台車の真上の車内空間に何もなく（省略された可能性もあり）、座席がある客室だけでなく、ドアがあるデッキが台車の真上を避けるように配置されているのがわかります。

車体の長さは、Ｌ０系中間車が24・３ｍ、東海道新幹線のＮ７００Ａ中間車が24・５ｍでほぼ同じです。ところが客室の長さは異なります。Ｌ０系中間車が約15・５ｍ（図面からの推定値）であるのに対して、Ｎ７００Ａ中間車は最大21・４ｍなので、両者には約６ｍの差があります。

Ｌ０系中間車は、Ｎ７００Ａ中間車よりも車体幅が狭く、客室が短いので、Ｎ７００Ａ中間車と同じシートピッチで座席を配置すると、１両あたりの座席定員が少なくなります。これでは輸送力が不足します。

輸送力を増やすには、シートピッチを狭くして、座席数を増やすしかありません。だから、航空機で実績がある値までシートピッチを狭くしたのではないか。私はそう考えます。

ただし、あまりシートピッチを狭くすると、座席を回転させるための空間が確保できなくなり、向きを変えられなくなります。ある鉄道車両メーカーの設計技術者にお願いして、80㎝というシートピッチで２人掛けの新幹線用リクライニングシートを回転できるかシミュレーションしてもらったところ、回転させることが空間的に難しいことがわかりました。また、先ほど紹介したどきどきリニア館で展示されたＬ０系の座席は、座面下にある機構がシンプルで、回転できないように見えました。

以上のことから、Ｌ０系では、座席の向きが常に固定されていると私は推測します。

なお、２０２０年10月に車内が報道陣に公開されたＬ０系改良型では、座席の幅や奥行きがわずかに広がり、背もたれで耳が当たる部分（バケット）が大きくなりました。ただし、シートピッチがどうなったかや、座席の向きを変えられるか否かは、報道された内容からは判別できないと私は考えます。

もし座席の向きが固定だとすると、営業運転のときに問題視される可能性があります。なぜならば、従来の新幹線車両では座席の向きを変えられるのは当たり前だからです。中央新幹線だけ座席の向きを変えられないというのは、おそらく許されないでしょう。

なお、海外の高速鉄道では、2等車（日本でいう普通車）の座席の向きを固定した例があります。ただし、そのことは日本ではほとんど知られていないので、乗客に受け入れられるかは疑問が残ります。

▼公式サイトは乗り心地について明言していない

続いて、乗り心地を見ていきましょう。

超電導リニアの乗り心地については、リニア中央新幹線公式サイトのＦＡＱが次のように説明しています。

Ｑ　現行の新幹線と比較して乗り心地はどうでしょうか。

Ａ　超電導リニアの乗り心地は、現行の新幹線と比べて、同じ速度域では同等レベル以上にあることを確認しています。東海道新幹線が０（ゼロ）系から現在のＮ７００Ａに至るまで、改善を積み重ねてきているのと同じように、今後も、さらなる乗り心地の向上に取り組んでいきます。

この文章には、疑問を感じる点があります。

そもそも、AはQの「乗り心地はどうか」という問いに明確に答えていません。現行の新幹線車両と、その約2倍の速度で走る超電導リニア車両の乗り心地を、同じ速度域で比較してもあまり意味がないのに、それを答えとしています。しかも、肝心の時速500㎞での乗り心地に関しては明言を避けています。

「同じ速度域では同等レベル以上にある」という表現も曖昧です。乗り心地は、複数の要因で評価が決まるので、何が同等レベル以上であるかを明記しなければなりません。たとえば「時速○㎞で走行するときの騒音と振動のレベルは、山梨実験線のL0系は○で、東海道新幹線のN700Aは○なので、同じ速度域で比較するとL0系はN700Aよりも乗り心地がよいと言えます」と具体的かつ定量的に記す必要があります。

また、少なくとも私は「同等レベル以上」という表現に疑問を感じます。先ほどレポートしたように、時速300㎞における乗り心地は、同じ速度で走る山陽新幹線の列車に及ばないと感じたからです。

最後の「さらなる乗り心地の向上に取り組んでいきます」という文からは、JR東海が乗り心地の改善を課題の1つとして認識していることがわかります。

私は、「L0系」に実際に乗ってみて、営業運転に向けた課題を強く感じました。その代表例が、次の4つです。

①「耳ツン」
②歩行を困難にする振動
③着地時の衝撃
④騒音

①として「耳ツン」を最初に挙げたのは、乗車してみて一番不快に感じたことだからです。
②と③は、車内での安全に関わることです。
④は、N700Aよりも大きいと感じたので、ここで挙げました。
それでは、①~④について、よりくわしく説明していきましょう。

▼「耳ツン」の解決が難しい理由

①の「耳ツン」を感じるか否かは個人差がありますが、この対策は超電導リニアの技術的課題の1つになっています。

リニア中央新幹線公式サイトのＦＡＱには、「耳ツン」に関する次のような説明があり、超電導リニアでも起きていることを示唆しています。

Ｑ　現在の東海道新幹線でもトンネルやすれ違い走行時に感じる「耳ツン」は超電導リニアでもありますか。

Ａ　「耳ツン」現象は、高速エレベーターのように高低差のある所を高速で移動する際などに起こる車内の急激な圧力変化によって発生します。超電導リニアでは、車内圧力の急激な変化を緩和する制御をおこなうことで、「耳ツン」現象を極力抑えています。営業線に向けては、山梨リニア実験線での検証結果をもとに、快適性のさらなる向上に向けて技術開発を進めていきます。

「耳ツン」対策が超電導リニアの技術的課題の1つであることは、ＪＲ東海や鉄道総研が作成した資料に書いてあります。この資料は、国土交通省が２０１７年2月17日に開催した第20回実用技術評価委員会で配布された「超電導リニアに関する今後の技術開発について」［６－５］であり、重点開発課題として「快適性の向上」を挙げ、耳ツン対策が必要だと記してあります。

ＪＲ東海の常務執行役員の寺井元昭氏は、ネットメディア（＠ＤＩＭＥ）に掲載されたインタビュー記事［６－６］で、中央新幹線開業に向けた課題の1つとして耳ツン問題を挙げています。

それでは、なぜ超電導リニアでは耳ツンが起こりやすいのでしょうか。これは少々わかりにくいので、耳ツンが起こるメカニズムから説明しましょう。

そもそも耳ツンは、気圧の差によって起きます。鼓膜の内側と外側の気圧は、基本的に同じですが、何らかの要因で双方に差が生じると、鼓膜に負担がかかって痛みを感じます。これが、耳がツンとする状況です。

耳ツンは、鉄道車両の内部で起こりやすいです。走行する鉄道車両がトンネルに入ると、車内の気圧が変わり、乗客の耳の内部との間で気圧の差が生じやすいからです。

しかもこの現象は、走行速度が上がれば上がるほど起きやすいという傾向があります。

そこで高速走行する新幹線車両では、車体を気密構造にすることで、車内の気圧変化を抑えて、耳ツンが起こりにくくしています。気密構造とは、内側と外側で空気の流れが起きないように密閉した構造のことです。

ただし、車体を完全な気密構造にすると、車内の換気が

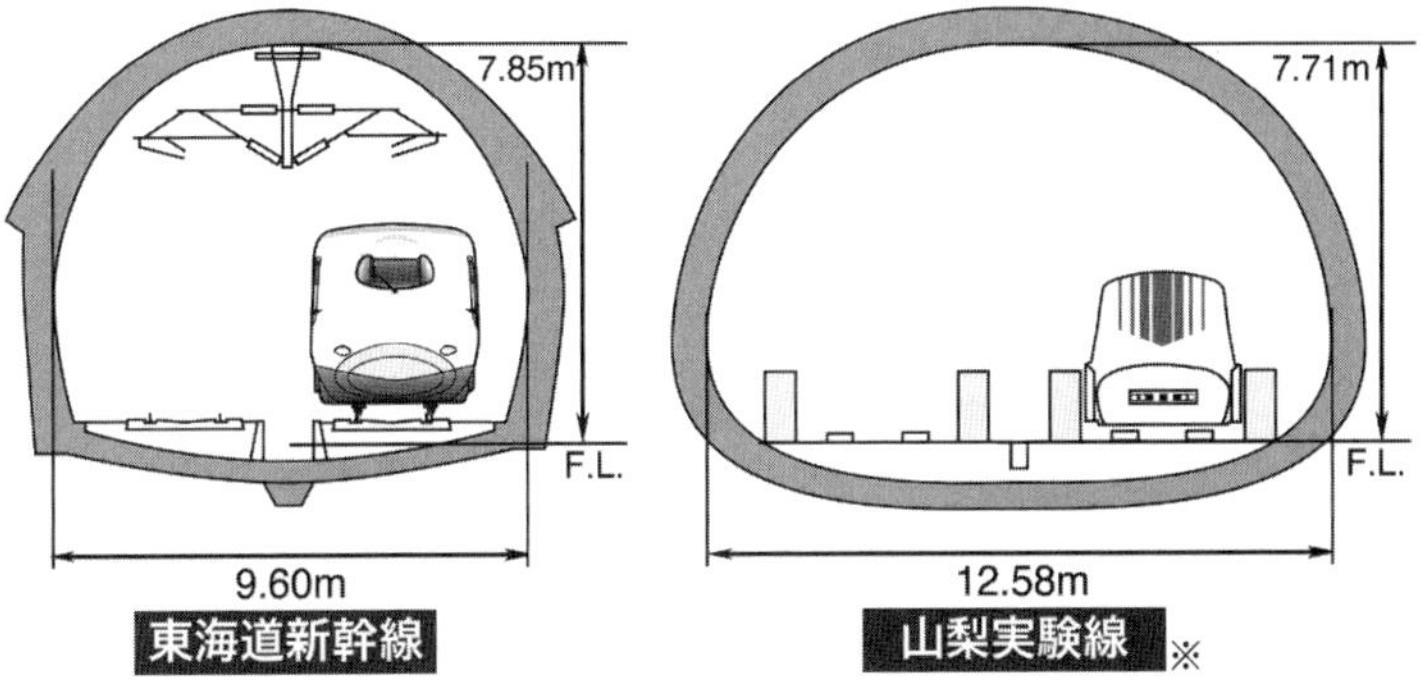

※原図の縦横縮尺が同一ではないので、寸法に合わせて縦方向を縮小した。

図6－5　トンネルと車両の断面

できなくなります。

そこで新幹線車両の車体には特殊な換気装置が設けられており、車内の気圧が大きく変わらないようにしながら、車外から空気を取り込み、車内の空気を入れ替えています。この換気装置は、トンネル突入時の瞬間的な気圧の変化にも対応することが求められるので、高度な技術が必要です。

それでも新幹線車両では、耳ツンが起こることがあります。それは、換気装置が車外の気圧の変化に十分対応できず、車内の気圧が変化してしまうからです。

さあ、ここからが超電導リニアの話です。

山梨実験線では、従来の新幹線よりもトンネルの断面を大きくするだけでなく、車両の断面を小さくすることで、車両が走行したときのトンネル内部の気圧の変化が起こりにくくしてあります。

図6－5は、山梨実験線と東海道新幹線のトンネルと車両の断面を比較した図です。山梨実験線のトンネル断面のサイズは、東海道新幹線よりも若干大きいです。超電導リニア車両の断面のサイズは、従来の新幹線車両よりも若干小さいです。以上のことは、この図からわかります。

鉄道総研編『ここまで来た！　超電導リニアモーターカー』［0－2］には、山梨実験線のトンネル断面が従来の新幹線よりも約20％大きいと記されています。また、山梨実験線では、車両（MLX01）の断面がトンネル断面に占める割合は0・12、東海道新幹線を過去に走った車両（300系）は0・18と記されており、山梨実験線で割合が小さいことが示されています。

だから山梨実験線では、東海道新幹線よりもトンネルでの気圧変化が起こりにくいはずなのですが、それでも「耳ツン」が起きました。なぜでしょうか。

それは、大きな気圧変化を起こす別の要因があるからです。

その要因とは、車両が超高速で走り、標高が短時間に大きく変化することです。つまり、エレベーターが高速で上昇・下降するときに発生する大きな気圧変化が、山梨実験線を走る超電導リニア車両でも起きているのです。

山梨実験線には、最大40パーミルの急勾配があり、従来の新幹線よりも激しいアップダウンが存在します。そこを車両が時速500kmで走行すれば、標高が短時間に目まぐるしく変わり、車外で大きな気圧変化が起こります。

換気装置がその変化に追従できないと、車内の気圧が大きく変化し、耳ツンが起こる可能性が高くなります。

超電導リニア車両の開発者は、MLX01を開発した時点から、この問題を危惧していました。MLX01を製造したメーカーの1つである川崎重工業の技術者は、2006年に同社の技術報告書[6-8]で、次のように記しています。


超高速でトンネル突入・退出あるいは勾配の上り・下りを繰り返すリニア車両にとって換気装置は非常に重要なキーテクノロジーの一つである。トンネル内での圧力変動は新幹線の2倍を上回り、500km/hで4%上り勾配を走行すると世界最速エレベータの約1/3である3

33m／minの垂直上昇速度に達するため、客室の環境を一定に保つことは極めて困難であることが容易に想像される。さらに、消費電力の制限から十分な昇圧能力を持ったファンを搭載することができないことや、厳しい軽量化要求もその困難さを極めている。

要約すると、山梨実験線を走る超電導リニア車両では、高速エレベーターのように垂直方向に高速で移動するので、換気をしながら客室内の気圧を一定に保つことが難しいということであり、リニア中央新幹線公式サイトのFAQと同じことを言っています。文中の「4％」は勾配の傾斜を示す数値で、「40パーミル」のことです。

「極めて困難」や「困難さを極める」という表現からは、超電導リニア用の換気装置を開発する難しさが伝わってきます。技術者にとっては、克服が困難であることが自明であり、やりたくない仕事でしょう。

なおこの技術報告書には、車輪が着地するときのゴムタイヤが焦げる臭いが車内に入るのを防ぐため、一時的に換気を遮断する機構を取り入れたことも記されています。従来の新幹線車両には、このような機構はありませんし、必要もありません。

ある鉄道車両メーカーの設計技術者は、「超電導リニアに対応した換気装置は、現在もまだ開発中ではないか」と推測します。時速500㎞走行に耐えうるものを開発するには、従来の新幹線車両よりもクリアすべき課題が多いからです。

つまり、耳ツン対策一つとっても、超電導リニア車両が乗り越えるべき技術的ハードルはきわめて高いのです。

山梨実験線で起きた耳ツンは、将来中央新幹線でも起こりえます。なぜならば、中央新幹線には、山梨実験線と同様に最大40パーミルの急勾配が設けられるからです。ＪＲ東海の寺井常務が開業に向けた課題として耳ツン問題を挙げたのは、そのためだと考えられます。

▼車内外の気圧変化が高速化を阻む？

先ほど紹介した設計技術者は、従来の新幹線車両にとって、時速３６０㎞程度が現時点における営業最高速度の限界ではないかと言います。それ以上の速度になると「気密荷重」が増大し、構体設計が難しくなるというのが、彼の主張です。

ここで言う「気密荷重」とは、気密構造の車体にかかる荷重のことです。たとえば車両が高速でトンネルに入ると、車外の気圧が大きく変わるのに対して、車内の気圧はあまり変わらないので、内外で圧力差が発生し、車体が膨らんだりしぼんだりします。このとき車体に働く力が「気密荷重」です。

「気密荷重」がかかると、車体の基礎部分（構体）が変形するだけでなく、ドア装置や窓、貫通幌、トイレの汚物タンクなどに大きな負担がかかるので、それが大きくなりすぎると、部品が破損する可能性が高くなります。これを避けるには、速度を下げて、外部の圧力変化を小さくするしかありません。

　これが、時速360km程度が限界であると彼が主張する根拠です。

　彼によると、「気密荷重」は新幹線車両の構体設計を難しくする大きな要因のようです。通勤電車の構体設計では、おもに垂直方向に働く「垂直荷重」や、車体をねじるように働く「ねじり荷重」を考慮するのに対して、新幹線車両の構体設計では、おもに「気密荷重」を考慮するからです。そのため、「気密荷重さえクリアできれば、新幹線車両の構体設計はほぼ終わり」とさえ言います。

　そこまで「気密荷重」を考慮するのは、新幹線車両の構体に「気密荷重」による負荷が頻繁にかかるからです。たとえば航空機の機体には、離陸から着陸までに1サイクルしか負荷がかかりません。それに対して新幹線車両の構体は、

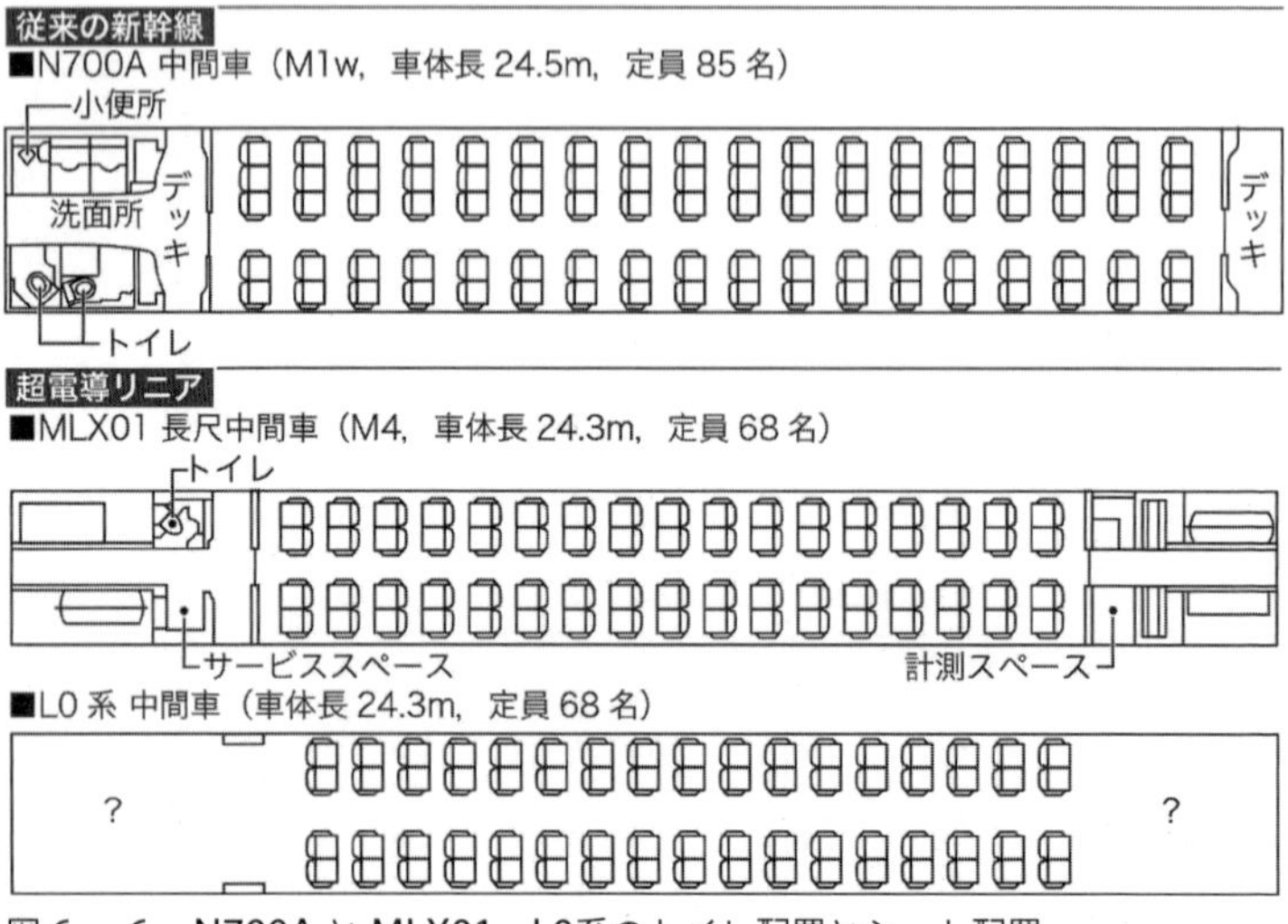

図6－6　N700AとMLX01、L0系のトイレ配置とシート配置

トンネル突入やすれ違いが起こるたびに負荷がかかります。だから新幹線車両の構体を設計する人は、「気密荷重」に神経をつかうのです。

従来の新幹線車両でもこの状況です。それよりも高速で走行する超電導リニア車両ともなれば、「気密荷重」のことをより考慮して設計する必要があります。当然、技術的ハードルが上がります。

もし彼の言うとおり、従来の新幹線車両の営業最高速度の限界が時速360㎞程度だったとすると、時速500㎞で疾走する超電導リニア車両の設計は困難となります。

▼トイレの設置を困難にする要因が複数ある

話が乗り心地から離れてしまいましたが、「気密荷重」の話題が出たので、ここでトイレの話をさせてください。

先ほど紹介した設計技術者は「超電導リニア車両にはトイレを設置できるのか」と疑っていました。トイレの汚物タンクも「気密荷重」の増大で故障する可能性がある部品だからです。彼によると、従来の新幹線車両では、営業最高速度を上回る速度で走行試験をするとき、「気密荷重」による故障を防ぐため、車内のトイレが使用禁止になるそうです。

となれば、時速500㎞で走行する超電導リニア車両では、汚物タンクにもっと大きな「気密荷重」がかかるので、トイレの使用はますます難しくなります。

また、超電導リニア車両では、従来の新幹線車両にはない空間的な制約があります。

従来の新幹線車両では、車体の端の部分（車端部）にトイレを設けています（図6－6）。

いっぽう超電導リニア車両では、車端部にトイレを設けることが難しいはずです。なぜならば、シートピッチの話でもふれたとおり、車端部は超電導磁石が発生する磁界の影響を受けやすい場所だからです。文献［6－9］で公開されたMLX01初期型の図面を見ると、車端部は、通路を除き、空調装置などを収納した機器室になっており、乗客が立ち入れない構造になっていることがわかります。また機器室は、磁気的に遮蔽された空間になっています。

なお、MLX01では、過去にトイレが設置されたことがあります。鉄道総研報告の記事［6－11］には、営業線プロトタイプ車として製造された長尺中間車（車体長を長くした中間車）にトイレを設けたことが記されています。その図面を見ると、車端部から少し離れた位置にトイレが配置されているのがわかります。これではデッキの位置を中間に向けてずらさなくてはならず、客室空間が狭くなり、設置できる座席の数が減ってしまいます。輸送力を確保する上でマイナスです。

先ほどのレポートでもふれたように、乗車体験で使われている車両（L0系）にはトイレがついていないとスタッフが案内しています。また、リニア中央新幹線公式サイトで公開されているL0系中間車の図面には、車端部の車内設備が描かれてなく、トイレが見当たりません。

もちろん、だからと言って「L0系にはトイレがない」とは断定できません。図面が公開されていない一部の車両にトイレがついている可能性があるからです。むしろ、今後の営業運転を想定したならば、トイレがないほうが不自然です。

ならばなぜ、スタッフはトイレがついていないと案内したほうでしょうか。

それは、トイレに関する技術が確立できていないからだと私は推測します。

先ほども述べたように、車両が高速走行すると、トイレの汚物タンクにも大きな「気密荷重」がかかるので、トイレの使用に支障を来す可能性が高まります。そのことが、MLX01の走行試験で判明し、L0系でも解決できなかった。だからL0系にトイレがあったとしても、スタッフは「トイレがない」と案内せざるをえなかった、と私は推測します。

以上のことから、超電導リニア車両では、技術的・空間的な課題があり、実用的なトイレを設置することが難しいと私は考えます。

もし超電導リニア車両でトイレの設置ができないとなると、営業運転にいたったときに大きな問題となります。言うまでもなく、長距離旅客列車にトイレは不可欠だからです。

超電導リニアを中央新幹線に導入するならば、車両に乗客が利用できるトイレを設けた状態で走行試験を繰り返す必要があります。ところがそれをしていない。それは新しい公共交通機関を開発する上で大いに問題があると私は考えます。

▼振動が大きく走行中の歩行は困難ではないか

さあ、ここで話題を乗り心地に戻して、②の「歩行を困難にする振動」について考えていきましょう。

私は、ＭＬＸ01とＬ０系に乗車して、時速５００㎞走行中に通路を歩行するのは難しいと感じました。車体の振動が大きく、歩行すると転倒する恐れがあると感じたからです。「それは考えすぎだ」というご意見もあるでしょう。実際にメディアがこの問題をほとんど指摘していないので、私の思い過ごしではないかと疑われても仕方ありません。また、時速５００㎞走行中に私が立って通路を歩くのを試したわけではないので、説得力がないかもしれません。

ただし、添乗したスタッフが車内を巡回したのは、いずれも停車中でした。このため、走行中に通路を歩くことを制限せよという情報が、スタッフの間で共有されていた可能性があります。

もしそうであるならば、走行中に乗客が立たないようにスタッフが監視する必要があります。乗車体験では、着席時間が短いので、乗客は大人しく座っていましたが、乗車時間が長くなれば、そうはいかないはずだからです。

Ｌ０系の乗車体験を実施したときは、乗客は中間車3両分（約２００人）でした。添乗したスタッフはおそらく2人だったと記憶しています。

中央新幹線では、超電導リニアの営業列車が16両編成で走行することになります。ＪＲ東海の発表によると1列車あたりの乗客は１０００人で、乗車体験の約5倍となります。とはいえ、車内監視を徹底するために乗務員を5倍の10人に増やすのは現実的とは言えません。なぜならば、1列車あたりの乗務員の数を増やすと、その運用が難しくなるからです。また、鉄道業界も人手不足で、人材の確保が難しくなっているので、今後は乗務員の増員がますます難しくなります。

ちなみに東海道新幹線の営業列車はすべて16両編成で、座席定員は1323人に統一されています。乗務員は基本的に5人で、運転士1人、車掌2人、客室乗務員（パーサー）2人です。2018年6月に車内で殺傷事件が起きてからは警備員1～2人が乗務しており、運転士を除く5～6人が列車内を巡回して監視をしています。

なお、走行中でも超電導リニアの車内を「歩ける」という証言もあります。たとえば国土交通大臣が2013年8月に試乗したときに「走行中も通路を歩ける」と述べたという記事が存在します。また、第3章で紹介したJR東海の白國氏は、2014年にインタビューしたときに、車内は歩くことができると語っていました。山梨実験線では、試験係員が車内を歩いているとのことでした。

ただし、山梨実験線では時速500㎞で走行できる時間があまりにも短いので、そのときに国土交通大臣が通路を歩いたかはわかりません。また、試験係員は超電導リニア車両に繰り返し乗車しており、車内での歩行に慣れているはずなので、「試験係員が歩いている」から「誰でも安全に歩くことができる」とは言えません。

そもそも公共交通機関は、子供から高齢者まであらゆる人が利用しますし、足腰が弱い方や車椅子を使う方も利用します。

このため、ほぼすべての人が車内を安全に歩き回れる乗り心地が確保できていないならば、走行中の歩行には何らかの制限が課されるのが当然でしょう。

それゆえ私は、走行中に車内での歩行が制限されると考えます。なぜならば、前述したとおり、時速500km走行中に体感した振動が大きく、歩行が困難だと感じたからです。また、着地するときに受ける衝撃が大きいことは、通路を歩く人が転倒する要因にもなると考えます。

▼走行中は席を離れられずトイレにも行けない?

もし超電導リニアの車両で、走行中の移動が難しいとなれば、さまざまな問題が生じます。まず東海道新幹線のように乗務員が列車内を巡回して監視することができなくなります。代わりに監視カメラで車内を監視するとしても、乗客の誘導は乗務員が直接出向いて行う必要があります。もし車内にトイレがあったとしても、走行中にそこに行くことができないとなれば、不満を感じる乗客もいるはずです。乗車時間が長くなれば、我慢できずに立ってしまう人もいるでしょう。その結果、安全の確保が難しくなるのであれば、それは営業上の大きな課題になります。

そもそも従来の鉄道車両には、「移動中に車内を歩き回れる」という大きな特長があり、列車が走っているときも通路を歩くことができるのが当たり前になっています。列車にトイレがあれば、乗客がいつでもトイレに行くことができるのもそのおかげです。離陸や着陸のときに着席することを強いられる航空機にはない利点です。

このため、中央新幹線の開業後は、多くの乗客が東海道新幹線と同じ感覚で超電導リニアの列車に乗り、走行中に列車内を歩き回る可能性があります。おそらくＪＲ東海は、そのことも考慮して対策を練っているとは思いますが、私はそれが気になるのです。

ちなみに超電導リニア車両の座席には、シートベルトはありません。この点は従来の鉄道車両と同じです。

リニア中央新幹線公式サイトのＦＡＱには、その理由を「シートベルトが必要となるような高加速や高減速はしませんので、シートベルトはありません」と記しています。たしかに、Ｌ０系の加速度・減速度はＮ７００Ａより少し高いぐらいなので、わざわざシートベルトを設ける必要はないと言えます。

▼着地の衝撃とバリアフリーへの疑問

次に③の「着地時の衝撃」について考えていきましょう。

この衝撃は、従来の鉄道車両にはない、超電導リニア特有のものです。

第１章でも述べたように、超電導リニアの車両は、低速では浮上走行ができないので、高速での浮上走行を実現しようとなると、どうしても減速時に車輪が着地する必要があります。このため、この衝撃は緩和することはできても、ゼロにすることは不可能です。

この衝撃は、先に述べた通路での歩行を困難にするだけでなく、車椅子利用者の負担を大きくするのではないかと私は考えています。車椅子は、種類によって衝撃を緩和する機能や、車輪を固定する機構が異なるので、すべての車椅子が超電導リニア特有の衝撃に対応できるとは限らないからです。

超電導リニア体験乗車の公式サイトには「お身体が不自由なお客様へ」というページがあり（2019年9月閲覧、現在は削除）、車内で車椅子に対応するスペースが1便あたり1台分であることが記されています。また、「お客様の安全を確保するため、搭乗前に当社が用意する車いすに乗り換えていただく場合がございます」とも記されています。

これは、使える車椅子の種類を制限していることになり、公共交通機関として問題があるのではないかと私は考えます。

▼車内の騒音は新幹線より大きく感じた

④の「騒音」については、トンネルを時速500㎞で走行するときに気になりました。

一般的に車内で感じる騒音は、走行速度が上がると大きくなります。

図6−7は、私が在来線特急と新幹線で車内騒音レベルを測定したときの結果をまとめたグラフです（測定条件は

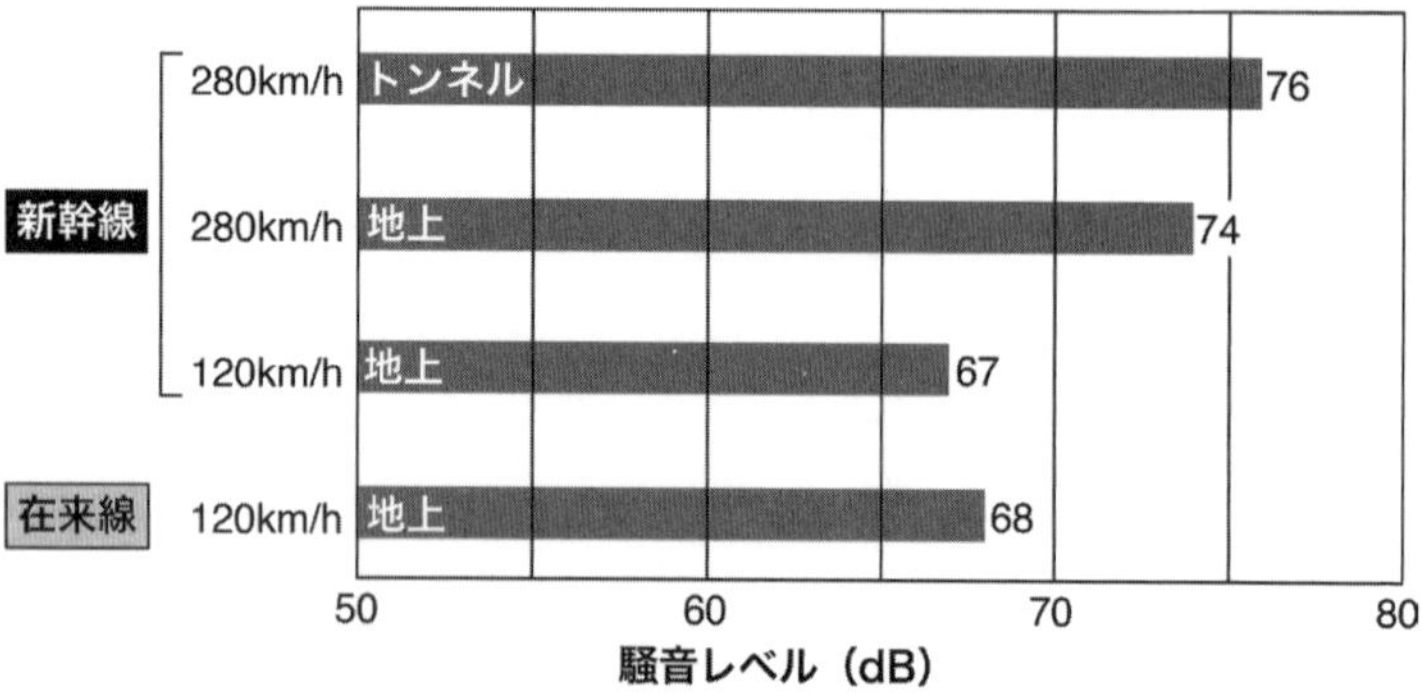

※新幹線：東海道新幹線（N700A)，在来線：常磐線特急（E657系）

図6−7　走行速度と車内騒音（筆者測定）

巻末に表記）。在来線特急と新幹線では、時速１２０㎞における車内騒音はほぼ同じ（67デシベル程度）です。しかし、新幹線はその2倍以上の速度（時速２８０㎞）で走ると、車内騒音が75デシベル程度に上がり、トンネルに入ると76デシベル程度まで上がります。

山梨実験線のトンネル区間を時速５００㎞で走るＬ０系では、先ほど述べたように正確な騒音の値を計測できませんでした。ただし、トンネル区間を走る新幹線車両よりも音が耳障りであると私は感じました。

こう書くと「走行速度が根本的にちがう」という人もいるでしょう。たしかにＬ０系が浮上走行しているとはいえ、最高速度は新幹線の約2倍ですから、当然発生する風切り音などが大きくなります。その問題をクリアするには、高い技術的ハードルを越える必要があります。

▼課題を克服しなければ営業運転は困難

鉄道は、不特定多数の人が利用する公共交通機関なので、あらゆる人に対して利用しやすい乗り物でなければなりません。

超電導リニアがそのような乗り物になるには、本章でふれた課題を克服した上で、誰もが安全かつ快適に利用できる移動手段になる必要があります。

しかし、現時点で超電導リニアは、その条件を満たしておらず、今すぐ営業運転できる移動手段にはなりえていません。少なくとも、従来の新幹線のように、車内にトイレがあり、走行中に車内を歩き回ることができる乗り物にはなっていないのです。

このため、超電導リニアが営業運転できるレベルに達するには、まだまだ長い時間がかかると私は考えます。

第6章まとめ

- 山梨実験線で2種類の超電導リニア車両に乗った
- 乗り心地に多くの課題があることがわかった
- 超電導リニアは、今すぐ営業運転できる移動手段ではない

第７章　事故の情報公開や対策への疑問

本章では、超電導リニアが抱えるリスクや技術的課題により迫るため、宮崎実験線や山梨実験線で発生した事故やトラブルを振り返り、開業後の緊急時対策が十分なされているかを検討します。

７－１　宮崎実験線で発生した事故・トラブル

まずは、宮崎実験線で発生した事故やトラブルを見てみましょう。
ここでは、おもに次の２つの出来事がありました。

・試験車両の全焼

▼走行中に試験車両が全焼

1番目の「試験車両の全焼」は、1991年10月3日に発生しました。

この事故では、試験車両（MLU002）の車体が全焼しました。鉄道総研が事故直後にまとめた報告書［7-1］には、支持輪のタイヤが破損して回転できなくなり、摩擦によってゴムに引火したことが、推定される原因であると記されています。

写真7-1は、事故発生直後にヘリコプターから現場を撮影したものです。中央で人が立っているあたりには車両があるのですが、車体そのものが燃えてしまったので、原形をとどめていません。

翌日には、新聞各紙がこの事故を報道。毎日新聞は「〝夢の超特急〟黒こげ／実用化に急ブレーキ」、宮崎日日新聞は「黒焦げ無残な車体／関係者大ショック／山梨実験線に影響必至」という見出しをつけ、超電導リニアの実用性や山梨実験線の建設を疑問視する記事を載せました。山梨実験線は、この事故の前年の1990年11月に着工されており、超電導リニアの開発に影響すると見られていたからです。

ところが、結果的に山梨実験線の建設は進められ、先行区間が完成。1997年からMLX01の走行試験が始まり、超電導リニアの開発が継続されました。

写真７－１　宮崎実験線での火災事故（1991年10月３日）

宮崎実験線で起きたような火災事故は、現在も起こりうると私は考えています。なぜならば、ゴムタイヤ車輪は、L0系にも使われているからです。

▼4年間に14回のペースで繰り返されたクエンチ

宮崎実験線では、このような重大な事故のほかに、トラブルが多く発生していました。そのなかでも重要なのが、第3章で紹介したクエンチです。

もし超電導リニアでクエンチが発生すると、車両の浮上・案内・推進ができなくなり、安全に走行させることができなくなります。このため、クエンチの問題を克服して、超電導磁石の性能を安定させることが、超電導リニアを開発する上での第一歩となります。

ところが宮崎実験線では、クエンチが頻発して、その第一歩が踏み出せないことがありました。衆議院では、1991年5月に次のような質問・答弁を行われています［7－2］。

衆議院議員　長谷百合子氏

「宮崎の実験線では、百時間に一回以上のクエンチ現象が起きています。一九九〇年五月二十六日のクエンチ現象は、リニアモーターカーが側壁に衝突、暴走した重大事故でした。宮崎実験線での現時点までのクエンチ現象が起こった日時、規模について明らかにして下さい。また、その対策はどこまで進んでいますか。」

内閣総理大臣　海部俊樹氏

「クエンチ現象は、昭和六十二年から平成二年までの間に、十四件発生しており、その規模としては、御指摘の一件については、列車が側壁に接触したものであるが、その他については、いずれも、保安装置により列車が停止したという軽微な故障であると聞いている。今後は、クエンチ現象を防止するため、改良された超電導磁石を採用することとされている。」

つまり、宮崎実験線では、ＪＲ発足から4年間に14件というペースでクエンチが発生しており、それによって車両がガイドウェイに衝突した上に暴走する事故も起こしていたのです。

7－2　山梨実験線で起きた事故とＪＲ東海の主張

次に、山梨実験線で発生した事故やトラブルを見ていきましょう。

▼山梨実験線ではクエンチ発生なしと主張

先ほども述べたように、宮崎実験線ではクエンチが頻発したことがありました。

となれば、山梨実験線でもクエンチが起きたはず。そう思う方もいるでしょう。

ところがJR東海は「山梨実験線ではクエンチは一度も起きていない」と主張しています。本書で繰り返し登場する葛西氏も、自著『飛躍への挑戦』の3カ所で、山梨実験線におけるクエンチの発生を否定しています。

国土交通省でも、山梨実験線におけるクエンチの発生を認めていません。2010年4月15日に開催された第2回中央新幹線小委員会の議事録を見ると、国土交通省の潮崎技術開発室長が「平成9年に山梨実験線の今の区間が完成してから以降の走行試験では、クエンチ現象は発生しておりませんので、これについては技術的には解決したものと私どもは考えております」と述べています。

そのためか、私は、超電導リニアに関する記事でクエンチのことを書くたびに、JR東海から「山梨実験線ではクエンチは一度も起きていない」と書くようにとの指示が編集部経由で伝わって来ることがありました。当時は、その事実をチェックする手段を持ち合わせていなかったので、その指示に従わざるをえませんでした。

▼山梨実験線でもクエンチは起きていた

ところが山梨実験線でもクエンチが起きていたのです。

このことをもっともくわしく報じているのが、山梨県の地元紙である山梨日日新聞です。同紙は、1999年9月4日付朝刊第31頁社会面で「山梨リニア実験線　クエンチで車両停止　8月　初の超電導トラブル」と題してそのことを伝えています（図7－1）。
この記事は、同年9月3日にJR東海と鉄道総研が発表した内容をまとめたもので、「山梨実験

山梨リニア実験線

クエンチで車両停止

8月 初の超電導トラブル

JR東海と鉄道総合技術研究所（JR総研）は三日、山梨リニア実験線（都留市―大月市、一八・四㌔）でリニアモーターカーの試験走行中、超電導磁石が磁力を失う「クエンチ現象」で、車両が停車するトラブルが八月に起きた、と発表した。

山梨実験線で超電導磁石にかかわるトラブルが起きたのは初めて。

JR東海などによると、トラブルがあったのは八月五日午後二時五十分ごろ。三両編成の試験車両が甲府方面に時速約四百㌔で浮上走行中、トンネル内で一部の超電導磁石の磁力が低下。異常を感知したコンピューターによって自動でブレーキが掛かり、車輪走行に移ってから停止した。

同社の説明では、超電導磁石は車両側部に計八つ設置されており、一つの磁石内には四個の超電導コイルが二個ずつ容器に収納されている。車両進行方向右側の一個を調べたところ、コイルにマイナス二六九度の液体ヘリウムを供給するステンレス製の管（直径三㍉）の接合部に長さ約一㌢の亀裂が入っていた。

容器内は通常、熱を遮断するため真空状態になっている。しかし亀裂が生じたことで液体ヘリウムが容器内に漏れ、外部の熱がコイルに伝わったために磁力が低下したとみている。

この磁石は他の磁石と比べて比較的新しいもので、「なぜ亀裂が入ったか、現在メーカーに運び込んで原因を調べている」（同社）としている。

「クエンチ現象」は宮崎実験線でしばしば起きていたが、亀裂による今回のケースは宮崎実験線とは違う原因という。

同社は「クエンチ現象が起きるとの前提で設計しており、今回も保安装置が正常に働いた。亀裂の原因を調べる一方で、この現象ができるだけ起きないように試験を重ねて信頼性の向上に努めていく」と話している。

八月六日の試験と、同二十、二十三、二十四の三日間行った親子試乗会は別の車両を使った。トラブルがあった車両は新しい磁石を取り付け、同十九日から使用を再開した。

一方、実験線では現在、時速五百キロ前後の高速走行を繰り返し、耐久性などの試験をしている。十七日まで同様の走行試験を行い、雨天の状況下でのディスクブレーキ試験などを行う。

図7－1　山梨実験線におけるクエンチ発生を伝える報道（山梨日日新聞1999年9月4日31面2版）

線で超電導磁石にかかわるトラブルが起きたのは初めて」と記してあります。
トラブルの詳細については、次のように記されています。重要なので引用します。

JR東海などによると、トラブルがあったのは八月五日午後二時五十分ごろ。三両編成の試験車両が甲府方面に時速約四百キロで浮上走行中、トンネル内で一部の超電導磁石の磁力が低下。異常を感知したコンピューターによって自動でブレーキが掛かり、車輪走行に移ってから停止した。

同社の説明では、超電導磁石は車両側部に計八つ設置されており、一つの磁石内には四個の超電導コイルが二個ずつ容器に収納されている。車両進行方向右側の一個を調べたところ、コイルにマイナス二六九度の液体ヘリウムを供給するステンレス製の管（直径三センチ）の接合部に長さ一センチの亀裂が入っていた。

容器内は通常、熱を遮断するため真空状態になっている。しかし亀裂が生じたことで液体ヘリウムが容器内に漏れ、外部の熱がコイルに伝わったために磁力が低下したとみている。

ここで日付が気になった方もいるでしょう。そう、トラブルが発生したのは同年8月5日。JR東海と鉄道総研がそのことを発表したのは、新聞掲載前日の同年9月3日。つまり、トラブルの発生から発表までに約1カ月が経過しているのです。

この記事は、ジャーナリストや市民団体が引用して、ブログに掲載しています。なぜＪＲ東海と鉄道総研は、トラブルが発生してからすぐに発表しなかったのか。不思議ですね。

先ほども述べたように、山梨日日新聞は山梨県の地元紙なので、もしこのことを報道したのが山梨日日新聞だけだったとしたら、それが伝わる範囲は限られてしまいます。場合によっては、国の中枢機能がある東京にも十分に伝わっていない可能性があります。

そこで私は、全国紙に載っていないか確認しました。

載っていました。国立国会図書館東京本館の新聞資料室で調査したところ、大手全国紙４紙とブロック紙１紙が、山梨日日新聞と同様に１９９９年９月４日付朝刊社会面で報じていたことがわかりました。

各紙の見出しは次のとおりです。

朝日新聞「超伝導部品に亀裂　リニアが緊急停止　山梨」

毎日新聞「リニア緊急停止　山梨・実験線　冷却材が流出」

読売新聞「〝４００キロリニア〟急停止　山梨実験線　磁石故障、けが人なし」

中日新聞「リニア走行中故障　山梨実験線　超電導磁石内に亀裂」

日本経済新聞「リニア走行試験　磁力を失い停止　ＪＲ東海」

ご覧のとおり、見出しは各紙異なります。ただし、記事の内容はほぼ同じで、山梨日日新聞の記事とも合致します。このため、JR東海と鉄道総研は、山梨日日新聞をふくむ少なくとも6つの新聞社に同じ報道資料を送っていたと考えられます。

▼JR東海の主張と異なる事実

これだけ報じられていれば、当然東京にある国の中枢機関も把握していたはずです。

ところが運輸省（現・国土交通省）はその事実をスルーしています。

それどころか、超電導リニアに対してGOサインを出しています。運輸省の実用技術評価委員会が、山梨実験線での試験走行の結果をふまえて「実用化に向けた技術上のめどは立った」と評価したのは、このトラブルがあった翌年の2000年3月です。しかも2005年3月11日の「超電導磁気浮上式鉄道実用技術評価」［7－3］のⅡ－24頁には、1997年4月から8年に及ぶ山梨実験線での走行試験が「計画通り順調に進展してきた。この間、大きなトラブルもなく走行試験が進められ」たと記されています。いっぽう2009年7月28日の「超電導磁気浮上式鉄道実用技術評価」［7－4］の29頁には、「超電導磁石故障（高速着地）」という項に「山梨実験線で発生事例なし」と記されており、1999年8月5日に発生したクエンチによるトラブルについては一切ふれていません。

これは、とんでもないことです。

本来ならば、山梨実験線でクエンチが少なくとも1回起きたことを前提として、超電導リニアの評価をやり直す必要があります。当然、中央新幹線に超電導リニアを導入することもあらためて検討し直す必要があります。

なぜこのようなことが起きたのでしょうか。

それは、山梨実験線でクエンチが起きたという事実が、リニア中央新幹線というプロジェクトを推進する上で障壁になるからではないかと私は考えます。

クエンチの克服は、超電導リニアを実現させる上での第一歩です。それができていないことを示す事実が1つでもあるとすれば、超電導リニアの技術的評価は下がり、専門家が「実用化に向けためどは立った」と断言するのが難しくなります。となれば、当然超電導リニアの開発は長引き、中央新幹線の起工が先延ばしになります。

だからJR東海は、この事実をなかったことにしたのではないか。私はそう考えました。

こう書くと、「なぜJR東海を悪者扱いするのか」「川辺はJR東海に何か恨みでもあるのか」という方もいるでしょうが、そうではありません。JR東海は、取材などで大変お世話になった鉄道会社の1つであり、過去には民営化初（広報担当者談）となる東海道新幹線の乗務員（運転士1人・車掌3人・パーサー2人）や、超電導リニア開発のトップのインタビュー取材をさせてもらったこともあります。そのような会社を悪者扱いしたり、恨みをもったりするつもりはまったくありません。

ですが、山梨実験線でクエンチが起きたのは、複数の新聞が報道している事実です。実用技術評価委員会の最終とりまとめに、その事実に反することが書いてあるのも事実です。

1999年のJR東海の事故の発表と、その後の主張が矛盾している。私はこれがおかしいと申し上げた上で、指摘しているのです。批判ではありません。

▼2019年に発生した車内出火で3人が重軽傷

次に、山梨実験線で起きた火災事故をご紹介します。

ここで「え？　山梨実験線で火災が起きた？」と疑問に感じる方もいるでしょう。それが2019年に起きたと聞いたら、驚く人もいるかもしれません。

じつは起きているのです。火災は超電導リニア車両の車内で発生し、作業員3人が重軽傷を負い、病院に搬送されました。

これは、けっして小さな事故ではありません。にもかかわらず、知らない方が多いとすれば、それは事故の規模が大きいわりに、報じたメディアが少なかったからでしょう。

この事故が起きた時間は、2019年10月7日午後4時5分ごろ。場所は、車両基地に停車していたリニア車両の車内。作業員5人が点検作業をしていたときに、機器室でデータを取り出すため、作業員が断路器（車体床下にあるスイッチ）を切り、終了後に入れ直したところ断路器から出火。作業員3人の衣服に燃え移り、顔や手にやけどを負いました（2人重傷、1人軽傷）。

この事故を、当日中に伝えたネットメディアは、私が確認した限り、産経ニュースと時事ドットコムニュースだけでした。両者が記事を投稿した時間は、当日の22時以降。事故発生から6時間以上経過していました。

産経ニュースは、当日22時25分に投稿した記事で「JR東海広報室は『詳細を把握していないので取材には応じられない』としている」と伝えたのち、更新して「JR東海東京広報室は当初、『詳細を把握していない。公表するかどうかは未定』としていたが、その後取材に応じ『電気回路のスイッチを入れたときに発火した。負傷した3人のうち2人が社員で1人がメーカーの作業員だが、誰が社員かは言えない』とした」と伝えました。いっぽう時事ドットコムニュースは、当日23時12分に投稿した記事で、事故の第一報を伝えました。

先ほど紹介した山梨日日新聞は、翌日（10月8日）の朝刊でこの事故をくわしく報じました。翌々日（10月9日）の朝刊では、火災で焦げた断路器の写真（JR東海提供）を載せた上で、断路器から出火した経緯を伝えました。

しんぶん赤旗は、10月9日にこの事故に関して「JR東海は、同日中に公表しませんでした」と報じ、その理由を「現地から報告を受けているので、報道機関などから問い合わせがあった場合は対応している」と同社広報部が説明したと報じました［7－5］。

静岡新聞のニュースサイト（静岡新聞アットエス）は、事故5日後（10月12日）に「県などによると、火災は停車中の車両から発生し、鎮火までに1時間20分かかったという」と報じました［7－6］。

不思議なのは、大手メディアが、この事故を積極的に報じなかったことです。たとえば、朝日新聞・毎日新聞・読売新聞は、翌日に地方版（山梨版）でこの事故を報じたものの、全国版では地方版よりも小さく扱っていました。

事故10日後（10月17日）には、JR東海の金子慎社長が、定例会見でこの事故に対して「ご心配をおかけして申し訳ない」と謝罪。ところが、その翌日にこの謝罪を伝えたのは、私が確認した限り山梨日日新聞のみでした。

事故11日後（10月18日）には、JR東海労働組合が「JR東海労ニュース」［7－7］で次のようにJR東海の姿勢を批判しました。


会社は、マスコミの取材で「走行とは無関係の機器のトラブルで走行に支障はない」と、常軌を逸した見解を示しました。また、東京広報室は当初、「詳細を把握していない。公表するかどうか未定」としました。つまり、隠蔽を考えていたということです。このような会社の傲慢な姿勢は許してはなりません。


JR東海公式サイトのニュースリリースには、この事故や、社長の定例会見についてふれた記事がありません。私は事故直後からニュースリリースに関連記事が載らないかチェックしてきましたが、結局載りませんでした。

東海道新幹線で事故やトラブルがあると記事を掲載するのに、山梨実験線での事故についてはふれない。これではＪＲ東海が鉄道事業者として社会に信頼されるのは難しいでしょう。

鉄道車両の技術にくわしい方のなかには、「断路器からの出火ぐらいでそんなに騒ぐな」と言う方がいるかもしれません。たしかに、２０１９年10月９日付山梨日日新聞朝刊の記事には「ＪＲ東海によると、出火したのは『断路器』と呼ばれる空調や照明をつかさどる電気回路のスイッチ」と記されており、従来の電車における補助回路のスイッチで出火したことになります。車両の走行に直接関係する電気回路ではありません。

ただ、私がここで申し上げたいのは、次の２つに疑問を感じるということです。

・ＪＲ東海がこの火災事故に関する情報を十分に公開しなかった
・大手メディアが、この火災事故をしっかりと報じなかった

そう、これはＪＲ東海だけの問題ではなく、メディアの問題でもあるのです。

７－３　営業開始後の緊急時対策は万全か

ここまでは、宮崎実験線や山梨実験線で実際に発生したおもな事故やトラブルを紹介しました。

また、安全面において超電導リニアが課題を抱えていることや、ＪＲ東海がそれに関して情報公開を避けていることにふれてきました。

読まれた方のなかには、宮崎実験線と山梨実験線の両方で火災事故が起きていたことを初めて知り、驚いた方もいるでしょう。

それでは、超電導リニアが導入される中央新幹線では、どのような火災対策を行うのか。気になる方は多いはずです。

そこで本節では、国土交通省の中央新幹線小委員会の資料をもとにして、超電導リニアが抱える火災のリスクや、中央新幹線の火災対策がどの程度検討されているかを紹介します。

▼ガスタービン／タイヤ／コイルという発火源

結論から言うと、中央新幹線の火災対策は十分に議論されていません。

たとえば中央新幹線小委員会で火災対策が話題になったのは、計20回のなかで1回だけです。その議事録を「火災」で検索すると、２０１０年4月15日に開催された第2回のみがヒットします。

この第2回の議事録を見ると、ただ火災のリスクや、発生時の避難について報告されただけで、議論されていないことがよくわかります。国土交通省の潮崎技術開発室長が、配布された資料について説明しただけで、それに対する出席者からのリアクションがなかったのです。

潮崎技術開発室長は、超電導リニアに3つの発火源があることを明らかにしています（図7－2）。

3つの発火源とは、地上コイル、支持輪タイヤ、そしてガスタービン発電装置です。

1つ目の地上コイルは、ガイドウェイに設けるコイルです。絶縁性能と強度を両立させるため、可燃物である樹脂でできています。

2つ目の支持輪タイヤは、可燃物であるゴムでできています。先に述べたように、宮崎実験線では火災の原因となりました。

3つ目のガスタービン発電装置は、車両の空調装置や照明装置が消費する電力を発電する車上電源装置です。先頭車にあり、灯油を燃料として作動します。

宮崎実験線での車両全焼事故では、支持輪タイヤが発火し、地上コイルに燃え移りました。潮崎技術開発室長は、この事故にふれた上で次のように述べています。

火災への対応について（地上コイル・支持輪タイヤ）

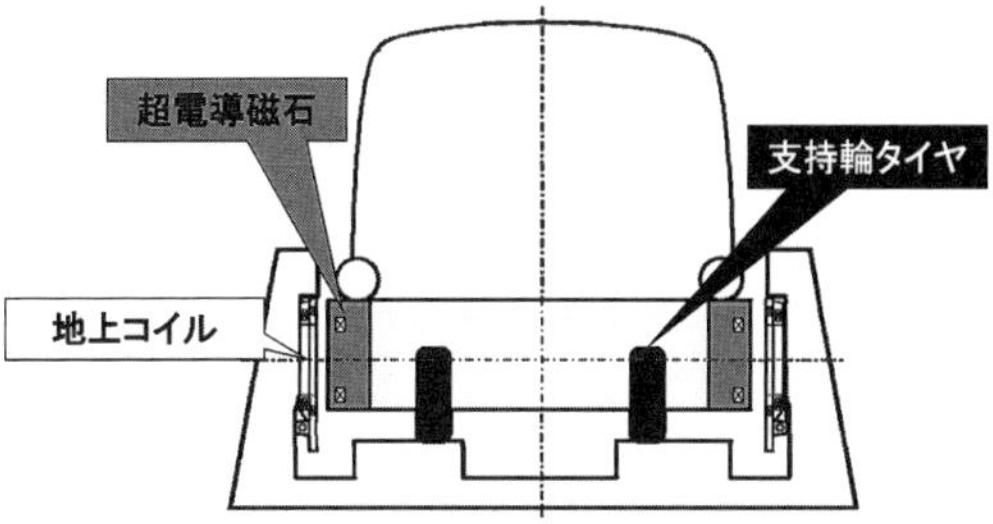

設備	概要	対応方法
地上コイル	絶縁性能と強度の両立から樹脂を使用し、推進コイルではケーブルを使用しているタイプもある。	推進コイルの異常時は電力変換器の迅速な電流遮断機能があること、浮上案内コイルの高信頼度等により、地上コイル側からの発火の可能性は無視できると考えられる。
車両の支持輪タイヤ	高速着地やディスクブレーキによるエネルギー吸収を行うことから、発火源となる可能性があると考えられる。	支持輪タイヤが発火に至るのは何らかの装置故障により高速着地が発生し、かつ高速から車輪ディスクブレーキが作動する故障原因が重なり、かつその時に検知センサの故障が重なるなどしてタイヤが固着した場合と想定され、このような多重故障の発生確率は極めて低い。万一支持輪タイヤから出火したとしても全体として本格的な燃焼に移行するまで着火開始から20～25分を要するとともに、実験結果より支持輪タイヤの放射熱では地上コイルには着火延焼しない。さらに最悪のケースとして地上コイルに着火延焼したと仮定しても、それまでに要する時間は適切な誘導措置がとられた状況で乗客が避難するのに要する時間よりも十分長い。

図７－２　発火源についての資料

宮崎で起こったようなレアケースの火災が発生しないような極めて多重構造の防止策を講じているということと、それでも万々が一火がついても、タイヤが本格的に燃焼を開始するまでには20分から25分かかる。さらに地上コイル側に延焼拡大するようなことは、お客さんの避難の時間に問題になるような燃え方をすることは全くないということを、これは試験を行いまして、その結果をもって確認しております。

ここでふれられている支持輪タイヤの燃焼試験については、実用技術評価委員会のとりまとめに掲載された試験結果と一致します。ただ、説明内容が曖昧で、燃焼時に人体に有害な煙やガスが発生することには一切ふれていません。また、延焼の可能性を「全くない」と断じています。

いっぽう、ガスタービンについては、初めて知る人もいる方もいるのではないでしょうか。じつは超電導リニアには、消防法で定められた危険物である灯油を貯蔵する燃料タンクと、灯油を燃やして発電するガスタービン発電装置があり、車内の空調装置や照明装置などが消費する電力を賄っているのです。

疑われる方は、超電導リニア車両の写真をよく観察してみてください（写真7－2）。MLX01やL0系初期型の先頭車先頭部では、屋根に黒く汚れた部分があり、停車中にその付近で陽炎が発生します。これは、この部分にガスタービンの排気口があり、煤や熱がここから出ている証拠です。

第2回中央新幹線小委員会で配布された資料には、ガスタービンの火災対策を記したページがあります（図7－3）。よくご覧ください。ガスタービン発電装置や燃料タンクが発火源になることは、この図を見れば明らかです。また、その周囲に「消火ノズル」「火災検知装置」「断熱材」が設けてあることや、「排気温度監視」「防火壁による客室との隔離」「異常時燃料緊急遮断」「燃料タンクの防護・割損防止・延焼防止・タンク内圧上昇防止対策」などの対策が施されていることもわかります。

以上述べた3つの発火源は、従来の鉄道にはありません。つまり、超電導リニアならではの発火源だと言えます。

このような発火源があることは、一般にはほとんど知られていません。リニア中央新幹線公式サイトの「火災への対策」には、車両に不燃性・難燃性の材料を使用していると書いてあるものの、3つの発火源についてはふれていませ

写真7－2　屋根が媒で汚れたL0系初期型先頭車

ん。

なお、第1章で述べたように、超電導リニア車両の台車には油圧システムがあり、そこに約100リットルの作動油が使われています。この作動油は可燃物で、着火すれば燃えます。ところが中央新幹線小委員会では、その点について議論されていません。

▼ガスタービン発電装置は不要になるか

先ほど紹介したガスタービン発電装置は、将来使われない可能性があります。

今後は誘導集電方式を導入することが検討されているからです。

誘導集電方式とは、第1章でふれた電磁誘導を利用して外部から電気を取り込む方

火災への対応について（ガスタービン）

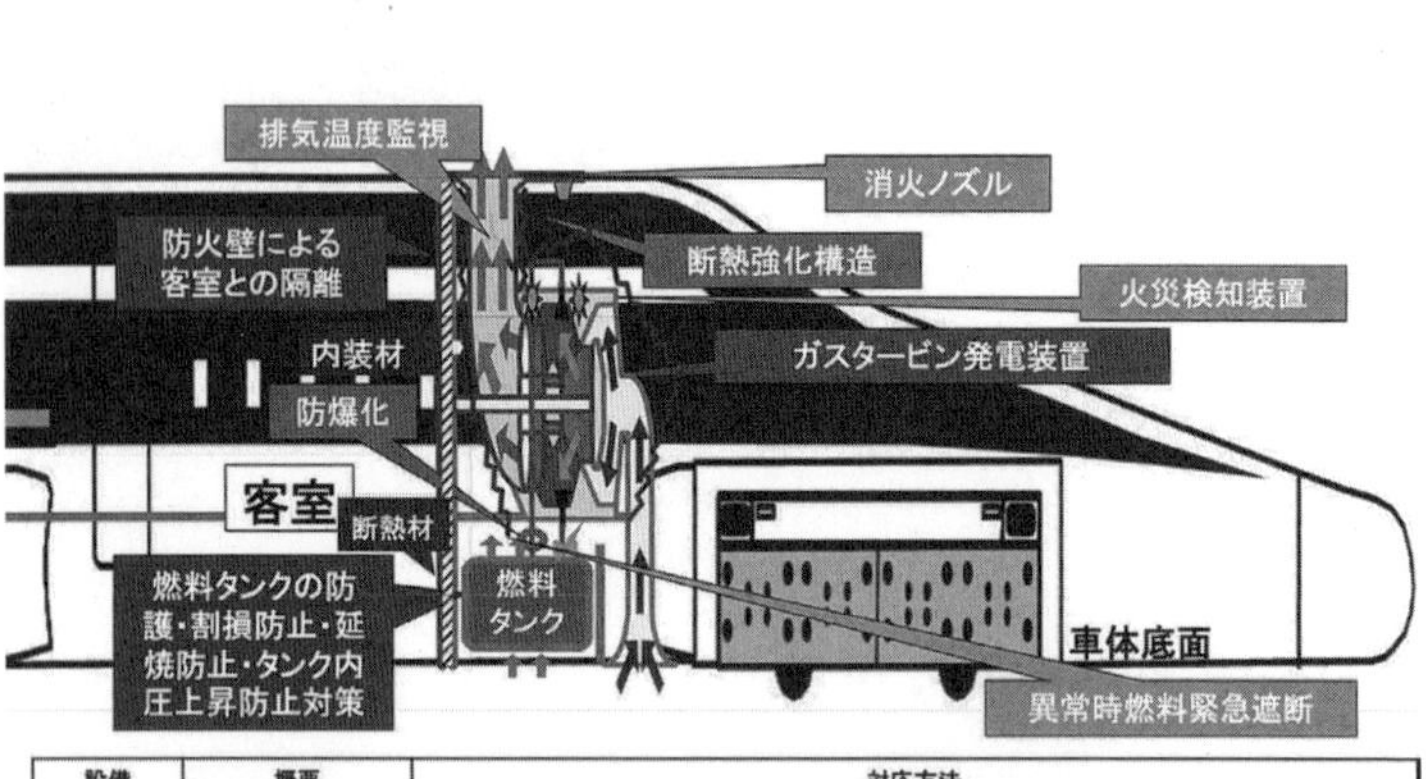

設備	概要	対応方法
ガスタービン発電装置	車上電源としてガスタービン発電装置を搭載しており、この燃料として灯油を使用している	ガスタービン発電装置には火災検知装置、排気温度監視装置、消火ノズル、静電気・配管漏れ防止対策、異常時燃料遮断装置、断熱強化構造、燃料ポンプの防爆化等、各種の火災対策設備を設置。燃料タンクは二重壁化（燃料タンク防護・割損防止、延焼防止）、タンク内圧上昇防止対策、揮発成分の車外排出等を実施。ガスタービン機器室を防火壁で区切り、客室、制御機器類及び台車を防護する。制御機器類は、客室とは別区画に配置して客室火災からも防護する。

図7－3　ガスタービン発電装置の火災対策

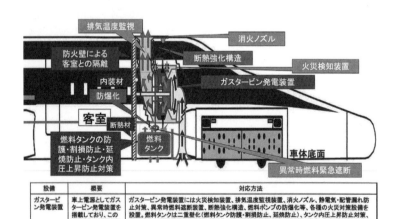

式です（図7−4）。地上側（ガイドウェイ）に設けたコイル（地上ループ）と車両側の集電コイルは、互いに向き合うように固定されており、地上ループに電流を流すと、磁界が発生します。いっぽう集電コイルでは、磁界の変化によって誘導電流が流れます。誘導集電方式では、このしくみを利用して、地上側から車両側に非接触で電力を供給します。

誘導集電方式は、MLX01で導入され、性能試験をした実績があります。国土交通省の実用技術評価委員会は、その試験結果をふまえて「誘導集電については、車上電源として実用化に必要な技術が確立している」と評価しました（2011年9月13日）。

ただし、本格的な導入はこれからです。

L0系の初期型では、前後の各先頭車にガスタービン発電装置が搭載されました。

いっぽう、2020年3月25日に報道陣に公開されたL0系の改良型では、先頭車にガスタービン発電装置が搭載されませんでした。JR東海が2018年12月20日に発表した資

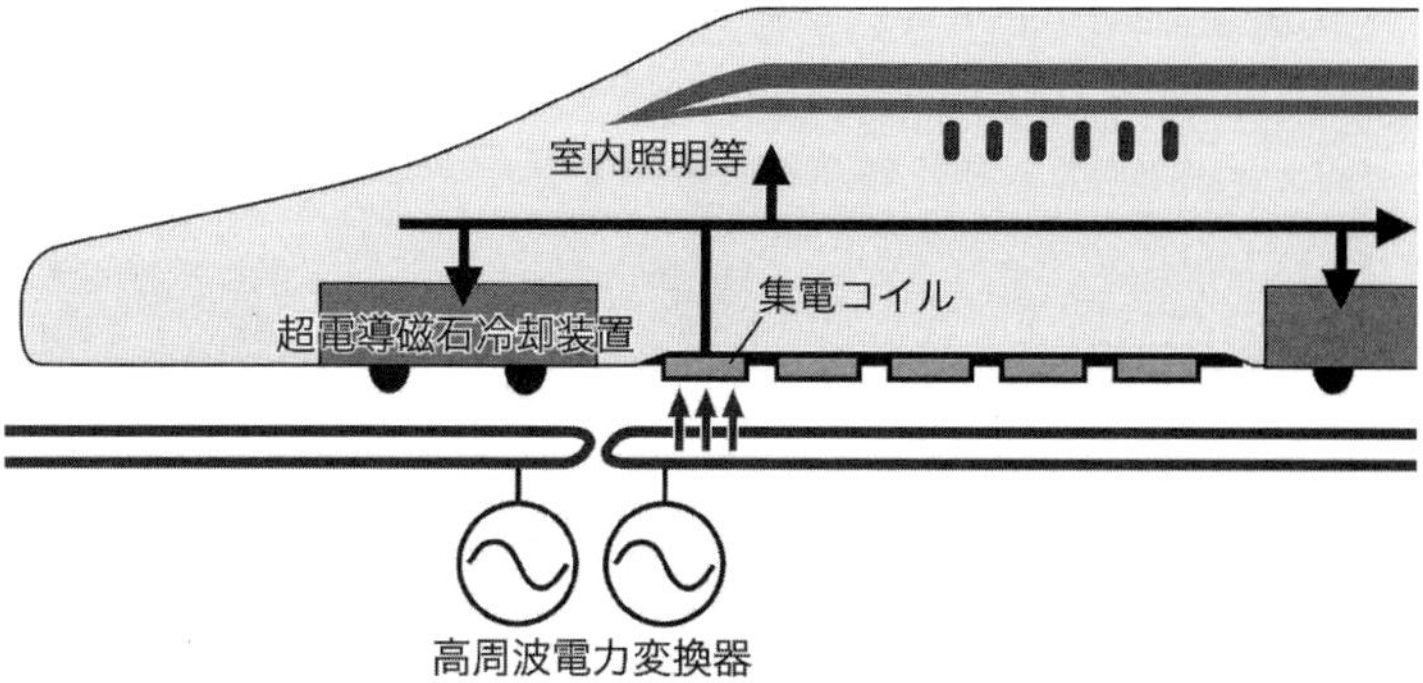

図7−4　誘導集電方式

料には、「営業車両の仕様である誘導集電方式を全面的に採用するため、ガスタービン発電装置を搭載しない」と記してあります。

ただし、2020年に製造された改良型は、先頭車1両と中間車1両です。

誘導集電方式を全面的に採用するには、すべての先頭車をガスタービン発電装置非搭載車にしなければなりません。片方の先頭車が非搭載であっても、もう片方の先頭車に搭載されていれば、ガスタービン発電装置に頼っている状況になるからです（図7－5）。

ここであらためて第1章の写真1－1をご覧ください。これは、改良型が組み込まれた直後の2020年9月に山梨実験線で撮影した写真です。手前の先頭車は改良型で、屋根は黒ずんでなく、陽炎もたっていません。ところが奥の先頭車の屋根は黒ずんでおり、陽炎がたって背後のガイドウ

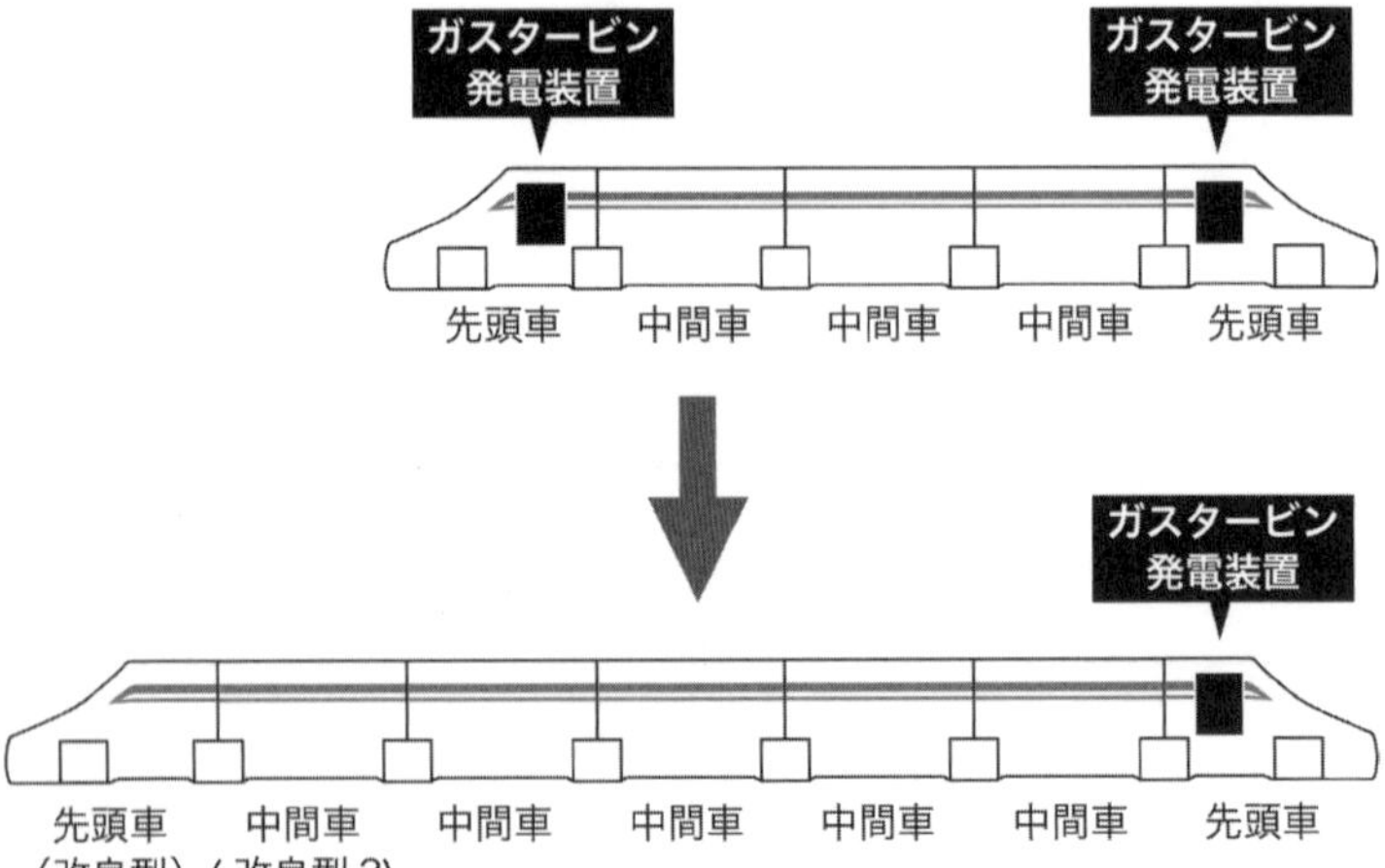

図7－5　改良型を組み込んでも、編成にガスタービン発電装置がある

ェイがゆがんで見えます。これはガスタービン発電装置がまだあり、作動しているなによりの証拠です。つまり、この編成は、改良型を組み込んでも、車内電源はガスタービン発電装置に頼っているのです。

もし誘導集電方式のみで車内電源を確保できるのであれば、改良型先頭車を少なくとも2両製造して、同じ編成に組み込むはずです。ところがそれをやっていない。それは、まだ技術が十分に磨かれていないことを指します。

▼トンネル内火災の対策は十分か

もし車両にガスタービン発電装置が搭載されなくなったとしても、まだ地上コイルと支持輪タイヤが発火源として残ります。これらを不燃性・難燃性の材料のものに置き換えることは、技術的にきわめて難しいはずです。

となれば、当然火災が起こることを前提とした対策を考える必要があります。

もし列車で火災が発生し、トンネル内で停止してしまうと、被害が拡大する恐れがあります。トンネル内では避難が困難になるだけでなく、火災で発生した有毒なガスや煙による二次被害が起こる可能性があるからです。

このため、リニア中央新幹線公式サイトの「火災への対策」には、「列車火災発生時は、迅速かつ安全に乗客の避難を行うために、次の停車場又はトンネルの外まで走行して停止することを原則としています」と記されています。この原則は、従来の鉄道と同じです。

ただし、これはあくまでも原則です。

中央新幹線では、原則どおりに対処することが難しい場合があります。第2章で述べたように、中央新幹線は、全区間の約7割（品川・名古屋間は約9割）をトンネルが占める特殊な鉄道路線なので、トンネル内で停車しなければならない可能性が高いからです。

このため、第2回中央新幹線小委員会では、潮崎技術開発室長が火災発生時にトンネル内で列車を停車させる場合の避難方法にふれ、「乗務員の指示に従って風上の方向に逃げるということが基本」と述べています。また、トンネルから地上に出るための避難通路となる立坑や斜坑を一定距離ごとに設けることも述べています。同会で配布された資料には、その詳細が記されており、トンネルの左右両側や路盤の下にある通路を使って避難することが図示してあります。

トンネルからの避難が必要になるのは、火災発生時だけではありません。地震発生時や車両故障時、何らかの理由ですべての電源が喪失したときなどにも、トンネル内で列車が停止してしまい、乗客や乗務員が避難することが起こりえます。

ある鉄道会社の技術者は「超電導リニアでは、そうした緊急時対策が十分に練られているのか」と首を傾げます。

超電導リニア車両は、指令室からの遠隔操作によって動くので、従来の新幹線車両のように乗務員が操縦して、車両の位置を変えることができません。それゆえ、従来の新幹線とは避難方法を変える必要があります。

この技術者は、L0系初期型の先頭車先頭部には前面窓がなく、乗務員が窓越しに前方確認をできない構造にも疑問を抱いていました。たとえ先端部に前方監視カメラを設置したとしても、それが故障すれば、緊急時の対応が難しくなるからです。

そのためか、改良型先頭車の先頭部には前面窓のようなものが追加され、ヘッドライトや前方監視カメラがそこに移されました。ただし、乗務員が車内から前方を目視できる窓であるかどうかはわかりません。

また、超電導磁石から発生する強い磁界が、乗客や乗務員が車外に避難するときの障害になる可能性もあります。車内の客室では磁気的に遮蔽されているのに対して、車外では人々が遮蔽されていない状況で磁界の影響を受けます。また、人々が身につけている金属が超電導磁石に吸い寄せられる「吸引」が起こる可能性もあります。

この「吸引」による事故は、第1章で紹介したNMRやMRIで実際に起きています。たとえば病院では、はさみやボンベ、車椅子などがMRIに「吸引」される医療事故が起きています。

もちろん、超電導リニアでは、避難時に超電導磁石を消磁する（磁界を発生しないようにする）構造になっているはずです。市民団体（「リニア新幹線を考える東京・神奈川連絡会」の麻生・多摩の会）が2015年にまとめた資料［7－10］には、同団体が緊急時における超電導磁石の消磁について質問したところ、JR東海が次のように答えたと記してあります。

避難時等の緊急性がある場合には、超電導磁石を即座に消磁させることになります。なお通常の保守時には機械操作等あらかじめ決められた手順を踏んだうえで消磁させることとしています。いずれにしましてもお客様の安全を第一にハード、ソフト両面において様々な検討を進め、万全を期してまいります。

ここには、超電導磁石を消磁できなかったときの対処が記されていません。JR東海はそれに対して「起こりえない」もしくは「起こる可能性はきわめて低い」と考えているのかもしれませんが、そのような状況も「起こりえる」と考えて対策しないと、必要最低限の安全は確保できません。

超電導リニアでは、超電導磁石を消磁できなかったトラブルが過去に起きています。宮崎実験線で試験車両が全焼したときには、超電導磁石が励磁（強い磁界が発生）した状態になっていました。宮崎実験線の元副所長は、『超電導磁気浮上式鉄道宮崎リニア実験線記録誌』［0－22］のなかで「火災直後で車体が燃え落ちた状態でも、一部の超電導磁石が励磁状態にあった」と記しています。同じことは、今後も起こりえます。むしろ起こらないと考えるほうが危険です。

また、中央新幹線では、長大トンネルや、大深度トンネルが多いゆえに、乗客乗員の避難経路が長く、地上に脱出するまでに時間を要することが懸念されます。火災の場合、避難中にトンネル内で煙や有毒ガスが広がれば、大惨事になる可能性もあります。この点ついて指摘した資料は複数あるので、詳細な説明は割愛します。

このように、超電導リニアの緊急時対策には、多くの疑問点が存在します。先ほど紹介した鉄道会社の技術者が首を傾げたのは、そのためです。

以上のことから、超電導リニア方式の中央新幹線の安全性を、従来の新幹線と同等、もしくはそれ以上に保つのは難しいと私は考えます。

第７章まとめ

- 山梨実験線ではクエンチが起きていた（ＪＲ東海の主張と異なる）
- 超電導リニアには３つの発火源がある
- 緊急時の対応にも課題がある

第8章　中央新幹線は在来方式でも開業できる

本章では、一般に知られていないことを書きます。

中央新幹線には、超電導リニアの実用化が失敗したときのための準備がされています。「そんなバカな」と言われるかもしれませんが、本当です。

中央新幹線は、超電導リニア方式と在来方式の両方に対応した構造になっています。つまり、これまでの新幹線と同様に、在来方式で開業させることができる準備がされているのです。

その根拠としては、次の2つがあります。

・JR東海の経営者や技術者がそれを示唆する内容を述べている
・中央新幹線の土木構造物が、両方の「規格」に対応しているそれぞれくわしく説明しましょう。

8−1　経営者と技術者が語るリニア失敗の可能性

▼在来方式に対応させると語った当事者たち

まずは1番目の「JR東海の経営者や技術者がそれを示唆する内容を述べている」から見ていきましょう。

はじめに、技術者の言葉として、JR東海の土井利明氏の記事を引用します。土井氏は、今から約30年前、同社の総合企画本部リニア・中央新幹線推進部長であり、国際交通安全学会誌（1991年3月）に投稿した記事「リニア・中央新幹線の実現に向けて」［8−1］で、次のように述べています。

リニア技術開発に向けては関係者に自信もあり、最大限の努力もしていくわけであるが、21世紀初頭に100％確実に間に合うとは言い切れない。技術開発を進める技術陣としては不退転の決意でこれに臨んでいるが、利用者には輸送を提供するべき鉄道事業者としては、詰まるところリニアと心中してオール・オア・ナッシングとすることは許されまい。中央新幹線が十数年後に営業を開始するのに間に合わなければ、次善の策を講じなければならないことになる。それは公共交通機関の責務でもある。

リニアモーターカー技術開発が万が一うまく行かない場合、それは経済性や信頼性において問題があるケースであるが、その場合中央新幹線は新幹線改良型のレール車輪方式で建設することになる。（傍点は筆者追加）

傍点部分からは、技術者ならではの複雑な心境が読み取れます。超電導リニアの技術開発に対する意気込みを語りながらも、それが失敗する恐れがあることを語り、在来方式にも対応する重要性を指摘しています。

また、最後の「中央新幹線は新幹線改良型のレール車輪方式で建設する」という部分は、中央新幹線が在来方式でも開業できる構造になっていることを示唆しています。

この記事が投稿されたのは、JR東海発足の4年後。山梨実験線の先行区間の工事が進められていたころです。

次に、経営者の言葉として、繰り返し紹介している現名誉会長の葛西氏の書籍から引用します。葛西氏は、自著『飛躍への挑戦』で、超電導リニアの登坂性能は60パーミルに対応していることにふれた上で、次のように述べています。

超電導リニアの実用システムを開発することが山梨実験線の目的だが、土木構造物の基幹部分は汎用である。最悪の場合は鉄輪式でいかざるを得ないことも考慮し、その際、実用線の一部としても使えるように勾配を四〇‰に抑えることにした。（同著223頁）

「‰」はパーミルを示す記号です。また、別のページでは、超電導リニアは「一〇〇％成功する保証はない」と述べた上で「万一実用化困難という結果に終わった場合に備えて、二つの対策を取ることにした」と述べています。この「二つの対策」は、次のように要約できます。

A　山梨実験線の最大勾配を40パーミルにする

B　試験車両（300X）を開発する

このAについては、次のように記しています。

実験線の勾配を当初計画の六〇‰から四〇‰に緩めたのである。鉄車輪・鉄レールシステムの牽引力は摩擦により得られる。だから勾配が三〇～四〇‰を超えると車輪がスリップして牽引力が失われてしまう。

高速であるがゆえに急カーブは苦手だが、坂には強いのがリニアだということで、従来は六〇‰の勾配を目指していた。しかし、もしリニアの開発が思惑どおりにいかなかった場合は鉄車輪・鉄レール方式でいくことになる。その場合、四〇‰の勾配が掛け値なしの限界だ。そのため最悪の場合を考慮して、実験線の最大勾配を四〇‰としたのである。（同著291頁）

冒頭の「実験線」は山梨実験線のことです。最後の「最悪の場合」は、超電導リニアが頓挫したときのことだと考えられます。

中央新幹線の最大勾配は、山梨実験線と同じ40パーミルなので、中央新幹線は勾配の上で在来方式にも対応していることになります。

▼最大勾配を40パーミルとした根拠はドイツに

最大勾配を40パーミルにした例は、現在日本で営業している新幹線にはありません。ところがドイツの高速鉄道には、その例が存在します。

ドイツには、最大勾配を40パーミルにした高速新線（ケルン・ライン・マイン高速線）があり、高速列車（ＩＣＥ）が最高時速３００㎞で走っています（写真8－1）。この高速新線は、ケルンとフランクフルトを結ぶもので、２００2年に開業しました。なお、この区間を走行できる車両は、電車方式のＩＣＥ3に限定されています。

私は、この高速新線を走るＩＣＥに乗ったことがあります。急勾配が連続する区間は、ライン川に面した山岳地帯にあり、日本の新幹線と同様にトンネルが多く存在し、列車が頻繁にトンネルを出入りしていました。

そこで気になるのが、第6章でふれた「耳ツン」です。この高速新線は、急勾配が連続するので、山梨実験線のような大きな高低差が存在します。

ところが乗車したICEでは、「耳ツン」をあまり感じませんでした。もちろん、トンネル突入時やすれ違い時は若干感じましたが、私が山梨実験線で感じたほどの不快さはありませんでした。それは、最高速度が時速300kmで、超電導リニアよりも車内の気圧変化が小さかったからだと考えられます。

話を戻しましょう。

この高速新線は2002年に開業しました。ただし、最大勾配を40パーミルにすることは、

写真8－1　40パーミルに対応したICE3（ドイツ）

1985年の計画変更時に決まっていました。

JR東海が発足し、中央新幹線を推進し始めたのは、この2年後の1987年です。となれば、JR東海の経営者や技術者は、ドイツでこの高速新線が計画されていたことをすでに知っていたはずです。ドイツに前例があることを理由にして、中央新幹線の最大勾配を40パーミルにして、在来方式の電車を走らせることを想定したならば、それは妥当な判断だと言えます。

▼高速運転試験用在来型新幹線車両300Xを開発

次にBの「試験車両（300X）を開発する」について探ってみましょう。

この300X（写真8－2）は、JR東海が開発した試験車両（6両編成）です。1995年から2002年まで東海道新幹線で走行試験

写真8－2　300X（名古屋のリニア・鉄道館）

を繰り返し、1996年7月には、米原・京都間で当時の世界の電車の最速記録（国内の鉄道最速記録）である時速443㎞を記録しました。

ここからはあまり知られていないことですが、300Xは、中央新幹線を在来方式で開業させ、最高時速350㎞で営業列車を走らせることを想定した試験車両でした。

葛西氏は同著で「予備的技術として鉄車輪・鉄レール方式の限界に挑戦するシステムを開発することにした。そのための試験車両が300Xであった」と述べた上で、試験走行で「時速三五〇キロ運行を視野に入れてさまざまな技術データを蓄積した」と述べています。

いっぽう土井氏は、同記事で「リニア技術開発と共に東海道新幹線の改良型として将来三五〇㎞／h運転を目指した300X系新幹線の開発も並行して進められている」と述べた上で、「あくまで『リニア』で中央新幹線の開業を目指し、万々が一のための『300X系新幹線』開発である」と述べています。

このように、JR東海の経営者や技術者は、在来方式による中央新幹線での時速350㎞運転の可能性を探るために300Xを開発したことを述べているのです。

なお、JR東海が専門誌に投稿した記事［8－2］［8－3］には、300Xを開発した目的が明記されていません。中央新幹線の話には一切ふれず、「最新最良の高速鉄道システムを究めるため」と曖昧な目標が記されているだけです。

8−2　構造物が在来方式の規格に対応している

以上、ＪＲ東海の経営者や技術者が、中央新幹線が在来方式でも開業できる構造であると示唆していることを紹介しました。

それでは本当に、中央新幹線は在来方式に対応した構造になっているのでしょうか。

その問いに対する答えが、２番目の「中央新幹線の土木構造物が、両方の『規格』に対応している」です。

▼謎に迫るための４つの「規格」

中央新幹線が、超電導リニア方式と在来方式のどちらの方式でも開業できるようにするには、トンネルや高架橋などの土木構造物や、車両が両方の「規格」に対応している必要があります。ここでいう「規格」は、第２章でもふれたとおり、鉄道で決められた基準のことです。

このとき問われる「規格」は、次の４つです。

①最大勾配
②最小曲線半径

③建築限界
④車両限界

①と②は、すでに述べました。最大勾配は、坂のきつさ（勾配）の最大値であり、最小曲線半径は、カーブの緩さ（曲線半径）の最小値です（図8－1）。

③と④は、車両や、トンネルなどの施設の断面の限界を示しています（図8－2）。かんたんに言うと、車両が建築物に接触せずに走行するために定められた、それぞれの断面に関する基準です。

つまり①と②は「線形」、③と④は「断面」に関する決まりなのです。「線形」という言葉を聞きなれない方もいると思いますが、車両が走行する坂やカーブがどのように連続するかということです。坂やカーブが緩いほど「線形がよい」とも言います。

もしこれら4つの「規格」で次のことが言えたら、中央新幹線は在来方式でも開業できる構造だと言えます。

・施設（トンネルや高架橋など）の①②③が、在来方式に対応している
・車両に関する④が、在来方式に対応している

それでは、それぞれ見ていきましょう。

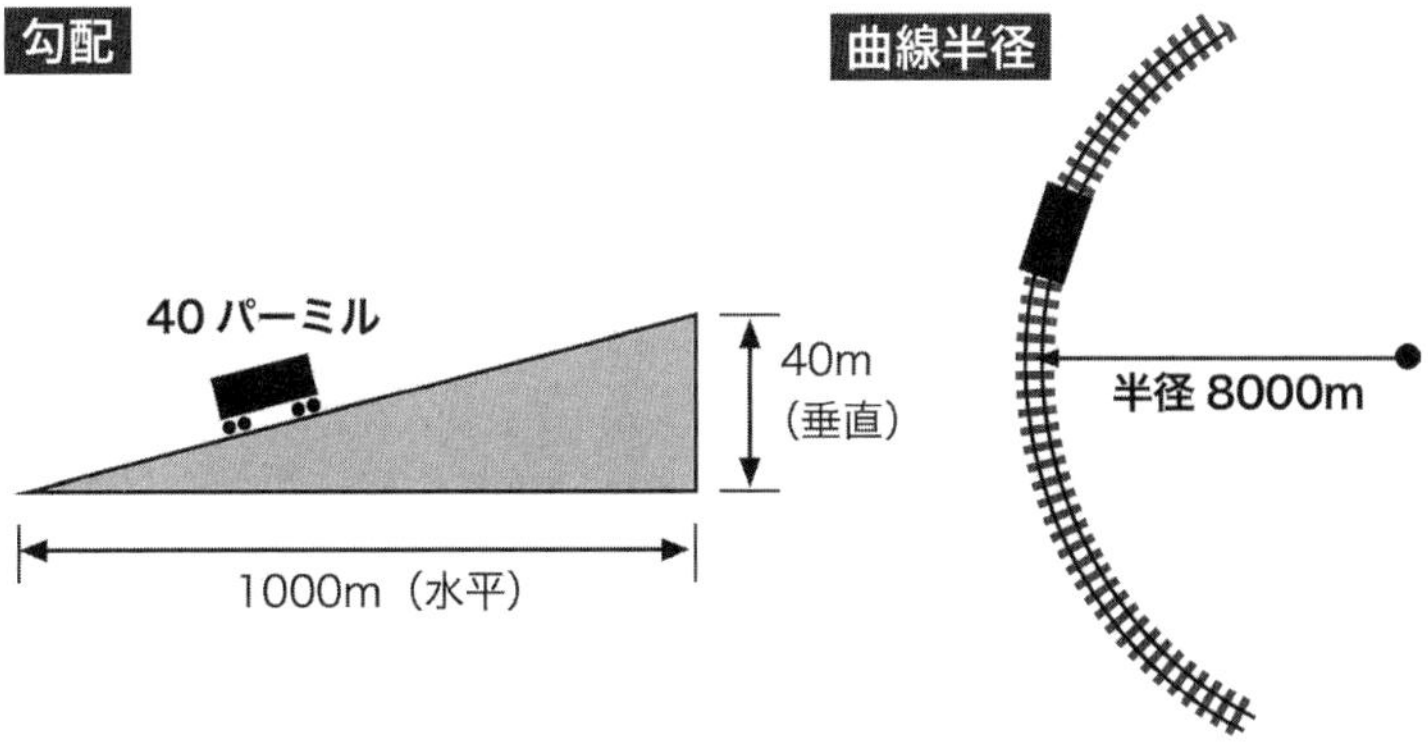

図８－１　勾配と曲線半径

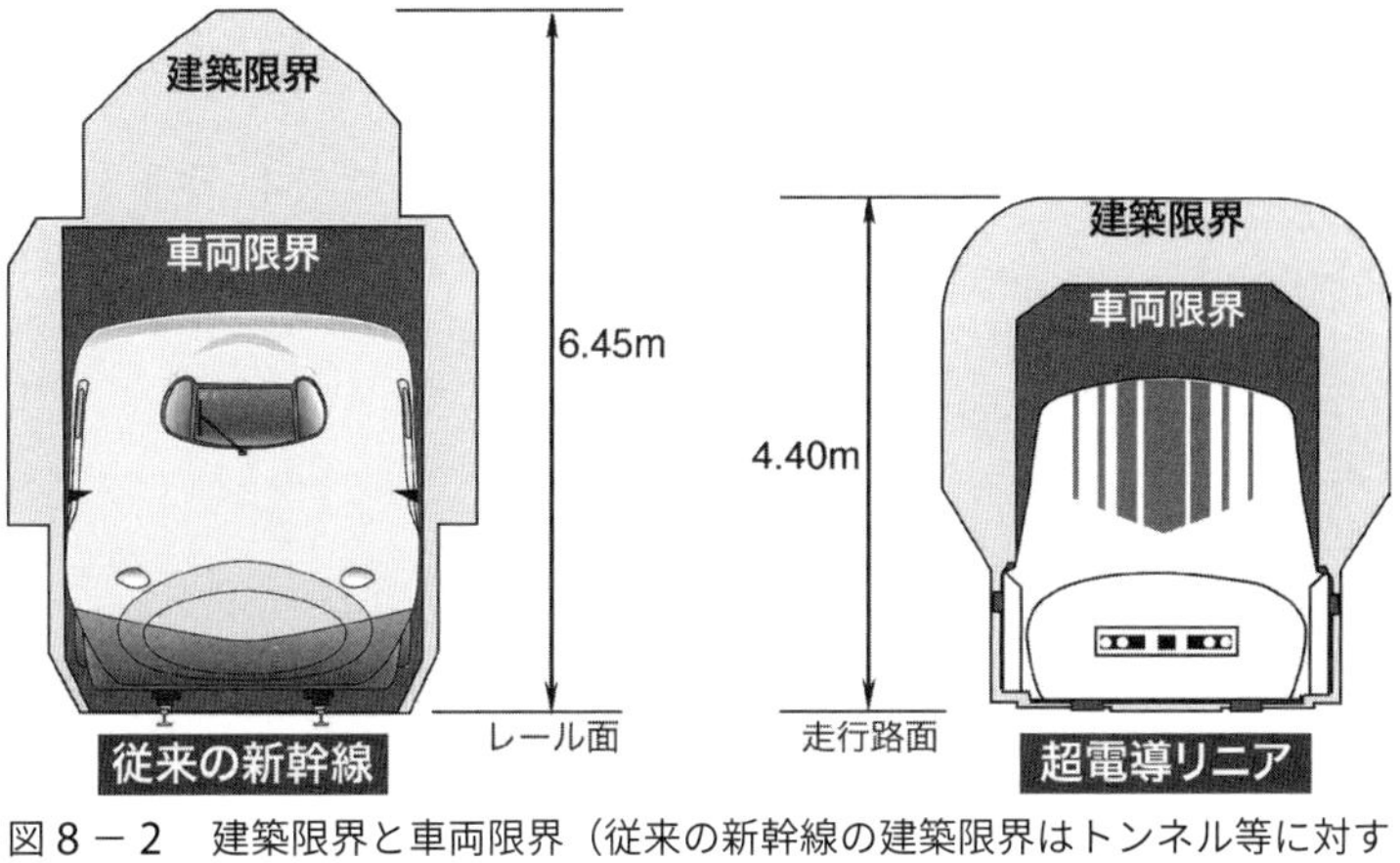

図８－２　建築限界と車両限界（従来の新幹線の建築限界はトンネル等に対する限界を示している）

▼坂とカーブは在来方式に対応している

まずは、①の最大勾配と②の最小曲線半径から見ていきましょう。

先ほど述べたように、中央新幹線の最大勾配は、山梨実験線と同じ40パーミルです。最急勾配を40パーミルにした在来方式の高速鉄道は、ドイツにあります。

次に最小曲線半径を見てみましょう。

中央新幹線の最小曲線半径は、山梨実験線と同じ8000mです。

いっぽう、従来の新幹線における最小曲線半径は、東海道新幹線で2500m、それ以外では4000mです（ただし一部区間に例外あり）。

つまり、中央新幹線は、従来の新幹線よりもカーブが緩いのです。それは言うまでもなく、時速500kmでの超高速走行を可能にするためです。逆に言えば、それよりも低速で車両が走る在来方式には十分に対応していることになります。

以上のことから、中央新幹線は①と②において在来方式に対応していると言えます。

▼従来の建築限界がすっぽり収まるトンネル

次に、③の建築限界を見ていきましょう。

建築限界は、建築物の断面がこれより内側にはみ出してはいけないことを示す規格です。トンネルや高架橋などの構造物は、すべてこの外側に位置するように設計されています。

建築限界は、超電導リニア方式と在来方式では異なり、超電導リニア方式の断面サイズのほうが小さくなっています。下の基準面（走行路面・レール面）をそろえて双方を重ね合わせると、超電導リニア方式の建築限界は、在来方式の建築限界の内側にほぼ収まります（図8－3）。超電導リニア方式の建築限界の下半分が内側に凹んでいるのは、ガイドウェイの側壁があるからです。側壁が撤去されてしまえば、在来方式の建築限界の下半分と干渉する構造物はなくなります。

いっぽう中央新幹線のトンネル断面は、東海道新幹線のそれよりも大きくなっています（図8－4）。

この図は、国鉄やJR東海が公開した資料［8－5］［8－6］に基づいて私が作図しました。なお、中央新幹線のトンネル断面の内径に関しては、「約13ｍ」という曖昧な数値しか公開されていないので、ネット記事［8－

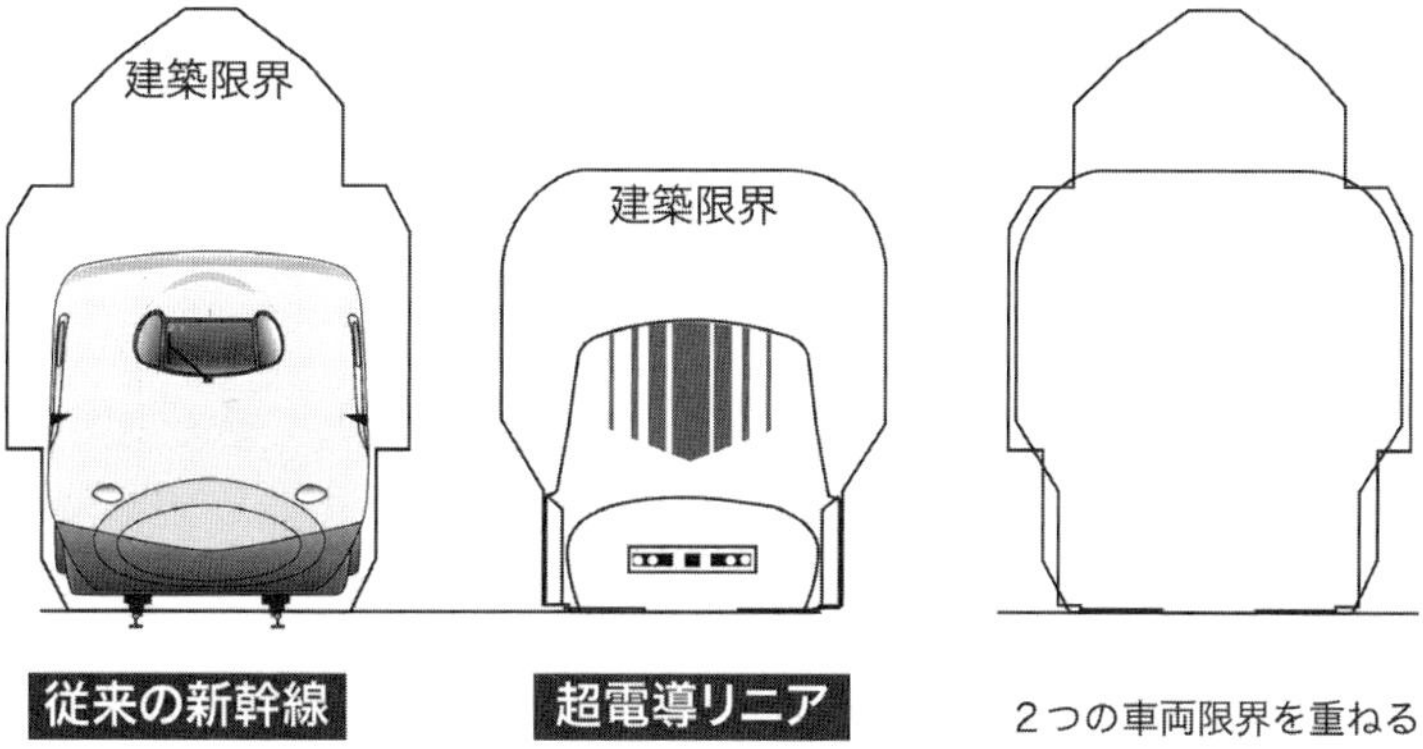

図8－3　建築限界の比較

7」で公開された都市トンネルの外径（13・8m）と、ほぼ同じサイズのトンネルで使われたセグメント（トンネルの壁になるブロック）の厚さ（20㎝）から13・4mであると仮定して、作図しました。

なぜ中央新幹線では、東海道新幹線よりもトンネルの断面のサイズが大きいのに、建築限界のサイズが小さいのか。不思議ですね。

ここで先ほどの図をよく見てください。東海道新幹線のトンネルでは、在来方式の建築限界がギリギリ収まっているのに対して、中央新幹線のトンネルでは、超電導リニアの建築限界が余裕をもって収まっています。

ここで、中央新幹線のトンネルに在来方式の建築限界を入れてみましょう。

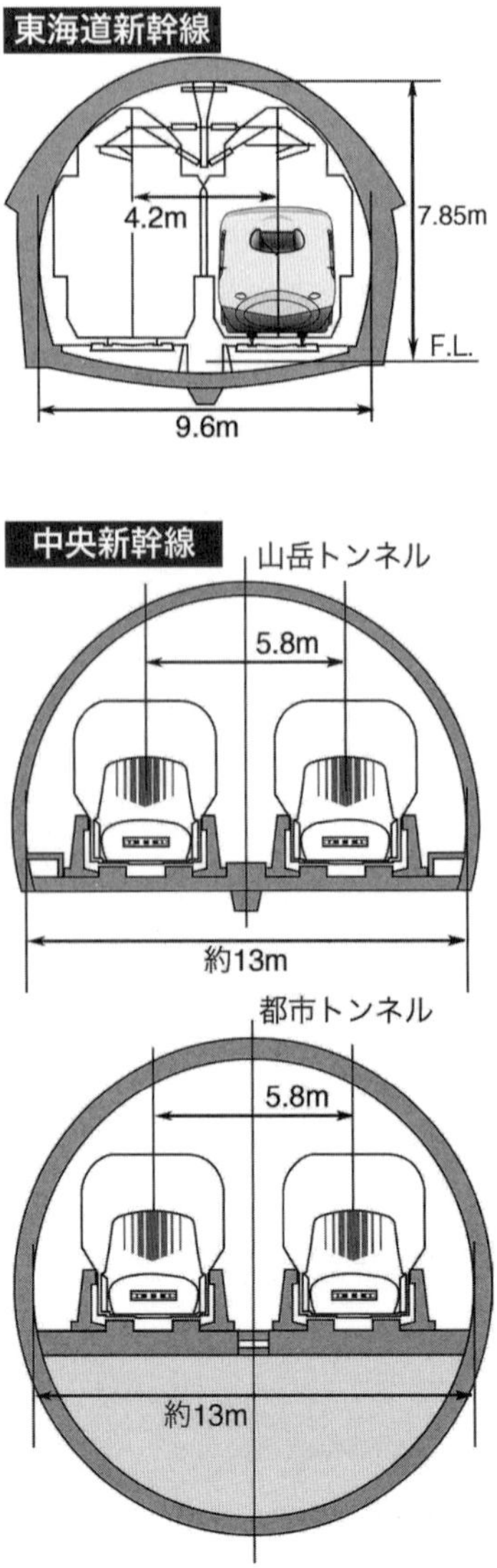

図８－４　トンネル断面のちがい

すっぽりと収まります（図8－5）。
　同じことは、山梨実験線のトンネルに関しても言えます（図8－6）。
　このことから、中央新幹線は③においても在来方式に対応していると言えます。

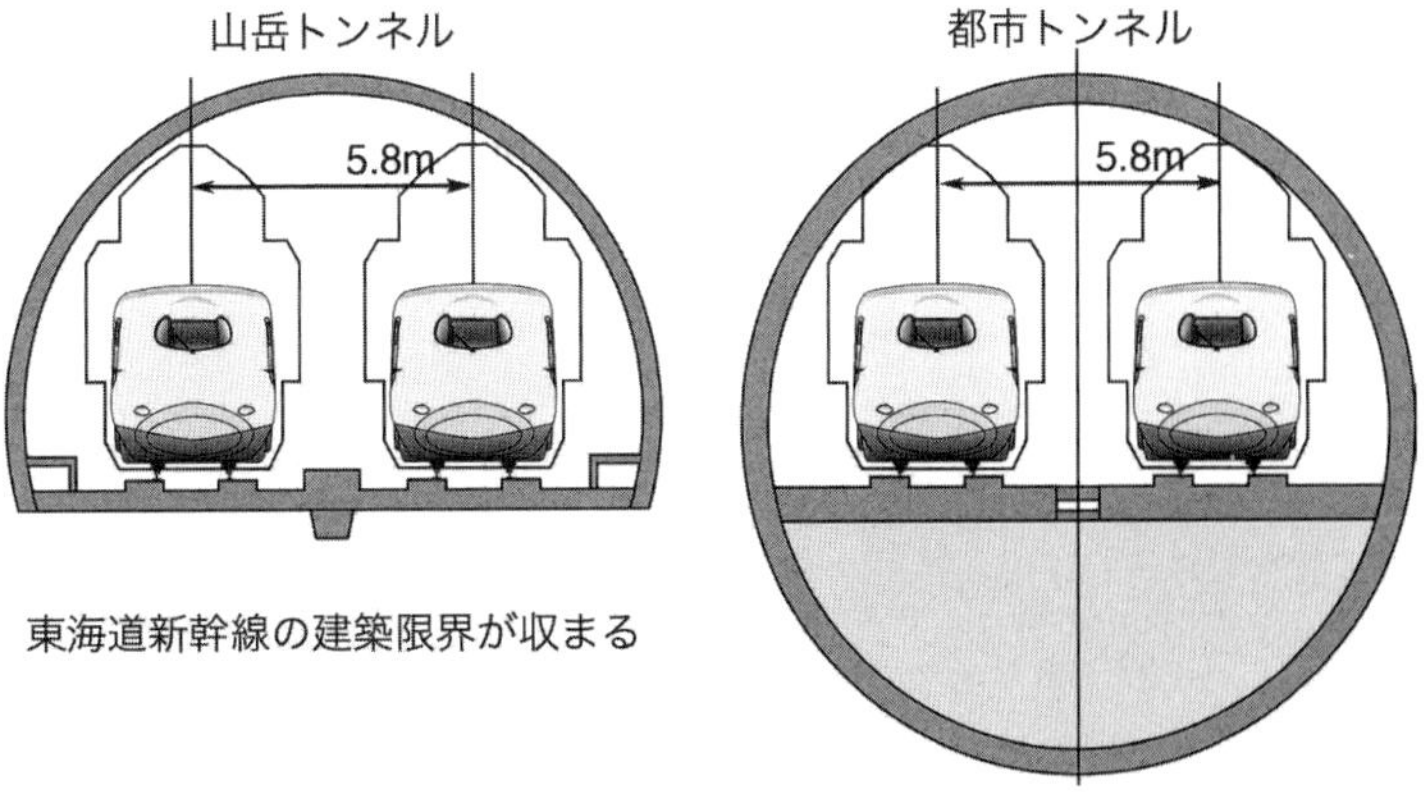

図8－5　中央新幹線のトンネルには東海道新幹線の建築限界が収まる

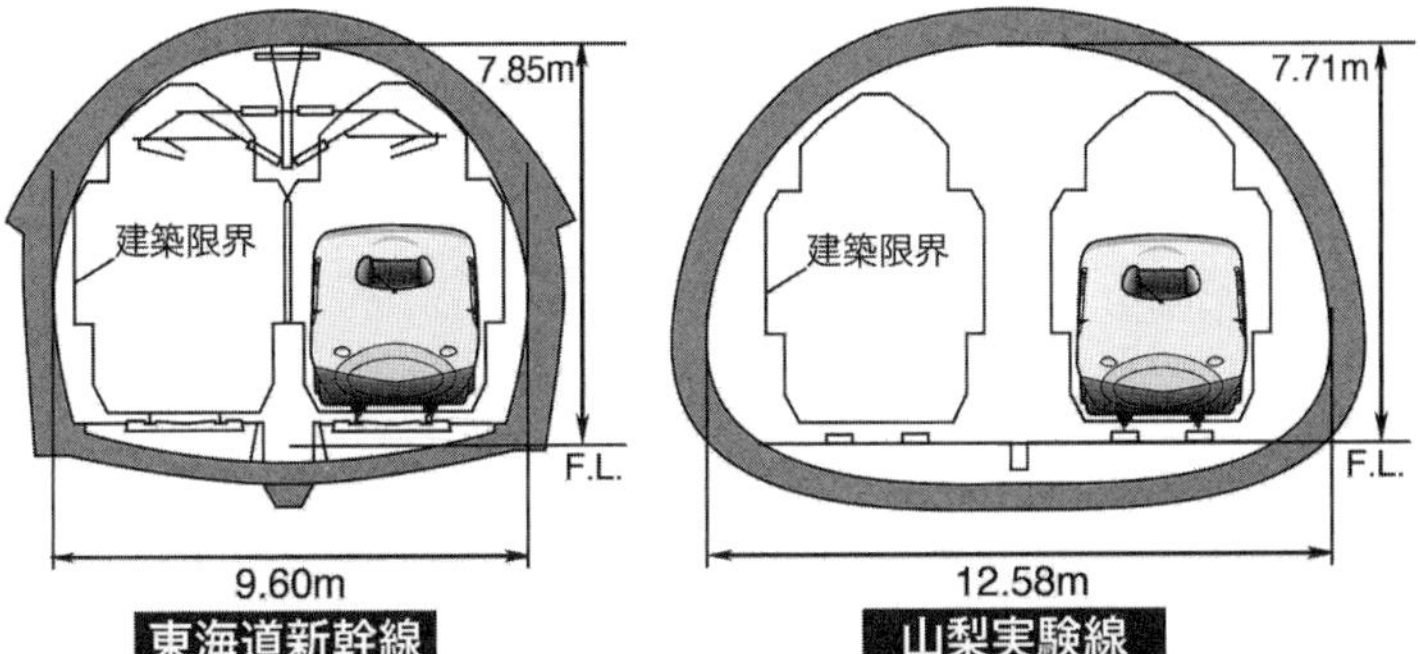

図8－6　山梨実験線のトンネル断面には、東海道新幹線の建築限界が収まる

▼なぜトンネル断面が大きいのか

ここで「規格」の話からいったん離れて、中央新幹線や山梨実験線のトンネル断面が、東海道新幹線のそれよりも大きくなった理由を考えてみましょう。

鉄道総研が編集した『ここまで来た！　超電導リニアモーターカー』［0－2］には、「気圧変動や空気抵抗の影響、経済性および施工性などを総合的に判断して」山梨実験線のトンネル断面を決定したと記してあります。

ただし、この書籍には明確な理由が記されていません。トンネル断面積を大きくすると、気圧変動や空気抵抗の影響を小さくできる半面、工事費が膨らむ。山梨実験線のトンネル内空の有効断面積は74平方mで、新幹線よりも約20％大きい。トンネル断面積に対する車両断面積の比が0・12で、新幹線（0系は0・21、300系は0・18）よりも小さい。こうした事実は記しているのに、「なぜこのトンネル断面形状を採用したのか」という理由を具体的に書いていないのです。

トンネル断面のうち、とくにサイズが大きいのは、底面に近い部分の幅です。

そこで私は、底面に近い部分に避難通路を設けるため、トンネル断面の幅を広げたのではないかと考えました。

従来の新幹線では、トンネルの中央（上下線の間）に人が通行できる通路があり、非常時にはここが避難通路となります。

いっぽう中央新幹線では、トンネルの左右両側に避難通路を設けることになっています。国土交通省で開催された第2回中央新幹線小委員会で配布された資料［8－8］には、避難時対応の図があり、人がトンネルの左右両側に避難する様子が記されています（図8－7）。

トンネルの左右両側に避難通路を設けるには、トンネルの幅を広げる必要があります。だから、新幹線よりもトンネルの幅を広くしたと私は考えます。

▼車両限界は在来方式に完全に収まる

ここで「規格」の話に戻り、最後に残った④の車両限界を見ていきましょう。

車両限界は、車両の断面がこれより外側

トンネル内停車を余儀なくされた場合の火災時の避難とトンネル設備

	避難手順	在来型新幹線	超電導リニア
①	トンネル内風向確認	乗務員が煙の向き等によって確認	
②	車両からトンネル内通路へ降車	車両備品の避難用はしごで降車 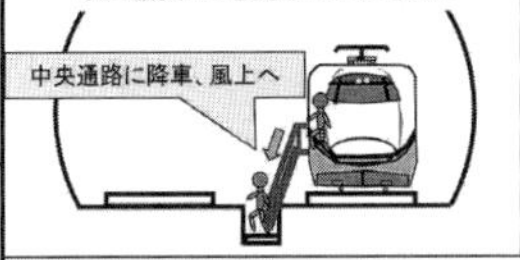 中央通路に降車、風上へ	車両備品の避難用はしごで降車 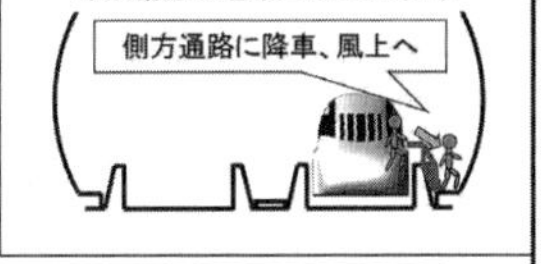 側方通路に降車、風上へ
③	トンネル内を風上へ避難	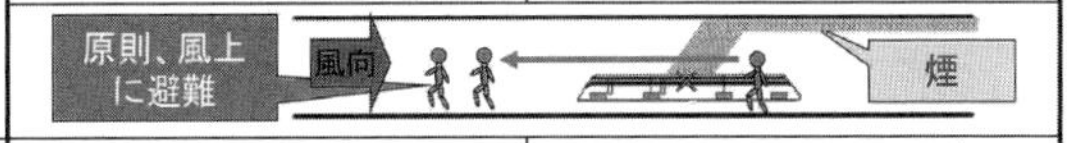 原則、風上に避難 風向 煙	
④	保守用通路を通って移動	 中央通路＝保守用通路	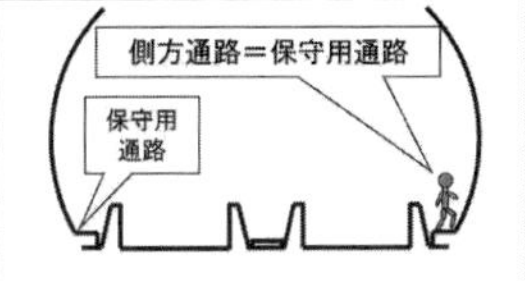 側方通路＝保守用通路 保守用通路
⑤	立坑・横坑等を通って地上へ	超電導リニアは、在来型新幹線と同等の避難性能を有する。	

図8－7　緊急時対応についての資料

にはみ出してはいけないことを示す規格です。車体の屋根上や床下にある機器は、すべて車両限界の内側に収まるように設計されています。

　車両限界は、建築限界と同様に超電導リニア方式と在来方式では異なり、超電導リニア方式の断面サイズのほうが小さくなっています。下の基準面（走行路面・レール面）をそろえて双方を重ね合わせると、超電導リニア方式の車両限界は、在来方式の車両限界の内側にほぼ収まります（図8－8）。超電導リニア方式の走行路面を少し上に上げると、在来方式の内側に完全に収まります。

　つまり、在来方式の車両限界に対応した空間（車両が通過する部分）を確保して、走行路面を少し上に上げれば、超電導リニアの車両が通行できる空間を確保したことになるのです。逆に言えば、もともと在来方式に対応させることを意識して、超電導リニアの車両限界を決定したとも言えます。

　以上のことから、中央新幹線は、①②③④すべてにおいて在来方式に対応していることが示されました。このため、本章の

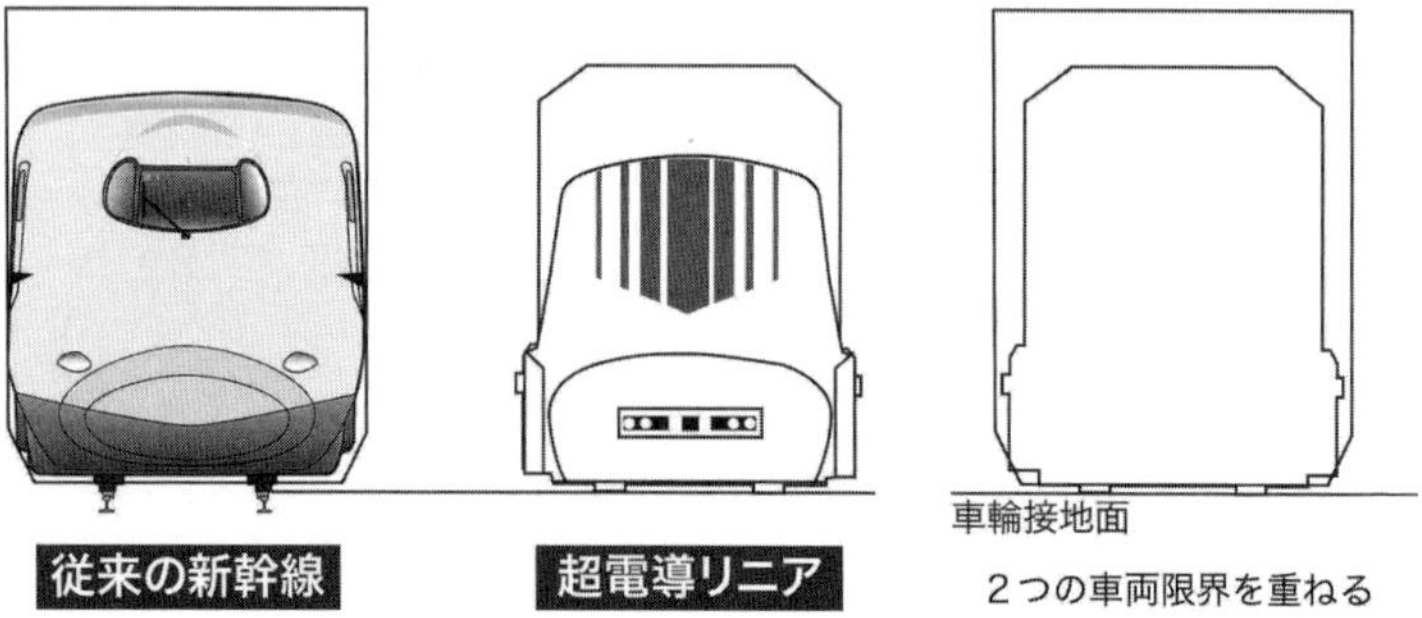

図８－８　車両限界の比較

冒頭で述べたとおり、中央新幹線は在来方式でも開業できると言えます。

ここで紹介した超電導リニア方式の建築限界や車両限界は、一般向けには公開されていませんが、鉄道技術者向けの専門書『解説　鉄道に関する技術基準（土木編）第三版』［8－4］に明記されています。

▼リニアの車体幅が狭い理由も説明できる

いっぽう、車両限界がわかると、超電導リニアの車体幅が狭い理由が見えてきます。

第6章でも述べたように、山梨実験線を走る超電導リニア車両（MLX01・L0系）は、車体幅が従来の新幹線よりも狭くなっています。L0系の車体幅（2・9m）は、東海道新幹線を走るN700Aの車体幅（3・36m、最大幅でもある）よりも46㎝狭いです。

ところが、超電導リニア方式の車両限界では、最大幅が3244㎜（3・244m）まで許容されており、N700Aの最大幅に近くなっています。最大幅が許容されているのは、台車の一部です。ガイドウェイの側壁にもっとも接近しなくてはならないのは、台車のうち、緊急時に車両を左右方向に支える案内ストッパ輪なので、これは案内ストッパ輪の位置だと推定できます。

それではなぜ、台車よりも車体の幅を狭くしたのでしょうか。

その理由としては、急カーブを曲がるためだと私は考えます。

先ほども述べたとおり、中央新幹線の最小曲線半径が8000mです。ただしこれは本線の話で、車両基地や駅には分岐装置（ポイント）があるので、急カーブを設けざるをえません。このため、超電導リニア車両は、この急カーブを通過できる構造にする必要があります。

もし超電導リニア車両の車体と台車の幅を同じにすると、急カーブを通過できなくなります。急カーブでは、車体の中央部分がカーブの内側に迫り出し、ガイドウェイの側壁と接触してしまうからです（図8－9）。

これを防ぐには、車体の幅を台車よりも狭くしなくてはなりません。

だから超電導リニア車両では、車体の幅を台車よりも狭くしたと私は考えます。

▼車両とガイドウェイの間隔は4㎝

先ほど案内ストッパ輪の話をしたので、そのついでに車両とガイドウェイの間隔についても

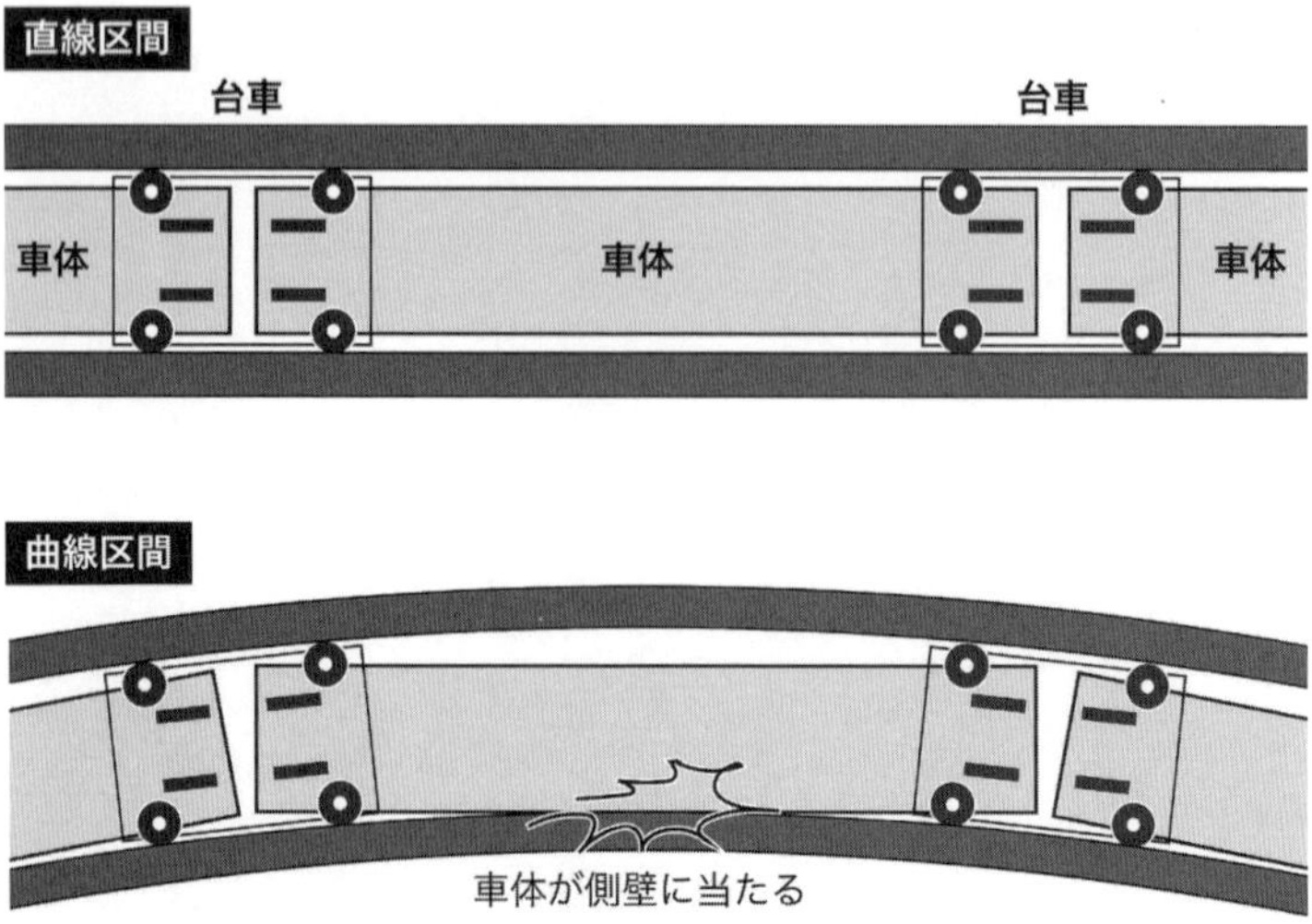

図8－9　車両とガイドウェイの関係

ふれておきましょう。

すでに述べたように、超電導リニアの車両は、浮上走行時に約10㎝浮き上がって走行します。そのおもな目的が地震対策であることは、第1章で述べました。

それならば、走行中の車両とガイドウェイの接触を防ぐため、双方の左右方向の間隔もある程度離す必要があります。ただし、あまり離しすぎると、超電導磁石と地上コイルの間に生じる磁力が低下して、車両の案内・推進に支障を来してしまいます。

それでは、実際の間隔はどの程度なのでしょうか。

「鉄道総研報告」に掲載された記事［8－9］によると、車両とガイドウェイがもっとも接近する部分（案内ストッパ輪から側壁まで）の距離は4㎝で、超電導磁石と側壁の距離は8㎝です。

つまり、車両と側壁の隙間は、浮上高さの10㎝よりも狭いのです。

山梨実験線のガイドウェイは、高い寸法精度で造られているので、車両が時速500㎞で走行しても、案内ストッパ輪と側壁の隙間をほぼ4㎝に保ったまま、問題なく通過できるはずです。ただし、もし地震などでガイドウェイの側壁がゆがみ、瞬間的に案内ストッパ輪と接触したら、車両はどうなるのでしょうか。私はこの点が気になります。

8－3　在来方式の開業を匂わす山梨実験線の現状

▼リニア方式の開業を目指すには中途半端な現状

ここまでは、本章の冒頭で中央新幹線が在来方式でも開業できる構造になっていると言った根拠を述べてきました。

さて、それでは中央新幹線が在来方式で開業する可能性はあるのでしょうか。

私はあると考えます。なぜならば、現在の山梨実験線は、超電導リニア方式で開業するには中途半端な状態だからです。

第4章で述べたように、山梨実験線は中央新幹線の一部になる予定です。

つまり、山梨実験線は、中央新幹線でもっとも完成度が高く、開業後の状態にもっとも近い区間だとも言えます。

ところが山梨実験線には、次のような中途半端な状況があります。

- ・ガイドウェイが「単線」のままである
- ・電柱のような柱がある

それぞれ説明しましょう。

▼単線のままですれ違い試験をする気配がない

1番目の「ガイドウェイが『単線』のままである」ということは、現在の延伸区間の高架橋の写真を見るとわかります（写真8－3）。

よく見てください。超電導リニア車両が通行するガイドウェイが、高架橋の片側にしかありません。もう片方は平らな面が露出しており、超電導リニア車両が通行できない構造になっています。この平らな面は路盤と呼ばれるもので、ガイドウェイを下から支える基礎部分です。ガイドウェイを撤去すれば、従来の線路を敷くことも可能です。

つまり、現在の山梨実験線の延伸区間では、ガイドウェイが1本だけの「単線」なのです。

写真8－3　ガイドウェイは単線のまま（山梨実験線延伸区間）

山梨実験線のガイドウェイは、もともと「複線」でした。先行区間だけで走行試験を実施していたころは、2本のガイドウェイの両方で車両が走行し、すれ違い試験も行われていました。その後は、山梨実験線の延伸工事とともに、先行区間の設備更新工事が行われました。これによって山梨実験線の総延長は42・8㎞に延びましたが、ガイドウェイは「単線」になり、車両が片側しか走行できなくなりました。

第3章で紹介したL0系は、延伸後に導入された車両なのに、すれ違い試験をしていません。

「単線」のガイドウェイしか走ったことがないからです。

それではなぜ、JR東海は山梨実験線でのすれ違い試験を継続せずに、やめてしまったのでしょうか。

このような問いに対して、同社は「すでにMLX01ですれ違い試験を実施して、必要な技術的データを収集したから」と答えるかもしれません。

もしそうだとしたら、問題があります。なぜならば、車両の形や編成の長さが変われば走行時の車両や空気の挙動も変わるのに、それを確認していないからです。

超電導リニアにとってすれ違い試験は重要です。実際の営業運転では、車両が従来の新幹線の2倍近い速度で走行し、頻繁にすれ違います。また、すれ違い時には、車体の左右方向の振動や、気圧変化による「耳ツン」が起きやすく、乗り心地が悪くなりやすいです。それらが乗り心地にどの程度影響するかは、実際に高速で走る車両同士をすれ違わせてみなければわかりません。

にもかかわらず、山梨実験線ではガイドウェイを複線化する動きがありません。本来ならば、L0系で繰り返しすれ違い試験を行ってデータを収集し、改良にフィードバックさせる必要があるのに、それをする気配がないのです。

▼なぜリニア方式には必要ない電柱があるのか

2番目の「電柱のような柱がある」は、写真8－4をご覧いただくとわかります。

山梨実験線の延伸区間の高架橋には、電柱のような細長い円筒形の柱があり、高架橋の左右両側に等間隔で立っています。その前後方向の間隔は、超電導リニア車両2両分で、おおむね50m。現時点では細い電線のようなものでつながっているものの、見た目では何のための柱かは特定できません。

写真8－4　電柱が等間隔で立っている高架橋（山梨実験線延伸区間）

これは山梨実験線で先に建設された先行区間にはありません。あとで建設された延伸区間のみに存在します。

これは何でしょうか？

従来の新幹線の線路には、これと似た柱が存在します。

そう、架線柱です。従来の新幹線では、電車に電力を供給する架線（トロリ線）を中空に張る必要があるので、それを支える架線柱が線路にほぼ等間隔で立っています。

東海道新幹線では、架線柱が前後方向におおむね50ｍ間隔で立っています。この間隔は、先ほどの構造物の間隔とほぼ一致します。

本来、超電導リニアには、架線柱は必要ありません。

このことから、先ほどの電柱のような柱は架線柱であり、在来方式で開業させる準備として設けられたと考えられます。

▼ＪＲ東海は超電導リニア方式をあきらめた？

以上述べたように、山梨実験線の現状は中途半端です。中央新幹線でもっとも開業後の状態に近い区間であるはずなのに、延伸区間ではガイドウェイは単線で、高架橋に架線柱のような電柱が立っている。その気になれば、いつでもガイドウェイを撤去して、路盤に在来方式の線路を敷設できるような状態です。

うがった見方をすれば、中央新幹線への超電導リニア導入をあきらめて、在来方式で開業させる準備をしているようにも思えます。少なくとも延伸区間で2014年からガイドウェイが単線のままになっている状態からは、先行区間だけで走行試験を実施していたころのような超電導リニア開発に対する熱意が感じられません。

それゆえ「JR東海社内では超電導リニアに対する熱が冷めたのではないか」と私は見ています。これまで紹介した超電導リニアが抱えるリスクや技術的課題の多さは、JR東海も当然把握しているはずなので、熱が冷めても不思議ではありません。

もしこの推測が当たっていたならば、日本における超電導リニア開発は潮時であり、今が撤退のチャンスだと言えます。

第8章まとめ

- 中央新幹線は、在来方式にも対応した構造である
- 超電導リニアが失敗したら、中央新幹線は在来方式で開業させることができる
- 現在の山梨実験線は、開業に向けた準備が中途半端である

第９章　今が決断のとき

第1章から第8章までは、私が進めてきたリニア中央新幹線に関する調査・検証の結果をお伝えしました。

最後となる本章では、２０２０年のコロナ危機の影響や、リニア中央新幹線の開業延期をふまえて、私たちに残された選択肢について考えていきます。

９－１　日本では超電導リニアの実現は難しい？

本節では、これまで述べたことをふまえて、「超電導リニアは日本で実現できるか」についてあらためて考えてみましょう。

▼検証で見えた3つの事実

これまでは、超電導リニアがリスクと課題を抱えていることを繰り返し述べてきました。まず第3章でおもな課題とリスクを述べ、第6章で試乗によってわかった営業運転に向けた課題、第7章で過去の事故やトラブルと開業後の緊急時対策についてそれぞれ述べました。また、第8章では、中央新幹線が在来方式にも対応した構造になっていることを説明しました。

これまで述べたことのうち、私がとくにお伝えしたかったのは、次の3つです。

・山梨実験線でもクエンチが起きていた
・発火源が3つある
・中央新幹線は在来方式でも開業できる構造である

1番目と2番目は、超電導リニアが抱えるリスクの代表例です。

1番目の「山梨実験線でもクエンチが起きていた」は、リニア中央新幹線というプロジェクトの根幹を揺るがす事実です。たんなるネガティブな実験結果ではありません。なぜならば、第4章で述べたように、国土交通省が設けた実用技術評価委員会や中央新幹線小委員会は「山梨実験線ではクエンチが起きていない」ということを前提にして審議を行い、国が中央新幹線を超電導リニア方式で建設することを許可したからです。

前提と異なることが起きていたならば、実用技術評価委員会や中央新幹線小委員会での審議をやり直す必要があります。

2番目の「発火源が3つある」は、火災事故が発生する確率を高める要因です。3つの発火源のうち、ガスタービン発電装置はL0系改良型で撤去されましたが、地上コイルと支持輪タイヤはまだ残っています。

3番目の「中央新幹線は在来方式でも開業できる構造である」は、第8章で述べたように、超電導リニア実用化が失敗に終わったときのバックアップがあることを示す事実です。JR東海が、超電導リニアが抱えるリスクや課題を認識しており、それが頓挫することを念頭に置いている証拠だと言えます。

これら3つの事実は、超電導リニアの実現性を問う上で重要であるにもかかわらず、一般にはほとんど知られていません。だから私は、超電導リニアを実現させるか否かをあらためて議論する必要があると考えます。

▼日本には向かないことがわかった技術

これに加えて、私は「超電導リニアは日本には向かない技術」だと考えています。

この意見には反論もあるでしょう。「日本が日本向けでない技術を開発するのはおかしい」とおっしゃる方はいるでしょう。超電導リニアは、日本で半世紀以上の時間をかけて磨き上げられた技術なのに、それを日本に向かないと切り捨てるのは、あまりにも乱暴ではないかとおっしゃる方もいるでしょう。

ただし、超電導リニアを日本で実現させるには、多くの課題が存在します。

まず、超電導磁石に必要なヘリウムは、第3章でふれたとおり100%輸入に頼っており、供給が不安定です。もし供給が止まれば、超電導リニアによる輸送まで止まってしまいます。

日本は地形の起伏が激しい国です。国土の約75%を山地が占めているので、時速500kmの高速走行を実現させるために坂やカーブが緩い鉄道を建設しようとすると、どうしても長大なトンネルを多く造らなければなりません。

長大なトンネルは、建設費が膨らむ要因になるだけでなく、超高速輸送の実現を妨げるネックとなります。車両が高速で長大なトンネルを走行すると、衝撃波や、すれ違いによる気圧変化が起きやすくなり、トンネル出入口付近での騒音や、車内での「耳ツン」が起きやすくなります。

トンネルを短くするには、勾配を急にするしかありません。最小曲線半径を8000mよりも小さくするのは、遠心力の影響を考えると、現実的とは言えません。

勾配を急にすると、高低差が大きい区間を車両が通過することになるので、気圧変化が大きくなります。

となれば、車内で「耳ツン」が発生しやすくなるだけでなく、第6章で述べた「気密荷重」が大きくなり、車両の設計が難しくなります。汚物タンクに負担がかかる問題などがクリアできなければ、車内にトイレを設けることさえ難しくなるかもしれません。

つまり、日本という国で、超電導リニアによる時速500㎞での営業運転を実現するには、技術的なリスクや課題があまりにも多いのです。しかも、それらは複雑に絡み合っており、1つの課題を解決しようすると、別の課題が浮上してしまうので、これらをトータルで克服することがきわめて難しいです。

超電導リニアがこれらの課題をクリアするのは、まだまだ長い時間がかかります。たとえば「耳ツン」の問題は、MLX01でもL0系でもクリアできませんでした。となれば、品川・名古屋間の先行開業が予定される2027年にクリアできるかはわかりません。

先ほど述べたトンネルや勾配に関する課題は、山梨実験線での走行試験で明らかになりました。その前の実験場だった宮崎実験線は、海沿いの平地に建設されたゆえに全区間が高架橋で、最大勾配が5パーミルと緩く、トンネルがありませんでした（第1章で述べた擬似的な短いトンネルは除く）。いっぽう山梨実験線は、山岳地帯に建設されたゆえにほとんどがトンネルで、最大40パーミルの勾配がありました。それゆえ、トンネルや勾配に関する課題が浮き彫りになったのです。

ヘリウムを安定的に供給でき、平坦な場所が多く、トンネルも勾配もないガイドウェイを造ることができる。

もしそのような地域があれば、ここで述べた課題は回避できるかもしれません。

ただし、その地域は日本ではない。第1章で紹介したリニア開発者の言葉のように、日本よりも環境問題が起こりにくい平坦な大陸のほうが適していると言えるでしょう。

だから「超電導リニアは日本に向かない技術」だと私は考えます。

むしろ「実験の結果、日本に向いていないことがわかった技術」と言ったほうが正確かもしれません。もともと東京・大阪間への導入を前提として開発されたものですが、実験を繰り返した結果、日本での実現が難しいことがわかったのですから。

技術の世界全体で見れば、これはポジティブなことです。試行錯誤の結果「日本のような地形の起伏が激しく、環境問題が起こりやすい国での実現が難しいとわかった」という知見が得られるだけでも、人類にとっては大きな収穫だからです。

▼日本での実用化は時期尚早

第3章では、超電導リニアの走行システムが抱えるおもなリスクとして、次の2つを挙げて説明しました。

- 超電導磁石でクエンチが起こる
- ヘリウムの供給が止まると運転できない

これら2つのリスクは今も克服されていません。超電導リニアを営業鉄道に導入する上でのきわめて重要なリスクなのに、十分に克服できていないのです。

2つのリスクを克服するには、まだまだ長い時間がかかります。

こう書くと、反論もあるでしょう。JR東海は、実用技術評価委員会の評価を根拠として、「超電導リニア技術は完成した」と主張しているからです。

ただ、国土交通省が設ける委員会の評価が必ずしも正しいとは言えません。

たとえば、同じ鉄道では、九州新幹線や北陸新幹線にフリーゲージトレイン（軌間可変電車、軌間が異なる新幹線と在来線の直通運転ができる電車）を導入する計画が事実上頓挫したという出来事が近年ありました。この技術を評価していたのも国土交通省が設けた委員会（軌間可変技術評価委員会）なのです。

私が取材した専門家のなかには、超電導リニア技術に疑問を感じる人がいます。

ある鉄道技術者は、中央新幹線の品川・名古屋間が先行開業する予定の2027年までに、超電導リニアが抱える技術的課題を克服するのは難しいだろうと指摘します。越えるべき技術的ハードルがあまりにも高すぎるからです。そもそもキーテクノロジーである超電導磁石に不確定な要素が残っている時点で、鉄道としてはアウトだと言います。

リニア開発に携わったある人物は、超電導リニアの完成度が今後上がったとしても、それはアメリカやアフリカなどの環境問題が起きにくい大陸向きの技術であり、日本には向かないと指摘します。日本では、後述する騒音や振動、トンネル工事による水涸れの影響など、多くの環境問題が起きやすいからです。

だから私は、現段階で超電導リニアを日本の営業鉄道に導入するのは時期尚早だと考えます。

これについては、反論もあるでしょう。たしかに中央新幹線の建設は、超電導リニアの導入を前提にして進められているので、そのような技術を「時期尚早」とするのは矛盾しているという意見もあるはずです。

しかし、超電導リニアが技術的課題を複数抱えており、それらが克服されていないのは確かです。ここで言う技術的課題には、先ほど述べた4つのリスクだけでなく、台車から出入りする車輪が多く存在し、しかもそこに大きな負荷がかかることもふくまれます。

▼なぜメディアはリスクや課題を報じないのか

そのことを多くの人々が認識していないのは、メディアがそうしたリスクや課題をほとんど追及せず、報じていないからです。

その理由としては、次の3つがあります。

- 日本のメディアは全般的に技術に弱い
- 記者が同じテーマを深く掘り下げるのが難しい

・ネガティブな情報を伝えられない事情がある

1番目の「日本のメディアは全般的に技術に弱い」は、技術的なリスクや課題を報じることができない根本的な理由です。

これは、第3章の最後で紹介した「技術屋」と「事務屋」の認識のギャップにも通じる話です。繰り返しになりますが、私は文系・理系という分類があまり好きではありません。

ただし、日本のメディアを支えている人には、大学の文系学部の出身者で、技術的な話が得意ではなく、情緒的な方が多いという傾向があります。

もちろん、逆の人もいます。文系学部の出身者でも技術の理解が早く、理性的な方もいます。私の知り合いにも、理系学部出身の編集者や新聞記者、文系学部出身で技術に関する話が通じやすい人がいます。

ただしこのような人たちは、メディア関係者全体から見れば、きわめて割合が小さい少数派です。このため私は、メディア関係者に技術の話が通じにくくて困ったことがよくあります。

日本のメディアは、技術に関して、基本的に発表された情報しか報道できないことが多いです。技術者と共通言語（専門用語だけでなく考え方をふくむ）でコミュニケーションを図れる人がきわめて少ないからではないかと私は見ています。

また、日本のメディアでは、技術的な内容をわかりやすく伝えようとして、誤解したまま伝えることや、誤解を招く表現に変換して伝えてしまうこともたびたび起きています。技術の背後には、技術者たちが協力し合って試行錯誤を繰り返し、緻密に組み上げた論理があります。ところがこの論理を根底から無視して伝えてしまうことも珍しくはありません。

私が技術を一般向けに翻訳する活動をしているのは、このような日本のメディアの現状に疑問を感じていることが少なからず関係しています。

2番目の「記者が同じテーマを深く掘り下げるのが難しい」は、多くの記者が会社員であり、異動で所属部署を変わることで生じる問題です。もちろん、記者が独立してフリーランスのジャーナリストになり、専門知識を得ることができれば、時間的には同じテーマを深く掘り下げることが可能になります。ただし、会社員である記者と同じように取材にコストをかけることは、経済的には難しい場合が多いです。

私の経験で申し上げると、超電導リニアというテーマは専門性がきわめて高く、公開情報があまりにも少ないので、専門家の協力と工学的知識がないと深く掘り下げるのが非常に難しいです。

3番目の「ネガティブな情報を伝えられない事情がある」は、広告に関することです。広告を大きな収入源にしているメディアにとって、JR東海は大きいスポンサーであり、「お客様」なので、JR東海にとって不利な情報を報じるのを躊躇する傾向があります。だから、ネガティブな情報を把握していたとしても、報じることができない場合があるのです。

第7章で紹介した山梨実験線での出火事故を大手メディアが報じなかったのは、JR東海が情報を公表しなかっただけでなく、先ほどの傾向があり、事故の真相を追及しようとしなかったことと少なからず関係があると私は考えています。

メディアは超電導リニアが抱えるリスクや課題を伝えられない。

私たちは、それを知る術がないので、判断材料が手元にそろわない。

これでは国民的議論が進むはずがありません。

9―2 2020年に訪れた転機

▼進まなかった国民的議論

それゆえ、リニア中央新幹線に対する国民的議論は、2020年に転機が訪れるまでほとんど進みませんでした。第4章でふれた静岡県の水問題はすでに疑問視され、静岡県とJR東海が対立する状況があったものの、全国的には関心を持つ人が少なく、静岡県限定のローカルな話題として取り扱われがちでした。

国民的議論が進まない大きな要因になったのは、国民の無関心です。

その大きな要因は、「はじめに」や第4章で述べたように、リニア中央新幹線という事業のわかりにくさにあります。この事業は、公共事業と民間事業の両方の顔を持っており、国とJR東海の役割分担が判別しにくく、責任の所在が曖昧です。

それゆえ、批判の矛先が向きにくく、争点が定まらない。国が主導して進める一般的な公共事業のように「税金の無駄遣い」と言われず、プロジェクトの妥当性もあまり問われない。だから国民の関心も低かったのです。

結果的に、その賛否を問う国民的議論は進まず、2014年には、国が中央新幹線の品川・名古屋間の建設を認め、工事が始まってしまいました。

とはいえ、この事業を疑問視する人たちもいました。リニア中央新幹線の妥当性や採算性、必要性などを疑う専門家は、メディアを通じて情報を発信。環境問題の影響を直接受ける沿線住民は、それをふまえて反対運動を起こしました。

日本科学者会議は、計画の問題点を指摘した上で、2014年7月15日に「リニア中央新幹線計画の撤回・中止を求める声明」を出しました。

いっぽう反対運動は訴訟に発展しました。原告団(沿線1都6県の住民を中心とした738名)は、国土交通大臣が出したリニア中央新幹線の工事認可が全幹法や鉄道事業法、環境影響評価法に違反していると主張。2016年5月20日に東京地裁に提訴しました。

それでも、リニア中央新幹線に対する国民全体の関心は低いままでした。

私たち国民の多くはそのことにも関心を持たず、工事が進むのをただ見ているだけ。賛成もしないし、反対もしない。

これは国として健全な状態とは言えません。

ところが、残念ながらその状態は長らく続きました。

リニア中央新幹線というと、国やＪＲ東海の暴走だという方もいますし、そう伝えるメディアもあります。ただし、もしそれが暴走だとするならば、それを許してしまった私たち国民にも責任があります。

▼東海道新幹線利用者数激減と工事の難航

２０２０年になると、その状況を一変させる出来事が２つ起きました。

１つは、コロナ危機による東海道新幹線の利用者数激減。

もう１つは、中央新幹線の工事の難航です。

これら２つの出来事をきっかけとして、リニア中央新幹線に対して懐疑的な意見をメディアが報じるようになり、ネットでも同様の意見が散見されるようになりました。

その理由は単純です。


コロナ危機で東海道新幹線の利用者数が激減した。

それでも社会は大きく混乱しなかった。

東海道新幹線を使った出張がなくても仕事が進められることがわかった。

JR東海が会社発足以来の最大の経営危機に陥った。

リニア中央新幹線の開業延期が決定的になった。

以上のことが、メディアの報道を通して広く認知された結果、「それならばリニア中央新幹線を建設する必要はないのでは?」という疑問を持つ人が増えたのです。

つまり、2つの出来事が、多くの人がリニア中央新幹線の必要性を疑い、わかりやすい争点をつくるきっかけになったのです。

これは、国民的議論を進める上で大きなチャンスです。

▼利用者数前年比6%の衝撃

コロナ危機の影響は、東海道新幹線の運営だけでなく、中央新幹線の建設にも及びました。その影響を、東海道新幹線と中央新幹線に分けて説明しましょう。

先ほども述べたように、東海道新幹線では利用者数が激減しました。

とくに減少したのは、政府が緊急事態宣言を発令した2020年4月から同年5月までです。3月(1~9日)には56%減だった利用者数は、4月には89%減、ゴールデンウィーク期間には、94%減まで落ち込みました(いずれも前年同期比)。これは、利用者数が前年とくらべて6%しかいなかったということです。

この時期の利用状況は、従来の東海道新幹線ではあり得ないものでした。JR東海の予約アプリ（EXアプリ）を使い、この期間における東海道新幹線の座席指定の予約状況を確認したところ、混雑しやすい朝夕の「のぞみ」でも、1両あたりの予約席数が0～2席程度で、全席空席の車両も珍しくありませんでした。日中でも当日に予約をとることが難しいことがある通常の「のぞみ」では、とても想像できない状況でした。

利用者が減った原因としては、おもに次の3つが考えられます。

・国内出張の抑制
・国内観光旅行者の減少
・インバウンド（海外からの来訪）需要の消失

1番目の「国内出張の抑制」は、最大の要因と言っても過言ではありません。なぜならば、東海道新幹線利用者の大部分はビジネスパーソンだからです。JR東海とJR西日本のグループ企業がまとめた調査書「新幹線ユーザープロファイル調査2019」［9-1］によれば、東海道新幹線の利用者の63・8％が出張・ビジネス、6・4％が単身赴任、12・4％が観光旅行を目的で、出張・ビジネス目的で利用する人が圧倒的に多いことがわかります。

出張の抑制は、政府の要請に企業が従った結果です。政府は、緊急事態宣言発令中に企業に対してテレワーク推進とともに出張を控えるように求めました。

2番目の「国内観光旅行者の減少」は、「国内出張の抑制」ほどではありませんが、利用者減少の大きな要因になっています。なぜならば、先ほど紹介した「新幹線ユーザープロファイル調査2019」の結果でも、観光旅行目的の利用者が、出張・ビジネス目的に次いで多いからです。

3番目の「インバウンド需要の消失」は、2番目の「観光旅行者の減少」と重なる部分がありますが、特徴的な傾向なので、ここで挙げました。

インバウンド需要は、人口減少を下支えすると期待されていました。訪日外国人観光客は、東日本大震災翌年の2012年から増加し続けてきたからです。

また、東海道新幹線は訪日外国人にとってのゴールデンルートの輸送を担っていました。

ところがコロナ危機で状況は一変。入国を制限したことで、訪日外国人観光客が激減しました。訪日外国人数は、情勢が安定しないと回復しないので、コロナ危機終息後に戻るには時間がかかります。

なお、先ほどの「新幹線ユーザープロファイル調査2019」には訪日外国人観光客の割合が記されていませんが、観光旅行にふくまれていると考えられます。

▼「一本足打法」企業を襲った危機

東海道新幹線という稼ぎ頭の利用者が激減したことは、JR東海の経営を直撃しました。繰り返し述べているように、東海道新幹線は、同社の旅客運輸収入の約9割を占める主収入源です。これまでは東海道新幹線の収入が利用者の増加とともに増え続けたので、同社は良好な経営状態を長く維持することができました。

ところが、突然襲ったコロナ危機が、この状況を一変させました。東海道新幹線という1本の鉄道路線の収入に大きく依存する「一本足打法」企業であるゆえに、その収入が激減すると会社全体が大きく傾くという弱点が露呈してしまったのです。同社社長の金子氏は、2020年5月15日に「会社発足以来のきびしい局面」を迎えたと発言しました［9－2］。

同社が同年8月に発表した四半期（4～6月期）連結決算によると、売上高は73％減、鉄道収入は79％減（いずれも前年同期比）で、鉄道大手18社のなかで下げ幅が最大でした［9－3］。

今後コロナ危機の影響が長引けば、当然JR東海の経営が難しくなり、中央新幹線の建設にも影響すると考えられます。

このような事態を、中央新幹線小委員会は想定したのでしょうか。

資料を見ると、経営上困難な事態が起こることはある程度想定していたようです。同委員会が2011年5月12日にまとめた「中央新幹線の営業主体及び建設主体の指名並びに整備計画の決定について」［9－4］答申には、同社の事業遂行能力を認める根拠として、次のように記してあります。

今後仮に今般の東日本大震災のような不測の事態が発生し、一時的な収入の低下や設備投資費用の増加などの事態が生じたとしても、我が国の三大都市圏間の高速かつ大量の旅客輸送を担う東海道新幹線の安定的な収益力を踏まえれば、債務残高を一定の水準に抑制しつつ、投資のタイミングを適切に判断することにより、経営の安定性を維持しながら事業を遂行することが可能と考えられる。

ただし、コロナ危機は、当時の想定を上回る不測の事態です。東日本大震災は国内でも地域限定でしたが、コロナ危機は世界規模です。しかも、一時的に起こる自然災害と異なり、事態の収束に年単位の時間がかかることが見込まれています。

また、コロナ危機がきっかけとなり、多くの人の働き方は根本的に変わったので、国内出張を控える動きは今後も長く続く可能性が高いです。となれば、東海道新幹線の利用者数が長期間戻らないと考えられます。

つまり、中央新幹線の整備計画を決めたころには想定できなかった事態が起こり、JR東海を苦しめることになったのです。答申に記された「経営の安定性を維持しながら事業を遂行すること」が難しくなります。

このようなことが起きた大きな要因は、先ほど述べたように、JR東海が「一本足打法」の企業であり、東海道新幹線の収入が減ればたちまち経営危機に陥ってしまうもろい体質だからです。

同社の経営者は、いつかこの状況に陥ることを危惧していたはずです。そうでなければ、中央新幹線を建設して、東海道新幹線とともに「二本足で立つ」企業にして、経営を安定させようとは考えないからです。

今から33年前にＪＲ東海が発足した背景には複雑な経緯があります。ただ、この企業が現在の形態で発足していなければ、リニア中央新幹線の計画はここまで進展しなかったでしょう。

それゆえ私は、このコロナ危機をきっかけにして、国鉄分割民営化における旅客鉄道会社の分割方法の是非をあらためて検証する必要があると考えます。

▼中央新幹線の半分の工区で工事が中断

コロナ危機の影響は、中央新幹線の工事にも及びました。

ＪＲ東海は２０２０年４月27日に、感染拡大の影響を受け、中央新幹線の品川・名古屋間の土木工事約40カ所のうち、約20カ所で工事を中断していることを明らかにしました［９－５］。

なお、同年６月には、ＪＲ東海が「すべての工区において工事が再開されている」とか「多くの工区でゴールデンウィークは工事を休む予定だったこともあり、この中断が開業に影響を及ぼすことはない」と述べたという報道がありました［９－６］。

これらの報道では、コロナ危機が中央新幹線の工事に与えた影響は断定できません。前者の報道では、大きな影響を受けた印象を受けるのに対して、後者の報道では、あまり影響を受けていないという印象を受けます。

ただし、同年4月には、清水建設などの大手建設会社が感染拡大防止を理由に中央新幹線をふくむ工事を中断したので、その影響は少なからずあったとも考えられます。

▼静岡県との交渉決裂と開業延期

ここまでは、コロナ危機の影響について述べてきました。

2020年には、もう一つ大きな出来事が起きました。それが、品川・名古屋間を計画どおり2027年に開業させることが困難になったことです。

その決め手になったのは、南アルプストンネルの一部区間が期限内に着工できなかったことです。南アルプストンネルは、3つの県(山梨県・静岡県・長野県)にまたがるトンネル。第5章でも述べたとおり、品川・名古屋間の最大難関で、もっとも工事期間がかかる区間です。このため、このトンネルを期限内に完成させることが、品川・名古屋間を2027年に開業させる上での鍵になっていました。

ところが静岡県は、このトンネルの工事を認めませんでした。工事によって大井川の流量が減ると、流域の生活や工業、農業などに影響を与えることが懸念されたのに対して、JR東海がその対応をなかなか明らかにしなかったからです。

そこでJR東海の金子社長は、2020年5月29日に「6月中にヤードの工事に着手できなければ、2027年の開業が難しくなる」と述べ、静岡県に理解を求めました。ここでいうヤードとは、トンネル工事を進めるために地上に設ける準備基地です。

いっぽう静岡県の大井川流域の市町は、これに反発。6月中の工事着手を認めませんでした。ヤードの工事もトンネル工事の一部だと主張したからです。

これによって、品川・名古屋間の2027年開業が困難となり、開業を延期せざるをえない状況になりました。

こう書くと「静岡県だけが工事に反対して開業が延期になった」と思う方もいるかもしれませんが、これは誤解です。工事の遅れや、工事に対する反発は、他の都県でも起きていたからです。

▼広がった中央新幹線不要論

このようにJR東海は、2020年に「東海道新幹線の利用者数急減」と「中央新幹線の開業延期」というダブルパンチを受け、苦境に陥りました。

このことが報道されると、ネットではリニア中央新幹線に対する不要論や、それに対する反論が語られるようになりました。もちろん、ネットではネガティブな意見が増幅しやすいので、そこで語られていることを世論ととらえるのは危険です。ただし、賛成派と反対派の意見が以前よりも頻繁に見られるようになったことは、興味深い傾向です。

不要論者の論理は明快です。JR東海が経営難に陥ったなら、リニア中央新幹線を建設し続ける体力はもはやない。コロナ危機以降は、企業が出張を控えるようになるから、三大都市を結ぶ新幹線は東海道新幹線だけで十分。今すぐ工事をやめれば、大井川の水問題などの環境問題が解決する。だからリニア中央新幹線はいらないという論理です。

これに対しては反論もあります。いくらウェブ会議が広がっても、技術営業のように出張しないと仕事にならない職種もあるので、東海道新幹線の利用者数はある程度戻るのではないか。東海道新幹線で必要とされている大規模修繕は、深夜の営業時間外だけでは進められないので、そのバイパスとなる中央新幹線を建設して、東海道新幹線で運休工事しても輸送を確保できるようにすべき。だから安易にリニア中央新幹線を不要だというべきではない、といった意見を持つ人もいます。

現時点では、どちらが正しいとは言えません。そもそも東海道新幹線の利用者数が今後2019年のレベルまで戻るか否かさえ誰にもわからないからです。

ただ、コロナ危機や開業延期が決定的になったのをきっかけにしてこうしたやりとりがネットで繰り広げられるようになったことは、非常によいことです。なかなか進まなかった国民的議論を前進させる大きな推進力になるからです。

9－3　いかに決断するか

それでは、私たちは、今後どのような国民的議論をしていけばいいのでしょうか。

本節では選択肢を挙げて、考えていきましょう。

▼中央新幹線の今後の選択肢は3つ

私たちが今後議論すべきことは、リニア中央新幹線の工事をやめるか、それとも続けるかという二者択一ではありません。なぜならば、第8章で述べたように、中央新幹線を在来方式で開業させるという、もう1つの選択肢があるからです。

このため、開業までを見越すと、現時点の選択肢は次の3つがあります。

①中央新幹線を超電導リニア方式で開業させる
②中央新幹線を在来方式で開業させる
③中央新幹線の計画を中止する

①は、言うまでもなく現状維持です。ただし、超電導リニアの実用化が可能であることが開業の

大前提となります。

②と③は、超電導リニアの実用化が不可能である場合の選択肢です。計画を大幅に変えることになるので、これらを選ぶのは勇気が必要です。とくに③は、計画そのものをあきらめることになるので、相当の勇気が必要となります。

これら3つの選択肢には、それぞれ長所と短所があります（表9－1）。

ここから1つを選ぶことは容易ではありません。

▼在来方式での開業は現実的か

もちろん、①が実現して、その後も安全に営業運転できるのであれば、それに越したことはありません。実際に①を望んでいる人も少なくないでしょう。

ただ、①が実現できないことも考える必要が

	①リニア	②在来	③中止
超電導リニア技術を導入できる	○	×	×
世界最速の営業鉄道が日本で誕生する	○	×	×
三大都市間の所要時間を短縮できる	○	△	×
スーパー・メガリージョンを形成できる	○	×	×
三大都市間の輸送を二重系化できる	○	○	×
財政投融資の意味がある	○	△	×
建設中の構造物を利用できる	○	○	×
超電導リニアのリスクを回避できる	×	○	○
用地問題や環境問題を回避できる	×	×	△
維持管理に手間がかからない	×	×	○
新幹線網のバランスを維持できる	×	△	○
建設費を節約できる	×	△	○

表9－1　3つの選択肢と各条件の関係

あります。なぜならば、本書で繰り返し述べたように、超電導リニアはリスクと課題を抱えており、実現が難しいからです。
②は、一見現実的な選択肢にも思えますが、実際はそうでもありません。
もしJR東海が、品川・名古屋間を在来方式で開業させると、同社の企業としての信頼度は著しく低下します。国民の目を欺いて、財政投融資を受けたことになるからです。超電導リニア方式で開業できないならば、国土交通省が工事を認可するところからやり直す必要があります。

つまり、②を選んだ時点で財政投融資が正当化できなくなり、中央新幹線計画が頓挫してしまうのです。

もし頓挫しなかったとしても、必要性が問題になります。

なぜならば、中央新幹線はもともと必要性が低い路線だからです。第4章でも述べたように、全幹法に基づいて計画された新幹線のなかでも優先順位が低いため、最後の段階で決定しています。

中央新幹線が基本計画路線から整備計画路線に格上げされたのは、超電導リニア方式を導入することを前提として、中央新幹線小委員会で議論されたからです。その前提が崩れてしまえば、格上げする意味を失ってしまいます。

それでも整備すると、今度は国の目標を達成できなくなります。②を選んだ時点で東京・大阪間を約1時間で結ぶことが不可能になり、スーパー・メガリージョンを形成するという国土計画も実現できないからです。これでは世論の賛同も得られません。

いっぽう②には、既存の新幹線との直通運転も可能になるというメリットがあります。たとえば中央新幹線の列車が東海道新幹線や山陽新幹線に乗り入れることができれば、東京駅における他の新幹線との連絡や、東京駅〜山陽区間の所要時間短縮が実現する可能性があります。

ただし、現状ではこのような直通運転は困難です。中央新幹線の東京都・名古屋市・大阪市に建設される駅（品川駅・名古屋駅・大阪は場所未定）は地下深くに建設されるので、地上を通る既存の新幹線とは大きな高低差があります。双方を結ぶ連絡線を建設するのは容易ではありません。

▼計画中止も茨の道

次に、③の「中央新幹線の計画を中止する」について考えてみましょう。

これは、先ほど紹介した不要論に沿った選択肢です。

できるだけ早く工事を中止し、計画そのものを白紙にしてしまう。やるべきことは非常に単純明快です。

ただしこれも、安易に選択できるものではありません。これを選択するには、誰もが納得しやすい明確な動機と、相当な勇気が必要だからです。

もし仮に工事を中止にすると、課題が出てきます。JR東海が負担した建設費はどうなるのか。同社が受けた財政投融資はどうなるのか。東海道新幹線の大規模修繕はどうやって行うのか。着工からこれまでの6年間に造った土木構造物（トンネルや高架橋など）や、取得した用地はどうなるのか。すでに発生してしまった環境問題に対してどう補償するのか。中央新幹線沿線で進む再開発事業をどうするか等々。これらの煩雑な課題をクリアしないと、計画を終わらせることはできません。

つまり、計画中止も、一見シンプルに思える半面、茨の道なのです。

▼巨大事業はやめるのが難しい

それゆえ、国やJR東海は③をやりたがらないはずです。それは、煩雑な課題をクリアするのが面倒であることや、自らの非を認めるのを避けるだけでなく、次に示す2つの理由があると考えられます。

- ・いったん始めるとやめられない
- ・切り札を捨てられない

1番目の「いったん始めるとやめられない」は、公共事業でよく見られる状況です。ここではあえてJR東海の立場で考えてみましょう。

第2章で述べたように、JR東海と鉄道総研は、超電導リニアの研究を国鉄から引き継ぎ、それから30年以上にわたってその技術を磨き、育て上げてきました。また、JR東海は、これと並行して中央新幹線の推進に尽力してきました。

つまりJR東海は、30年以上に及ぶ時間をかけ、コストとマンパワーをリニア中央新幹線の実現のために費やしてきたのです。

これだけ費やすと、プロジェクトを止めるのは難しくなります。これまで費やしたものの大きさを考えると、プロジェクトを続けざるをえないからです。

ある鉄道会社の技術者は「プロジェクトは大小問わず止めるのが難しい」と私に語ってくれました。プロジェクトは立ち上げるのに大きなエネルギーが必要。しかし、それを止めるには、もっと大きなエネルギーと、過去にとらわれない判断をする勇気がいる。誰も責任をとりたくない。だから、止めるのが難しいと話してくれました。

これは、鉄道業界に限らず、あらゆる業種で共通して言えることでしょう。

その点リニア中央新幹線は、約9兆円を投じる超巨大プロジェクトです。一民間企業が自己負担で手がける事業としては、規模が突出しています。

これを止めるには、とてつもないエネルギーと勇気が必要です。

2番目の「切り札を捨てられない」は、国土計画と関係するので、国の立場で考えた方がいいでしょう。

日本にとってリニア中央新幹線はたんなる鉄道路線ではなく、日本を復活させるための「切り札」。それが本当ならば、そうかんたんに捨てられるものではありません。

第4章では、リニア中央新幹線が、人口減少に打ち勝ち、国際競争力を高める上で重要な役割を担うと記しました。

国は、その役割に期待しています。国土交通省が2014年7月18日に公開した「中央新幹線（東京都・名古屋市間）に係る環境影響評価書に対する国土交通大臣意見」［9－7］には、中央新幹線を整備する事業について、次のように述べています。

> 本事業では、更なる高速での大量輸送を可能とすることにより、三大都市圏を一体化するとともに、中間駅の設置とその背後圏の開発により、地域の活性化が図られることが期待されている。また、これにより、いわゆる世界最大のスーパー・メガリージョンが形成され、我が国の国際競争力の強化に資するものである。さらに、超電導リニア方式は、我が国が独自に開発してきた高速鉄道技術であり、これまで人類が体験したことのない新たな輸送サービスを提供することになる。この技術は、世界をリードする技術であるとともに、我が国の技術立国としての自信・自負と将来社会への大きな希望を与えることになる。（傍点は筆者追加）

これほど日本の復活に寄与する事業がほかに見当たらず、リニア中央新幹線は日本復興の「切り札」と言うなら、それを捨てることは容易ではありません。

9－4　提案・有終の美を飾ろう

最後になる本節は、私からの提案です。

この提案を受け入れるか否かは、みなさまの自由です。

だから、あくまでも参考意見として聞いていただきたいのです。

私は、これまで述べたことをふまえて、有終の美を飾ることを提案します。つまり、超電導リニアの開発や中央新幹線の計画を、禍根が残らないようにきれいに終わらせることをお勧めしたいのです。

端的に言えば、③の「中央新幹線の計画を中止する」をお勧めします。

これからその理由を説明しますので、もうしばらくお付き合いください。

▼計画中止は失敗ではない

前節で述べたように、③の「中央新幹線の計画を中止する」は、単純明快ではありますが、茨の道です。これを選んだときのデメリットを考えると、容易に選択できるものではありません。

それでも私が③を勧めるのは、消去法でこれしかないと思うからです。

まず①の「中央新幹線を超電導リニア方式で開業させる」は、実現が難しいと考えます。それは

9－1で述べたとおり、日本で超電導リニアを実現させるのは時期尚早だと思うからです。

次に②の「中央新幹線を在来方式で開業させる」は、必要性が乏しいと考えます。これが実現すれば、輸送の二重系化を図ることができる半面、所要時間の大幅な短縮は期待できないので、スーパー・メガリージョンは形成できません。

だから私は、消去法で③を選ぶしかないと考えます。

この判断については反論もあるでしょう。

ここでリニア中央新幹線の実現を断念することは、将来日本が発展する可能性を否定すること。高度経済成長期に超電導リニアの開発を始めた人や、第二東海道新幹線や中央新幹線を計画した人に対して失礼なこと。そう主張する人もいるでしょう。

しかし、計画を中止することは失敗ではありません。社会は時代ごとに変化するものなので、時間の流れとともに計画が社会にマッチしなくなったら、それを見直し、必要に応じて中止するのは当然のことだからです。そうした見直しができないのであれば、計画なんて怖くて誰もやりたがりません。

また、先人が計画したものを中止しても失礼にはなりません。社会の変化では常に予想外のことが起こるので、計画された当時と社会状況が変わることは多々あるからです。だから、時代に合わなくなった計画を途中で止めても、先人は怒らないはずです。

そもそも超電導リニアは、日本の総人口が急増し、交通インフラ整備が急務だった高度経済成長期に考案されたものです。いっぽうこれからの日本は、人口が減り、交通インフラの維持が難しくなるので、超電導リニアの必要性は当時とは大きく異なります。

時代が変わったことで、必要性が変わったと判断されるならば、超電導リニアを実現させる必要はありません。

▼技術への過信が招いた悲劇

私が③を勧める理由は、もう一つあります。

それは、取材を通して、超電導リニアの背後に、あるストーリーが存在することに気づいたからです。

それを思いつくきっかけになったのが、あるリニア開発者の言葉です。

彼は「超電導リニアが生まれた発端は、技術者の純粋な夢だった」と私に語りました。

私はこれを聞き、頭のなかで話が急につながり、これまで取材や調査を通して得た情報が瞬間的に整理されたかのように感じました。

そのとき思い浮かんだストーリーは、次のとおりです。

1962年。超高速鉄道の研究がはじまったとき、それが本当に実現するとは国鉄の技術陣は思っていなかった。ただ、海外における浮上式鉄道の研究のことが耳に入り、その潮流を看過できなくなった。

１９６４年、転機が訪れた。東海道新幹線が開業して、日本で世界最速の営業列車が走り始めると、これまで欧米の後追いだった日本の技術が世界の頂点に到達したことが、誰の目にもわかりやすく示された。すると国内で「日本の鉄道技術は世界一」という価値観が定着し、鉄道技術者はさらなる高みに登ることを国民から期待されるようになった。

そこで国鉄の一部の技術者がその高みに登ろうとして、浮上式鉄道に手をつけた。地震大国である日本で浮上式鉄道を実現するため、「車両を10㎝浮上させて走らせる」という大胆なコンセプトを掲げ、実現するために、当時まだ珍しかった超電導磁石に飛びついた。それは技術的にはあまりに突飛な挑戦だったが、当時の日本には、それを許容し、支持する雰囲気があった。こうして検討することになった超電導リニアはまだ「夢」の段階だったので、それを営業鉄道に導入することは真剣に考える必要はなかった。

１９７０年、超電導リニアは大きく前進した。大阪万博で模型が展示されたのを機に国民的期待が高まり、「リニア」が「未来の乗り物」を指す言葉として広く定着した。国鉄はこの雰囲気を推進力にして、超電導リニアの開発を本格化させた。

国鉄の技術陣のなかには、超電導リニアの実現を疑問視する人もいた。そもそも鉄道は、信頼と実績を重視するゆえに、どうしても保守的になりがちな交通機関。それに、超電導磁石という新規性が高く、使用実績が乏しい技術を導入したらどうなるかは、技術と真摯に向き合う技術者は気づいていた。

ところが、超電導リニアのもとに集まってきた経営者や政治家は、そのような懐疑的な声を黙殺した。その実現に「夢」を描き、経営や政治に利用し始めたからだ。

経営者と政治家は、時代の上昇気流を利用して国民の期待に応え、「夢」を実現させようとした。高度経済成長期には、「世界最速の営業鉄道の誕生」という成功体験に多くの国民が酔いしれた。経営者と政治家は、この雰囲気を利用して、超電導リニアの技術的な限界を十分に理解しないまま、実現できることを前提に話を進めた。

バブル期には、日本の自動車や半導体などの産業が世界を席巻したことによる自信に満ちた雰囲気と、JR発足を契機とした鉄道に対する国民の期待が、それぞれタイミングよく混じり合った。経営者や政治家は、それを推進力にして話を一気に加速させた。

いっぽう技術者は、超電導リニアが抱えるリスクと課題に向き合わなければならなくなった。実現は難しいと言いたくても、経営者と政治家がそれを許さなかった。

その結果、超電導リニアに対して経営者と政治家が思い描く理想と、技術者が直面する現実が大きく乖離した。両者の間にディスコミュニケーションが生じ、誰も埋められないギャップが残った。

経営者と政治家は、そのギャップに気づかないまま「夢」の実現に邁進した。そして超電導リニアを国土計画と絡ませ、日本復活の「切り札」にしようと考えた。

世界の鉄道史をひもとくと、鉄道が政治家の「玩具」になった歴史が繰り返されたことに気づかされる。政治家にとって鉄道は、交通や地域格差などの問題を一気に解決し、経済を刺激して活性化してくれる便利な道具。まるで打ち出の小槌をひとふりしたときのように、一度に大きな効果を生み出してくれるので、つい何度も使いたくなる魅力的な「玩具」なのだ。

その点日本の超電導リニアは、もともと技術者の「夢」だった。ただし、それは多くの技術的なリスクと課題を抱えた「夢」だった。

ところが経営者や政治家は、それを理解できないまま、技術者の「できる」という言葉だけ信じ、国民の期待に応えるという大義名分のもと、「夢」を実現させようと動き出した。

それゆえ超電導リニアは、いつしか技術者の手が及ばないものになり、経営者や政治家が目的を果たすための「玩具」になり果ててしまったのだ。

以上が、私の頭に浮かんだストーリーです。

もちろん、私は鉄道業界の外部の人間であり、内部事情のすべてを把握し切れていないので、実際とは異なる部分もあるでしょう。私がかつて技術者だったゆえに、技術者を擁護する見方をしてしまった部分もあるでしょう。

ただ、もしこのストーリーと同じことが現実で起きていたならば、それは技術への過信が招いた悲劇です。すみやかに終わらせなければなりません。

▼ドイツのリニア失敗に学ぶ

もし日本での超電導リニアの実現を見送ると、大きなメリットがあります。

それは、「最悪の事故を回避できる」ということです。

さあここで、第1章でふれたドイツのリニア事故のことを思い出してください。

ドイツは、トランスラピッドの開発をズルズルと続けた結果、最悪な結末を迎えてしまいました。先にも述べたように、トランスラピッドの技術は、ＩＣＥの登場によってドイツ国内における必要性が低下したので、他国に売り込み、中国に供与しました。ところがその後もドイツ国内での導入の道を模索。その最中に実験線で大事故が発生し、悔いを残しながら開発を中止せざるをえなくなりました。

歴史に「if」は禁物ですが、もしもドイツが、中国に技術を供与した時点で開発を終了していれば、トランスラピッドのプロジェクトは禍根を残すことなくきれいに終わらせることができたはずです。

私は、日本でもドイツと同じことが起こりうると考えます。

この考え方にはご賛同いただけない方もいるでしょう。他者の失敗を自分もするかもしれないとか、最悪の事態が起こるかもしれないと考えることは、日本ではする人が少なく、社会的にもなじまないからです。

しかし、技術の世界では、この考え方は当たり前のことです。かつてメーカーの技術者だった立場でお話ししましょう。

他者の失敗を自分もするかもしれないと考えることは「水平展開」と呼ばれ、安全教育で習う基礎事項です。たとえばメーカーであれば、他社で起きた事故やトラブルを自社でも起こりうると考え、それを未然に防ぐように対策を施すことは、事故やトラブルの芽をつむために日常的に行われています。また「自分は気をつけているから失敗しない」と過信することは、かえって事故やトラブルを招くとされています。

最悪の事態を想定することも同様です。たとえばメーカーの製造現場では、予想もつかないような事故やトラブルが起こります。小さなミスが原因になって被害が一気に拡大し、多数の死傷者を出すような大惨事にいたることも珍しくありません。

このため技術の世界では、最悪の事態を想定し、それが起こりうると考え、その原因となる芽を徹底的につみとり、発生確率を極限まで下げています。それでも事故やトラブルはゼロにならないので、安全対策に終わりはないのです。

ここでリニアの話に戻しましょう。

先ほどの「水平展開」の考え方を応用すると、ドイツで起きたリニアの事故は対岸の火事とは言えません。むしろ、日本でも起こりうると考え、対策する必要があります。

ドイツのリニア事故では、車両が時速約２００㎞で保線車両に衝突して、破壊されました。もし日本の超電導リニアで同様の衝突が起きたら、どうなるでしょうか。車両の重さ（質量）が同じであると仮定して、速度だけで考えてみましょう。

超電導リニアでは、時速５００㎞で車両が走行します。ドイツの事故の約２・５倍です。これに対して車両の運動エネルギーは、速度の２乗に比例して大きくなるので、ドイツの事故の約６倍となります。もしその状態で衝突が起これば、破壊によって約６倍のエネルギーが一瞬で消費されるので、その分だけドイツの事故よりも被害が大きくなります。

なお、実際は双方の車両の重さは同じではありません。車両の運動エネルギーは、重さに比例して大きくなります。ドイツのリニア車両が３両編成で衝突したのに対して、中央新幹線ではリニア車両が16両編成で走る予定なので、編成が長くなる分だけ衝突が起きたときの被害が大きくなると考えられます。

超電導リニアでは、次のような事故が起こりえます。

地震や断層のずれでトンネルが変形し、ガイドウェイがゆがむ。そこへ車両が時速５００㎞で疾走しながら突入し、ガイドウェイと接触。大きな衝撃と音とともに車両が破壊され、多くの乗客乗員が亡くなる大惨事にいたる。

その場合、生存者をいかに救出するのか。避難誘導をどうするか。二次災害をいかに防ぐのか。超電導磁石を消磁できなかった場合はどう対処するのか。緊急時対応では、従来の新幹線とくらべて何を変える必要があるのか。

超電導リニアを営業鉄道に導入するには、こうしたことを考えなければなりません。

私はむやみに危機感を煽りたいのではありません。陸上で鉄道車両が時速500㎞で走ることは、それなりのリスクと隣り合わせになると言いたいのです。

こう書くと、「日本の新幹線ではそのような大惨事は起きていない」という意見もあるでしょう。たしかに日本の新幹線に限定すると、大惨事と呼べる事故は今のところ起きていません。

ただし、海外の高速鉄道ではすでに大惨事が起きています。たとえばフランスのTGVやドイツのICEでは、高速走行中に脱線転覆して多くの犠牲者を出す事故が起きています。これらの事故は日本であまり報道されなかったので、ご存じの方は少ないかもしれませんが、2011年に中国の温州市で発生した高速列車の事故（列車衝突脱線事故）は日本でよく報道されたのでご存じの方が多いでしょう。

いっぽう日本の新幹線でも「あわや大惨事」という事故やトラブルが起きています。

近年の例で言えば、2017年12月に発生した新幹線史上初の重大インシデントがあります。これは、山陽新幹線を走っていた東京行き「のぞみ」で異常が確認されたのに、そのまま運転を継続した結果、東海道新幹線の名古屋駅で台車の台車枠（メインフレーム）に亀裂が入っていることが確認されたというものです。もしこの亀裂が広がり、台車枠が折れていたら、脱線事故が発生し、場合によっては大惨事にいたる恐れがありました。

日本では「新幹線は安全」だと思っている人が多いようですが、その新幹線でさえも、大惨事が発生するリスクと常に背中合わせなのです。そもそも100％安全だと言い切れる技術はこの世に存在しません。

だからこそ、超電導リニアの導入を考えるならば、最悪の事態が起こりうることも考える必要があります。「日本の新幹線は安全だから、日本で開発された超電導リニアもきっと大丈夫」と考える人もいるかもしれませんが、それは論理が飛躍したとても危険な考え方です。

もし最悪の事態が起こったときを想定して、十分な対処ができないと判断されたならば、超電導リニアの実現を見送る必要があります。見送れば、少なくとも最悪の事態が起こるのを回避できます。

▼アメリカでの開花を目指す

これは超電導リニアの実用化を否定するものではありません。あくまでも9－1でふれたように、「日本での超電導リニアの実現は時期尚早」であり、日本以外の国であれば、実現できる可能性はあると言いたいのです。

では、実現しやすい国とはどこか？

その代表例がアメリカです。

アメリカには次に示す好条件がそろっています。

・超電導リニア発祥国である
・超電導リニア導入を検討した実績がある
・全米に高速鉄道を整備する動きがある
・輸送需要が高い大動脈がある
・ヘリウムの最大産出国である
・平地が多く、環境問題が起きにくい
・日本の同盟国であり、技術輸出が問題になりにくい
・世界最大の経済大国である

1番目の「超電導リニア発祥国である」は、第2章で述べたように、パウエル氏とダンビイ氏が超電導リニアの基礎技術を提案したことを指します。日本で開発された超電導リニアは、アメリカで生まれたアイデアを応用したものなので、アメリカにとっても受け入れやすいと考えられます。

2番目の「超電導リニア導入を検討した実績がある」も、アメリカが日本の超電導リニアを受け入れる上で有利な条件です。第2章ではくわしくふれませんでしたが、アメリカは、1965年に高速陸上交通法案が承認されてから、磁気浮上式鉄道の開発に取り組んできました[9-8]。残念ながら石油危機などの影響で、1975年から1988年まで開発が途絶えたものの、1989年には開発が再開し、走行原理が異なる4種類の超電導リニアが検討されました。1998年には

磁気浮上式鉄道開発計画（Maglev Deployment Program）が決定し、7つのルートで導入が検討されました［9－9］。

3番目の「全米に高速鉄道を整備する動きがある」は、2009年にアメリカ政府が主要都市間を結ぶ高速鉄道網計画を発表したことを指します。

4番目の「輸送需要が高い大動脈がある」は、アメリカ東海岸にある北東回廊のことです（図9－1）。ここではボストン・ニューヨーク・ワシントンD.C.をはじめとする巨大都市が数珠つなぎになっており、東海道新幹線が通るルートと似ています。

北東回廊はどのような場所か。私はそれを確かめるため、北東回廊の在来線を走る高速列車「アセラ・エクスプレス」に乗ったことがあります。このルートは全体的に平坦で、都市部の

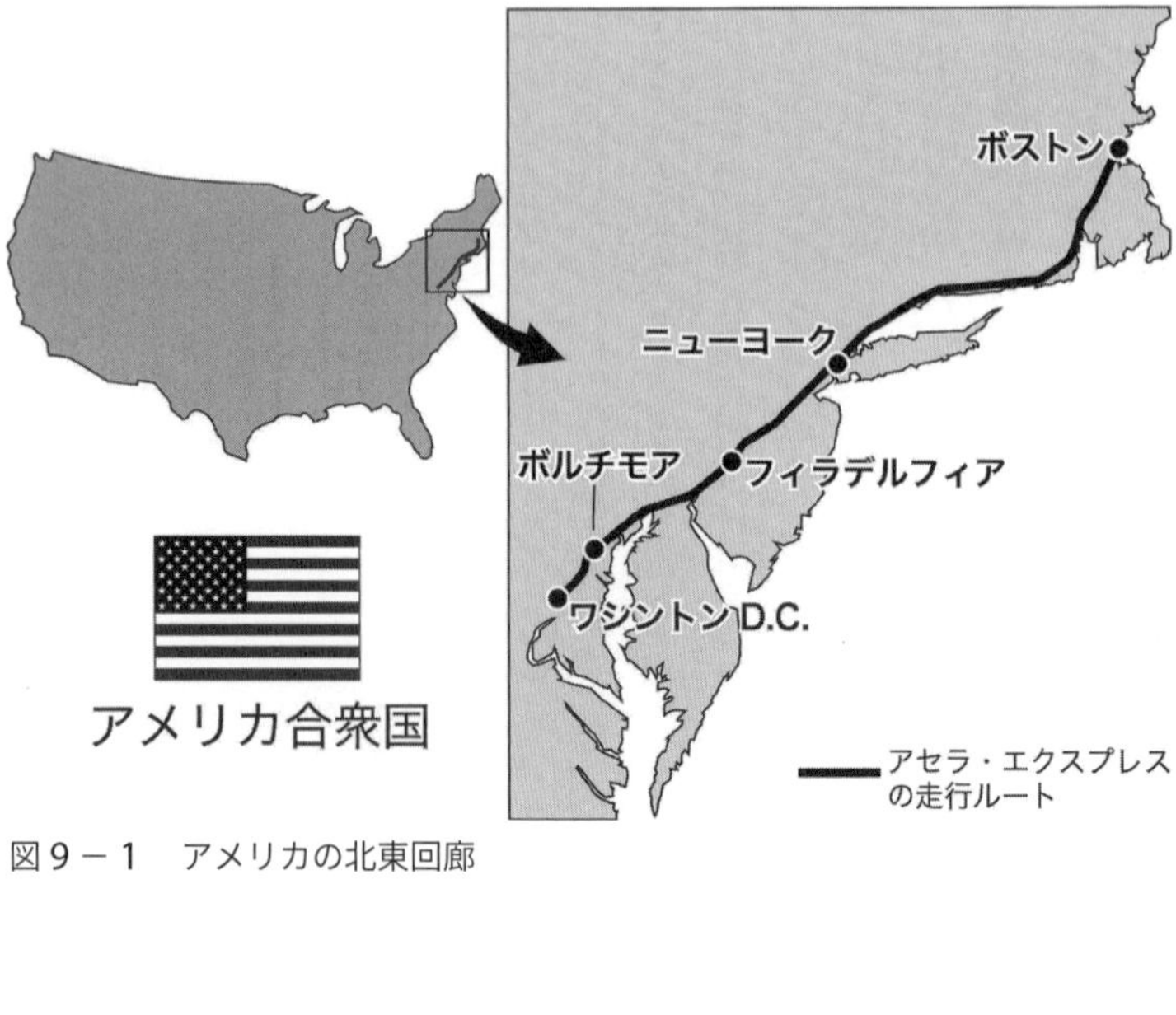

図9－1　アメリカの北東回廊

地下を通るニューヨーク近辺を除けば、トンネルがほとんどありません。しかも都市と都市の間では建物が少なく、人口密度が低い。これならば、騒音などの環境問題は日本よりも起こりにくいだろうと感じました。

5番目から8番目までは列記したとおりなので、補足説明は割愛します。

以上のことから、アメリカの北東回廊が、日本で開発された超電導リニアを導入する上で最適なルートの1つであると私は考えます。

JR東海は、早くからそのことに気づいていたはずです。現在同社は超電導リニアの海外展開に注力しており、まず北東回廊のワシントンD．C．・ニューヨーク間（約360km）に売り込もうとしています。このうちのワシントンD．C．・ボルチモア間は、全長が約66kmで、ワシントンD．C．・ニューヨーク間の2割弱にすぎませんが、先述した磁気浮上式鉄道開発計画に盛り込まれた7つのルートの1つでした。

日本政府は、この売り込みの後押しをしています。

2014年4月には、安倍晋三首相（当時）がアメリカに超電導リニアを売り込むトップセールスをしました（写真9－1）。同月12日には、安倍首相がケネディ米駐日大使（当時）とともに山梨実験線で超電導リニアを試乗。同月24日には、安倍首相がオバマ大統領（当時）との日米首脳会談で、超電導リニア技術をアメリカに無償提供すると表明しました。

ただし、これは6年前の話です。現在のアメリカは当時とリーダーが異なります。コロナ危機の影響を受け、テレワークの導入が進み、高速鉄道の必要性も変わりました。そもそも、日本で実用化できず、世界で導入例がない技術を受け入れるには、それなりのリスクがともないます。このため、この先アメリカが超電導リニアを受け入れるかどうかはわかりません。なお同国では、リニア建設に対する反対運動もすでに起きています。

▼リニアの技術を他分野に応用する

もしアメリカで開花しなかったとしても、超電導リニアの開発そのものが失敗だったわけではありません。なぜならば、超電導リニアの技術は、従来の鉄道や他分野で生かされる可能性があるからです。

実際に鉄道総研は、超電導リニアの開発で培った技術を従来の鉄道に応用する検討をし

写真9－1　米国へのトップセールス。左からケネディ駐日大使（当時）、安倍首相（当時）、葛西名誉会長

ています。たとえば超電導磁石の技術は、電車の回生電力を蓄電するシステム（超電導フライホイール蓄電システム）に。誘導集電（非接触集電）の技術は、蓄電池電車の充電に。地上コイルなどの状態を検知する地上設備データ収集システムは、鉄道施設の状態監視にと、超電導リニアの車両や地上設備の技術を、従来の鉄道の車両や地上設備に応用する研究は、すでに進められているのです。

また、これまで培われた超電導磁石の技術は、MRIやNMRなどの低温技術にも生かされる可能性があります。なぜならば、超電導リニアの超電導磁石を製造しているメーカーは、たいていMRIやNMRの超電導磁石も製造しているからです。たとえば大手電機メーカーである日立製作所や東芝はその代表なメーカーです。日立製作所は車両メーカーでもあり、L0系の開発・製造にもトータルで関わっています。

だから超電導リニアが実現しなくても、開発そのものは失敗ではありません。

▼禍根なくきれいに終わらせる

それでは、禍根なくきれいに終わらせるにはどうすればよいのでしょうか。

私は、できるだけ早期に、次のようにするべきだと考えます。

A　超電導リニアの技術はアメリカに譲り、国内での開発を収束させる

B　中央新幹線の建設は中止する

Aは、ドイツの教訓をふまえたことです。もし将来アメリカで超電導リニアが実現できたら、半世紀にわたって超電導リニアの開発に携わった人々の努力が報われます。

Bは、環境問題の拡大を防ぐために、早期に実現するべきだと考えます。

AとBの両方が実現すれば、失敗を回避できますし、最悪の結末を迎えるのも防ぐことができます。

これらは、けっして後ろ向きなことではありません。未来に向けたきわめてポジティブな決断です。大きな勇気がいりますが、私たちが後世に負の遺産を残さないために必要なことだと私は考えます。

▼今こそ国民的議論を

以上が、私からの提案です。

繰り返しになりますが、この提案を受け入れるか否かは、みなさまの自由です。

そもそも私自身は、この提案がすべて正しいとは思っていません。私が把握できなかったメリット・デメリットもあるでしょう。執筆時点では想定できなかった社会変化が今後起こることもあり得るでしょう。だから、あくまでも参考にしていただきたいのです。

「はじめに」でもふれたように、本書の目的は、国民的議論を進めるための情報を提供することだからです。

もし国民的議論が進まないと、リニア中央新幹線が計画どおりに実現するか否かは別として、多くの人が望まない結果を招く可能性があります。

だからリニア中央新幹線のことを主体的に考えて、それが現在や将来の社会に合致するかを国民全体で議論する。その結果、もし「合致しない」と判断したら、すみやかに計画を変更する、もしくは中止する。問題の先送りはしない。

その決断を求められているのは、いまを生きる私たちなのです。

第９章まとめ

- 超電導リニアを日本で実現するのは時期尚早である
- 私たちに残された選択肢は３つある
- 私は禍根なくきれいに終わらせることを提案する

おわりに

最後までお読みいただきましてありがとうございます。

みなさまにとって有益な情報を少しでもご提供できたら、うれしい限りです。

本書を書いたきっかけは「違和感」です。

私の前職は、本文でもふれたとおり、化学メーカーの技術者です。独立後は15年以上にわたって交通技術ライターとして活動し、交通の技術を一般向けに翻訳する仕事をしながら、リニア中央新幹線というプロジェクトに「違和感」を抱き続けてきました。

それは、プロジェクトの根幹となる超電導リニアの実現が、世間で思われている以上に難しいことに気づいたからです。

ところが日本のメディアは、超電導リニア技術が完成したことを前提として、中央新幹線のことを報道している。技術の完成度を疑う人がほとんどいない。しかもそれを疑うようなことを書こうとすると、どこからともなく圧力がかかる。

「なぜだ？」私はそう思い、理由を考え、「この国では超電導リニア技術に疑問を呈することはタブーである」という結論に達しました。

それから私は、超電導リニアのことを書くのを意図的に避けてきました。同時に「なぜ避けなければならないのか？」とも思い続けてきました。

その結果生じたのが、先ほどの「違和感」です。

2019年8月、転機が訪れました。L0系を試乗して、「違和感」は「超電導リニアの実現はかなり難しい」という確信へと変わり、誰かにそのことを伝えずにはいられなくなったのです。

そこで私は、L0系試乗を通して感じたことを記事にまとめ、講談社が運営するネットメディア『現在ビジネス』に投稿しました。すると、私の想像を上回る大きな反響がありました。

これを機に、吹っ切れました。「超電導リニアのことを書いても構わないのだ」とやっと思えるようになったのです。

偶然ですが、1970年は、超電導リニアの開発が本格的に始まった年であり、私が生まれた年でもあります。2020年は、超電導リニアと私がちょうど半世紀の節目を迎える年になる。だから「書くなら今しかない」と思えたのも事実です。

そう思いたって以降、超電導リニアや中央新幹線の取材をさらに積み重ね、本書を記しました。

本書を通してみなさまにとって少しでも有益な情報をご提供できたら、そして「はじめに」でも記したように、リニア中央新幹線に対する国民的議論が少しでも進む一助になれば、望外の喜びです。

なお繰り返しになりますが、私は、超電導リニアや中央新幹線に関わった個人・団体を批判するつもりはまったくありません。したかったのは、多くの方々への判断材料の提供であり、プロジェクトをきれいに終わらせるという提案であり、多くの国民が関心を持たないままプロジェクトが突き進んでいるという事実を伝えることです。

また、できるだけ正確な内容を記すように心がけましたが、もし誤りなどございましたら、ご指摘いただけると幸いです。

本書は、多くの方のお力添えによって完成しました。

まず、ＪＲ東海と鉄道総研の方々には、雑誌の取材を通してご協力いただきました。宮崎実験線や山梨実験線での取材や、超電導リニア開発のトップの取材ができたのは、この方々のおかげです。なお、宮崎実験線の取材では、同線で実験をしていた東北大学の研究グループにもご協力いただきました。

また、「はじめに」でもふれたように、本書では鉄道やリニア、航空にくわしい技術者の方にご協力いただきました。なかには、スケジュールがタイトであるにもかかわらず時間をひねり出して会ってくださった方や、突然の電話やメール、そして長時間のディスカッションに応じてくださった方もいました（いつもありがとうございます）。とくに元リニア技術者の富重正蔵さんは、本書の企画に真摯に向き合っていただけただけでなく、貴重なサジェスションをしてくださいました。リニア中央新幹線を多角的に分析できたのは、これらの技術者の方々のご協力によるものです。

ＭＲＩのクエンチに関する取材では、ＧＥヘルスケア・ジャパンやシーメンスヘルスケア、キヤノンメディカルシステムズ、筑波メディカルセンター病院、東京大学大学院総合文化研究科進化認知科学研究センターの方々にご協力いただきました。

資料収集では、国立国会図書館や東京都立中央図書館、筑波大学附属図書館の方々に大変お世話になりました。

草思社社長の久保田創さんは、『東京道路奇景』や『日本の鉄道は世界で戦えるか』、『東京 上がる街・下がる街』に続き、本書の担当編集者として粘り強くお付き合いいただいた上に、本書を世に出すために最後の最後まで尽力してくださいました。

なお、これまでの書籍の謝辞でふれませんでしたが、本書はとくに私の妻の協力によるところが大きいです。妻は、山梨実験線へのドライブに繰り返し同行してくれただけでなく、嫌がりながらも超電導リニア乗車体験で同乗し、私とは異なる視点で率直な感想を聞かせてくれました。

この場をお借りして厚く御礼申し上げます。

２０２０年10月

川辺謙一

[8-2] 石津一正・北山茂・渋谷正之・伊藤将利・臼井俊一「JR東海300X新幹線高速試験車両（955形）の概要」交通技術，1995.6
[8-3] 石津一正・山田章二「300X新幹線走行試験におけるデータ管理方法」JREA，1998.4
[8-4] 国土交通省鉄道局監修・土木関係技術基準調査研究会編『解説・鉄道に関する技術基準（土木編）第三版』2014
[8-5] 日本国有鉄道『東海道新幹線工事誌・土木編』東海道新幹線支社，1965
[8-6] 東海旅客鉄道「中央新幹線（東京都・名古屋市間）環境影響評価方法書」平成23年9月 https://company.jr-central.co.jp/chuoshinkansen/assessment/method/kanagawa/_pdf/01.pdf
[8-7] 板倉秀典「JR東海、リニア中央新幹線が通るトンネル用シールドマシン公開。2027年・品川～名古屋開業を目指す」トラベルWatch 2020年1月31日付 https://travel.watch.impress.co.jp/docs/news/1232672.html
[8-8] 国土交通省鉄道局「技術事項に関する検討について」平成22年4月15日 https://www.mlit.go.jp/common/000112485.pdf
[8-9] 阿座上雅芳「山梨実験線第一編成車両用台車の開発」鉄道総研報告，1996.1
図8-2：[8-4]・[8-5] を参照して作図，図8-4：[8-4]・[8-5]・[8-6] を参照して作図，図8-7：[8-8]

▶第9章

[9-1] ジェイアール東海エージェンシー「新幹線ユーザープロファイル2019」 https://www.jrta.co.jp/pdf/mediadiv/index/data/MG20_P05-10_0205.pdf
[9-2]「JR東海、葛西氏が取締役退任　1987年の発足以来初」日本経済新聞電子版2020年5月15日 https://www.nikkei.com/article/DGXMZO59163080V10C20A5000000/
[9-3]「鉄道大手18社、全社が最終赤字4～6月期」日本経済新聞，2020年8月12日 https://www.nikkei.com/article/DGXMZO62562480S0A810C2DTA000/
[9-4] 交通政策審議会陸上交通分科会鉄道部会中央新幹線小委員会「中央新幹線の営業主体及び建設主体の指名並びに整備計画の決定」答申（案），平成23年5月12日 https://www.mlit.go.jp/common/000144240.pdf
[9-5]「リニア工事20カ所で中断　JR東海、10年ぶり減収減益」信州毎日新聞2020年4月28日 https://www.shinmai.co.jp/news/nagano/20200428/KT200427ATI090025000.php
[9-6] 大坂直樹「JR東海リニア延期も？静岡「水問題」迷走の構図」東洋経済オンライン2020年6月15日　https://toyokeizai.net/articles/-/356353
[9-7]「中央新幹線（東京都・名古屋市間）に係る環境影響評価書に対する国土交通大臣意見」国土交通省2014年7月18日公開
[9-8] 大崎博之「米国における超電導磁気浮上鉄道計画の現状」低温工学，1994.7
[9-9] 三浦英俊・鳥海重喜「需要予測に基づいたアメリカにおける磁気浮上式鉄道の路線案の検討」オペレーションズ・リサーチ，2010.6
写真9-1：朝日新聞

▶車内騒音測定（図6-6）

- 測定場所　中間電動車・客室中央部・窓際　　・使用機器　Apple iPhone 8
- 使用アプリ ①騒音測定器，販売元：GWI JU JO　②GPSpeedKMH，販売元：SHIGETO TAKAGI
- 測定方法　②で列車の走行速度を確認し、①で騒音レベルを測定。15秒間の平均値を記録。小数点以下四捨五入。

日付　https://dime.jp/genre/741888/
[6-7] 日本国有鉄道『東海道新幹線工事誌土木編』東海道新幹線支社，1965
[6-8] 杉本直・川崎卓巳・神岡光浩・水野真尚・西尾護・木村剛・渡辺耕二郎・菅沢正浩・山本克也「超高速に挑む－山梨実験線リニア車両－」川崎重工技報2006.1
[6-9] 高尾喜久雄・阿座上雅芳・吉村正文・井上明彦・大島浩「超電導磁気浮上式鉄道山梨実験線（山梨リニア実験線）MLX01形車両」車両技術，1996.2
[6-10] 田中守・上野雅之・鳥居昭彦・臼井俊一・萩原善泰・古屋政嗣・吉江則彦「JR東海N700系新幹線電車（量産先行試作車）」車両技術，2005.9
[6-11] 山本克也・田川直人・上妻雄一・保坂史郎・角田裕樹「リニア車両の車両特性改善について」鉄道総研報告，2003.5
図6-1：[6-2] を参照して作図，図6-3：[6-1] を参照して作図，図6-5：[0-2] [6-6] を参照して作図，図6-6：[6-10] [6-11] [0-18] を参考にして作図

▶第7章

[7-1]「宮崎実験線車両火災調査報告」鉄道総合技術研究所，平成3年10月9日
http://blogimg.goo.ne.jp/user_image/0b/5c/6e19f9c7b213f35484950f6cc564db82.jpg
[7-2] リニアモーターカー山梨実験線にかかわる諸問題に関する質問に対する答弁書（提出1991年5月7日，答弁1991年5月31日）
http://www.shugiin.go.jp/internet/itdb_shitsumona.nsf/html/shitsumon/a120013.htm
http://www.shugiin.go.jp/internet/itdb_shitsumona.nsf/html/shitsumon/b120013.htm
[7-3]「超電導磁気浮上式鉄道実用技術評価」国土交通省，平成17年3月11日
https://www.mlit.go.jp/common/000138308.pdf
[7-4]「超電導磁気浮上式鉄道実用技術評価」国土交通省，平成21年7月28日
https://www.mlit.go.jp/common/000046104.pdf
[7-5]「リニア実験線で火災　山梨・都留　作業員3人重軽傷」しんぶん赤旗 2019年10月9日付
https://www.jcp.or.jp/akahata/aik19/2019-10-09/2019100915_02_1.html
[7-6]「リニア実験線火災　川勝知事、南アへの非常口設置批判」静岡新聞 2019年10月12日付
https://www.at-s.com/news/article/politics/shizuoka/692349.html
[7-7] JR東海労働組合「火災原因を明らかにせよ！リニア火災で申し入れ」JR東海労ニュース，No.2444, 2019年10月18日 http://jrtoukairou.sakura.ne.jp/news/2444.pdf
[7-8] 国土交通省鉄道局「技術項目に関する検討について」平成22年4月15日付
https://www.mlit.go.jp/common/000112485.pdf
[7-9] 誘導集電方式による車上電源について（イメージ），国土交通省
https://www.mlit.go.jp/common/000165662.pdf
[7-10]「JR東海への質問（第1回）と回答」リニア新幹線を考える麻生・多摩の会，2015年9月10日
http://web-asao.jp/hp/linear/コピーJR東海への質問（第1回）への回答（2015年8月26日、9月9日）.pdf
写真7-1：毎日新聞，図7-2・図7-3：[7-8]，図7-4：[7-9]，写真7-2：PIXTA

▶第8章

[8-1] 土井利明「リニア・中央新幹線の実現に向けて」国際交通安全学会誌，1991.3

[3-9] 中村信二「HSSTの開発について」日本航空宇宙学会誌，1978.10
https://www.jstage.jst.go.jp/article/jjsass1969/26/297/26_297_500/_pdf
[3-10]「地球77周走ったリニアを待つ難路　JR東海が新型車」日本経済新聞，2020年3月25日付
https://www.nikkei.com/article/DGXMZO57215560V20C20A3XA0000/
[3-11] 西條隆繁「宮崎実験線～時速500キロを合言葉に～」RRR，2001.5
図3-1：[3-5]，表3-1：[3-6] [3-7]，図3-2：[3-8] 一部改変，

▶第4章

[4-1]『SHINKANSEN Fact book』一般社団法人国際高速鉄道協会
https://www.ihra-hsr.org/jp/_pdf/factbook_2016_J_for_web_all.pdf
[4-2] 高速鉄道研究会編著『新幹線－高速鉄道技術のすべて－』山海堂，2003
[4-3] https://rief-jp.org/ct12/3331?ctid=65
[4-4] スーパー・メガリージョン構想検討会最終とりまとめ，令和元年5月
https://www.mlit.go.jp/common/001289678.pdf
[4-5] 東海旅客鉄道株式会社「財政投融資を活用した長期借入について」
https://linear-chuo-shinkansen.jr-central.co.jp/plan/kaigyoprocess/pdf/zaiseitoyushi.pdf
図4-2：[4-1]，図4-4・図4-5：[4-2]，図4-6：[0-16]，図4-7：[4-3]，図4-8：[4-5]，

▶第5章

[5-1] 波床正敏・中川大「全国新幹線鉄道整備法に基づく幹線鉄道政策の今日的諸課題に関する考察」土木学会論文集D3（土木計画学），土木計画学研究論文集第29巻，2012
[5-2] 橋山禮次郎「リニア計画の意義，リスク，残された選択」JSAeマガジン編集委員会，2017年4月13日　http://jsa-tokyo.jp/booklet/2017042101.pdf
[5-3] 曽根悟『新幹線50年の技術史』講談社，2014
[5-4] 東海旅客鉄道株式会社『アニュアルレポート2019』
https://company.jr-central.co.jp/ir/annualreport/_pdf/annualreport2019-06.pdf
[5-5]『国土交通白書2015』国土交通省
https://www.mlit.go.jp/hakusyo/mlit/h26/hakusho/h27/image/n10101060.gif
図5-1：[5-4]，図5-2：[5-5]

▶第6章

[6-1]「超電導リニアの新型車両の概要について」東海旅客鉄道，2010年10月26日付
https://jr-central.co.jp/news/release/_pdf/000009381.pdf
[6-2] 山梨県立リニア見学センターウェブサイト
https://www.linear-museum.pref.yamanashi.jp/about/experiment.html
[6-3] 国土交通省鉄道局「技術事項に関する検討について」平成22年4月15日付
https://www.mlit.go.jp/common/000112485.pdf
[6-4]「“リニア”に乗ってわかったこと」NHK WEB特集2020年1月29日付
https://www3.nhk.or.jp/news/html/20200129/k10012262151000.html
[6-5] 東海旅客鉄道株式会社・公益財団法人鉄道総合技術研究所「超電導リニアに関する今後の技術開発について」平成29年2月17日付
https://www.mlit.go.jp/common/001172949.pdf
[6-6]「知って納得！JR東海の寺井常務に聞くリニアに運転士がいないワケ」@DIME，2019年7月17

写真1-2：上photolibrary，図1-4：[0-18] を参考にして作図，図1-5：[0-18] を参考にして作図，図1-7：[1-2] [1-3] を参考にして作図／写真は [1-4]，写真1-3：上 [1-2] 下 [1-4]，図1-10 [1-5] p263参照して作図，図1-12：[1-6] を参照して作図

▶第2章

[2-1] 公営財団法人鉄道総合技術研究所『鉄道技術用語辞典・第3版』
https://yougo.rtri.or.jp/dic/third_edition/searchtaiyaku.jsp
[2-2] 中野公彦「減圧トンネル超高速鉄道」日本機械学会誌，2012.1
https://www.jstage.jst.go.jp/article/jsmemag/115/1118/115_KJ00007730491/_pdf/-char/ja
[2-3] 田中壽「浮上式鉄道の黎明期」RRR，2001.1
[2-4] 読売新聞が撮った夢の超特急，新幹線半世紀の旅，読売新聞オンライン
https://www.yomiuri.co.jp/special/shinkansen/p-feature19.html
[2-5] 一般社団法人国際高速鉄道協会 https://www.ihra-hsr.org/jp/data/_pdf/18.pdf
[2-6] 「リニアと京谷好泰」笹川陽平ブログ，2009年2月27日付
https://blog.canpan.info/sasakawa/archive/1807
[2-7] 超電導磁気浮上式鉄道実用技術評価委員会「超電導磁気浮上式鉄道実用技術評価」平成17年3月11日　https://www.mlit.go.jp/common/000138308.pdf
[2-8] 超電導磁気浮上式鉄道実用技術評価委員会「超電導磁気浮上式鉄道実用技術評価」平成21年7月28日　https://www.mlit.go.jp/common/000046104.pdf
図2-1：[1-5] p259を参照して作図，写真2-1：FlyAkwa, "AérotrainI80HV", https://commons.wikimedia.org/wiki/File:A%C3%A9rotrainI80HV.jpg#file, CC BY-SA 3.0, 写真2-2：Thomas F. Starke/Getty Images News/Getty Image，写真2-3：HyperloopTT，写真2-4：アフロ，写真2-5：朝日新聞，図2-2：[2-5]，写真2-6：photolibrary
CC BY-SA 3.0のライセンスについては以下を参照。https://creativecommons.org/licenses/by-sa/3.0/deed.ja

▶第3章

[3-1] 『超伝導・低温工学ハンドブック』オーム社，1993
[3-2] 土井司・山谷裕哉・上山毅・錦成郎・小倉明夫・川光秀昭・土橋俊男・奥秋知幸・松田豪・熊代正行「MR装置の安全管理に関する実態調査の報告」日本放射線技術学会雑誌,2011.8
[3-3] 白國紀行・谷村正治・宮崎文夫「高速鉄道車両の安全装置の設計手法に関わる研究：上下方向」日本機械学会論文集C編72，2006
[3-4] 白國紀行・太田衆一郎・宮崎文夫「高速鉄道車両の安全装置の設計手法に関わる研究：左右方向」日本機械学会論文集C編72，2006
[3-5] 一般社団法人日本産業・医療ガス協会　ヘリウム生産販売実績 (2018年)
http://www2.jimga.or.jp/dl/sangyo/all/statistics/regular/others/He5nen15-19.pdf
[3-6] 鉄道運輸機構・JR東海「中央新幹線の維持運営費、設備更新費、輸送需要量について」平成21年7月21日　https://jr-central.co.jp/news/release/_pdf/000005565.pdf
[3-7] 鉄道運輸機構・JR東海「中央新幹線東京都・大阪市間のデータについて」平成21年10月13日付　https://company.jr-central.co.jp/chuoshinkansen/procedure/_pdf/09.pdf
[3-8] https://company.jr-central.co.jp/chuoshinkansen/assessment/document1408/aichi/_pdf/eis2_aichis51-17.pdf

おもな参考文献と図版出典

▶全章共通

[0-1] 正田英介・藤江恂治・加藤純郎・水間毅共著『磁気浮上鉄道の技術』オーム社，1992
[0-2] 財団法人鉄道総合技術研究所編『ここまで来た！　超電導リニアモーターカー』交通新聞社，2006
[0-3] 奥猛・京谷好泰・佐貫利雄共著『超高速新幹線』中央新書，1971
[0-4] 京谷好泰著『リニアモータカー』NHKブックス，1990
[0-5] 京谷好泰著『10センチの思考法』すばる舎，2000
[0-6] Ralf Roman Rossberg著・須田忠治訳『磁気浮上式鉄道の時代が来る？』電気車研究会，1990
[0-7] 大塚邦夫著『世界のリニアモーターカー　西独トランスラピッドMaglev』公共投資ジャーナル社，1989
[0-8] 特集「リニア中央新幹線とスーパー・メガリージョン構想」土木施工，2018.10
[0-9] 特集「リニア中央新幹線　夢か、悪夢か」日経ビジネス，2019.8.20
[0-10] 特集「リニアモータの発展と応用」電気評論，2020.5
[0-11] 市川宏雄著『リニアが日本を改造する本当の理由』メディアファクトリー新書，2013
[0-12] 橋山禮次郎著『リニア新幹線』集英社新書，2014
[0-13] 樫田秀樹著『“悪夢の超特急”リニア中央新幹線』旬報社，2014
[0-14] 樫田秀樹著『リニア新幹線が不可能な7つの理由』岩波ブックレット，2017
[0-15] 葛西敬之著『飛躍への挑戦』ワック，2017
[0-16] 田中角栄著『日本列島改造論』日刊工業新聞社，1972
[0-17] 東海旅客鉄道ウェブサイト https://jr-central.co.jp
[0-18] リニア中央新幹線公式サイト https://linear-chuo-shinkansen.jr-central.co.jp
[0-19] 超電導磁気浮上式鉄道実用技術評価委員会，国土交通省 https://www.mlit.go.jp/tetudo/tetudo_fr1_000011.html
[0-20] 中央新幹線小委員会，国土交通省 https://www.mlit.go.jp/policy/shingikai/s304_sinkansen01.html
[0-21] 「草創期の浮上式鉄道（8回連載）」RRR，2001.1～2001.9
[0-22] 『超電導磁気浮上式鉄道宮崎リニア実験線記録誌』財団法人鉄道総合技術研究所，1998

▶第1章

[1-1] 座談会「浮上式鉄道の展望」RRR，2001.9
[1-2] 高尾喜久雄・阿座上雅芳・吉村正文・井上明彦・大島浩「超電導磁気浮上式鉄道山梨実験線（山梨リニア実験線）MLX01形車両」車両技術，1996.10
[1-3] 阿座上雅芳・滝沢秀行「3台車と構成機器」RRR，1995.10
[1-4] 菅原繁夫・石原広一郎・岸佳孝・大島浩・中西俊勝「浮上式鉄道用台車および台車部品の開発（第2報：開発状況概要）」住友金属，1997.4
[1-5] 伊原一夫著『鉄道車両メカニズム図鑑』グランプリ社，1987
[1-6] 東海旅客鉄道株式会社・公営財団法人鉄道総合技術研究所「超電導リニアに関する今後の技術開発について」平成29年2月17日 http://www.mlit.go.jp/common/001172949.pdf
[1-7] 中尾裕行・山下知久・小林芳隆「超高速輸送システムを目指す超電導リニアモータカー技術」東芝レビュー，2006.9

著者略歴――――
川辺謙一　かわべ・けんいち
交通技術ライター。1970年三重県生まれ。東北大学大学院工学研究科修了後、メーカー勤務を経て独立。高度化した技術を一般向けに翻訳・紹介している。著書は『東京 上がる街・下がる街』『日本の鉄道は世界で戦えるか』『東京道路奇景』（以上、草思社）、『オリンピックと東京改造』（光文社）、『東京総合指令室』（交通新聞社）、『図解・燃料電池自動車のメカニズム』『図解・首都高速の科学』『図解・新幹線運行のメカニズム』『図解・地下鉄の科学』（以上、講談社）など多数。本書では図版も担当。

超電導リニアの不都合な真実

2020年12月3日　第1刷発行

著　者　川辺謙一
装幀者　Malpu Design（清水良洋）
発行者　藤田　博
発行所　株式会社 草思社
〒160-0022　東京都新宿区新宿1-10-1
電話　営業 03(4580)7676　編集 03(4580)7680

本文組版　株式会社 キャップス
本文印刷　株式会社 三陽社
付物印刷　中央精版印刷 株式会社
製本所　加藤製本 株式会社

本文デザイン　Malpu Design（佐野佳子）

ISBN978-4-7942-2480-4 Printed in Japan　検印省略

草思社刊

ミツバチと文明
——宗教、芸術から科学、政治まで文化を形づくった偉大な昆虫の物語

プレストン 著
倉橋俊介 訳

キリスト教からシェイクスピア劇、ガウディの建築まで…その高度な社会性や巣作りの技術によって、人類のあらゆる文化に影響を与えたミツバチの偉大さに迫る！

本体 1,800円

生き物の死にざま

稲垣栄洋 著

老体に鞭打って花の蜜を集めるミツバチ、仰向けになり空を見ることなく死ぬセミ、成虫は1時間しか生きられないカゲロウ…生き物の奮闘と哀切を描く感動の物語。

本体 1,400円

生き物の死にざま
はかない命の物語

稲垣栄洋 著

氷の世界で決死の覚悟で卵を育てるコウテイペンギンの父。数年の時を経て地中から地上に出たものの羽化できなかったセミ…ベストセラー『生き物の死にざま』姉妹篇。

本体 1,400円

都市で進化する生物たち
——“ダーウィン”が街にやってくる

スヒルトハウゼン 著
岸由二 他 訳

進化の最前線は、手つかずの自然ではなく、人工の都市だった！我々の身近にある様々な進化の実態に迫り、生物にとっての都市の価値を問い直す、生物学の新常識。

本体 2,000円

※定価は本体価格に消費税を加えた金額です。

草思社刊

砂と人類
――いかにして砂が文明を変容させたか

バイザー 著
藤崎百合 訳

地球上で最も重要な個体は「砂」だった！　砂なくしてはあり得なかった人類発展の歴史を紐解きながら、砂から見える人類の危機までを見つめる、瞠目の現代文明論。

本体 2,400円

大惨事と情報隠蔽
――原発事故、大規模リコールから金融崩壊まで

ソネット他 著
橘明美他 訳

人はなぜリスクを隠し、それはなぜ大惨事に結びつくか。福島原発、トヨタリコール問題、サブプライム危機、エンロン事件等、25余の事例を検証し原因と対策を示す。

本体 2,800円

【文庫】最悪の事故が起こるまで人は何をしていたのか

チャイルズ 著
高橋健次 訳

飛行船墜落や原発事故、毒ガス漏出など50あまりの事故を紹介。誰がどのように引き起こしたか、食い止めたか、人的要因とメカニズムを描く。

本体 1,400円

【文庫】富嶽　上・下
――幻の超大型米本土爆撃機

前間孝則 著

B29をはるかに凌ぐ巨躯に6発エンジン、日本から直接米本土を爆撃する超大型爆撃機「富嶽」。敗戦時に図面が焼却され長らく謎とされてきた開発計画の全貌を描く。

本体各 1,200円

※定価は本体価格に消費税を加えた金額です。